KiWi

KiWi 20 Ricarda Huch
Luther

Ricarda Huch

Luther

Mit einem Nachwort
von Bernd Balzer

Kiepenheuer & Witsch

Der Abdruck erfolgt mit freundlicher Genehmigung
des Atlantis-Verlages, Luzern,
nach der Erstausgabe der *Deutschen Geschichte,*
Band 2, *Das Zeitalter der Glaubensspaltung,* von 1934.
Umschlag Hannes Jähn, Köln
Gesamtherstellung Clausen & Bosse, Leck
ISBN 3 462 01547 8

INHALT

LUTHER

Im Jahre 1505, als Maximilian I. durch seinen großen Sieg in Deutschland zu Ansehen kam und glaubte, eine Reichsreform im kaiserlichen Sinne aufrichten zu können, lud ein 22jähriger Magister in Erfurt seine Freunde ein, den letzten Abend mit ihm zu verbringen, bevor er ins Kloster eintrete. Er hieß Martin Luther und war in Eisleben geboren als Sohn eines Bergmanns, der bald nach des Ältesten Geburt nach Mansfeld gezogen war und es zu Wohlstand gebracht hatte. Die Freunde waren über den ihnen unbegreiflichen Entschluß betrübt, kannten sie doch Luther als einen fröhlichen Gefährten, der sich zwar von studentischen Ausschweifungen stets zurückgehalten hatte, aber als der Sohn eines vermöglichen Vaters, als angehender Jurist, reich begabt und anziehend, am Anfang einer aussichtsreichen weltlichen Laufbahn stand. Sie wußten wohl, daß er fromm war und sein Morgengebet nie versäumte; doch war das kein Grund für einen Humanisten, zu denen er sich zählen durfte, in die verachtete Niederung des Klosters hinabzusteigen. Martin Luther gab als Grund an, daß er, vom grellen Blitz eines Sommergewitters erschreckt, der heiligen Anna gelobt habe, ins Kloster einzutreten, wenn sie ihn schütze; das hielt er für bindend.

Dem frohen Fest des erlangten Magistergrades folgte nun die Aufnahme ins Kloster; am Ende desselben Jahres wurde er als Novize eingekleidet, im Jahr darauf tat er Profeß und empfing 1507 die Priesterweihe. Die uralten Gebräuche, die Heiligung der Hände durch das Chrisma, der Friedenskuß, die feierlichen Worte des Weihbischofs: *Accipe potestatem legendi Evangelii tam per vivos quam per defunctos in nomine domini* erschütterten den jungen Gläubigen. Sein strenger Vater, den der eigenmächtige Schritt heftig erzürnt hatte und den erst der Tod zweier Söhne und die falsche Nachricht, auch Martin sei als Opfer der Pest gestorben, so weit erweicht hatte, daß er verzieh und zur Feier der Priesterweihe stattlich angereist kam, blieb ungerührt dabei, daß der Gehorsam gegen die Eltern ebensowohl von Gott geboten sei wie das Halten eines Gelübdes. Ohnehin hatte er eine geringe Meinung von den Klöstern.

Es schien nun alles in Ordnung zu sein und Martin den Beruf erwählt zu haben, der seiner religiösen Anlage gemäß war. Worin aber bestand eigentlich dieser Beruf? Damals war er doch nicht viel mehr als ein in umständliche Formen gebrachter Müßiggang. Wenn Luther als Student und Magister sich nach der Einsamkeit des Klosters gesehnt hatte, um einmal ungestört sich in die Abgründe der Seele zu versenken und die Stimme Gottes zu vernehmen, erlebte er nun die Schrecken und Abgründe der Einsamkeit. Wie alle, die eine große Kraft in sich spüren und die es in die Wüste zieht, wo sie die Stimme der Berufung hören können, erfuhr er, daß nicht nur Gott, sondern auch die Dämonen den Einsamen heimsuchen. In Menschen von religiöser Genialität pflegt eine besonders große Spannung zu sein, was wohl darauf beruht, daß die Gegensätze des geistig-körperlichen Lebens da am stärksten sind, wo der höchsten und umfassendsten Steigerung des Menschentums zugestrebt wird. Die vielen, die Luther Herrschsucht, Streitsucht, Hochmut, Rechthaberei vorwarfen, werden nicht unrecht gehabt haben; wieviel mehr als andere mag die zarte, gläubige Kinderseele, die seines Wesens Mittelpunkt war, durch die gewalttätige Nachbarschaft geängstigt worden sein. Die Kinderseele fühlte sich nur glücklich, wenn sie zu Gott emporschauen, beten, loben und danken konnte; war sie zur Strafe einer Schuld an so wilde Gesellen gebunden, daß sie sich nicht erwehren konnte? Die innere Spannung führte in der Stille des Klosters zu Seelenzuständen von schwerer Melancholie bis zu Angst und Verzweiflung. Die Strafen der klösterlichen Zucht, die er sich auferlegte, verschärften seine Qualen, anstatt sie zu mildern; was er hörte und las, schien ihm das Verdammungsurteil Gottes über ihn zu bestätigen Es kam so weit, daß er nicht nur sich selbst, daß er Gott verfluchte, und wenn er sich durch Fasten und Wachen erschöpft hatte, trat eine Leere ein, die fürchterlicher war als die Empörung. Es gab im Kloster durchaus nicht nur rohe und alberne Menschen, sondern auch fromme und wohlwollende, die für des jungen Luther Seelenqual, wenn auch kein Verständnis, doch Nachsicht hatten. Einer, ein feiner alter Mann, wie Luther selbst ihn bezeichnet, sagte einmal zu ihm: »Was machst du, mein Sohn? Weißt du nicht, daß Gott uns geboten hat zu hoffen?« Zu dem Beichtenden, der sich vom Zorn Gottes verfolgt glaubte, ohne doch einen stichhaltigen Grund dafür angeben zu können, sprach er die tiefsinnigen Worte: »Gott zürnt dir nicht, du zürnst mit ihm.« Das Kinderherz Luthers erbebte in Hoffnung, wenn es die Liebe Gottes verkünden hörte; dann flohen die Teufel, und es atmete freier; aber wenn die köstliche Nähe mit dem köstlichen Wort nicht mehr zugegen war, kehrten sie mit verdoppelter Wut zurück. Die Mönche fingen an den Kopf zu schütteln. Sie spürten den feuerknisternden Schritt, der neben dem Bruder Martin hinhuschte. Wenn sie untereinander die Tageschronik des Klosters besprachen, so wurde wohl der Verdacht geäußert, daß Bruder Martin es mit dem Bösen zu tun habe. Er mußte etwas höchst Verruchtes begangen haben, daß das Gewissen ihn dermaßen zerfleischte. Allein dem fast Versinkenden war die göttliche Gnade nahe, wirkend durch einen gütigen, weisen und vielvermögenden Menschen. Johann von Staupitz, aus sächsischem Adel, war ein Mann von ungewöhnlicher Ausgeglichenheit der Bildung. Er war ein guter Theologe und in der großen Welt bewandert, er besaß die Menschenkenntnis eines Staatsmanns und ergründete mit sicherem Blick die Verborgenheiten der Seele. Erledigte er als Generalvikar des Augustinerordens gewandt die praktische Arbeit und verstand er sich auf den Umgang mit den Fürsten und höfischen Kreisen, so vollzog sich doch sein wesentliches Leben in den Bahnen einer aufrichtigen, von der mittelalterlichen Mystik genährten Frömmigkeit. Sein Lehrer war der Theologe Scriptoris gewesen, der sich im Jahre 1502, der Ketzerei verdächtig, durch Flucht der Einkerkerung entzogen hatte und von dem man, als er starb, sich zuraunte, er sei ermordet worden. Staupitz hatte durchgesetzt, daß den Augustinern das Studium der Heiligen Schrift zur Pflicht gemacht wurde. In der Heiligen Schrift und in der Urkirche fand er den Inbegriff des Christentums. Namentlich unter den Patriziern Nürnbergs hatte er Anhänger, die in seinen um die Dogmen unbekümmerten Gedankengängen lebten, ohne sich in offnen Widerspruch zur Kirche zu setzen. Auch

Staupitz sagte, als er Luthers Beichte gehört hatte: »Magister Martin, ich verstehe Euch nicht, Ihr klagt Euch der Sünde an und wißt doch keine Sünden aufzuzählen.« Die Mischung von Hingebung und Verstocktheit hätte ihn ungeduldig machen können, aber der blasse Mönch mit den dunklen leidenschaftlichen Augen, dies versiegelte Menschenrätsel, zog ihn an. Er versuchte ihm zu helfen aus Güte und gewann dabei den Kranken lieb. Den schwerfälligen Bekenntnissen desselben begegnete er mit Humor, wofür Luther sehr empfänglich war, und mit der unbekümmerten Gelassenheit des Frommen und Vornehmen. Natürlich könne der Mensch die göttlichen Gebote nicht halten. Der Mensch sei schwach, er gelobe wohl, aber das Halten stehe nicht in seiner Macht. Gott verlange auch keine Vollkommenheit, er verlange, daß der Mensch sich auf seine Barmherzigkeit verlasse. Dazu habe er ja seinen eingebornen Sohn gegeben, daß er unsere Sünde auf sich nähme. Nicht unser Tun, unser Glaube mache uns rein. Solche Worte trafen erleuchtend in die Mitte von Luthers verworrenen Vorstellungen. Mehr aber als die Erkenntnis wirkte auf ihn die Persönlichkeit des Vikars. Wie Gott durch Menschen wirkt, so erlebt der Mensch Gott durch Menschen. Der Mensch ist zum Ebenbild Gottes erschaffen; einem Menschen zu begegnen, der das empfangene Gepräge rein erhalten hat, ist erhebend und beglükkend, vollends, wenn wir uns ihm in Freundschaft nähern können. Daß er lieben und verehren, sich in Liebe und Verehrung hingeben konnte, das war es eigentlich, was den Versinkenden rettete und was ihm erst das Verständnis eröffnete für die Belehrung, die er empfing. Jener feine alte Mann hatte recht gehabt: er, Luther, hatte Gott gezürnt, inmitten einer quellenden, fühlenden Welt war er kalt geblieben. Im Augenblick, wo er liebte, fügten sich die auseinandergefallenen Teile seines Wesens wunderbar zusammen und gaben wie ein Instrument, das geborsten war und heil wurde, volle, wohllautende Töne. Staupitz war ein zu kundiger Arzt, um seine Aufgabe damit für erfüllt zu halten, daß er den zweifelnden Mönch einer besseren Einsicht in die göttlich-menschlichen Beziehungen zugänglich gemacht hatte; es kam darauf an, seine tätigen Kräfte wirken zu lassen und ihn mit geeigneten

Menschen in Wechselverkehr zu bringen. Um das zu erreichen, schickte er ihn nach Wittenberg, um an der im Jahr 1502 dort gegründeten Universität zu lehren. Damit tat er als Dekan der theologischen Fakultät, der für die Besetzung der Lehrstühle zu sorgen hatte, seine Pflicht, nützte der Universität, denn er hatte die hervorragende Bedeutung des jungen Freundes erkannt, und erfreute den Kurfürsten, der für seine Gründung lebhaftes Interesse hatte.

Friedrich der Weise war damals 45 Jahre alt, ein Fürst, der sich in vieler Hinsicht stark von seinen Standesgenossen unterschied. Er hatte die Bestrebungen Bertholds von Henneberg geteilt und blieb nach dessen Tode ihr bedeutendster Vertreter, Kämpfer für ein ständisches Regiment, also Gegner des Kaisers; aber er war zurückhaltender, als der Henneberger gewesen war, ein verschlossener, nicht leicht zu durchschauender Charakter. Darin waren alle einig, ihn wegen seiner Sachlichkeit, seiner Überzeugungstreue, der Reinheit seiner Absichten und Sitten zu achten. Man schrieb es seinen Beziehungen zu einer bürgerlichen Frau zu, daß er nicht heiratete; für die Nachfolge zu sorgen, überließ er seinem Bruder Johann, mit dem ihn herzliche Liebe verband und dessen Sohn Johann Friedrich er als seinen eigenen betrachtete. Wenn später ein päpstlicher Legat sagte, er sehe aus wie ein fettes Murmeltier und habe auch dessen schiefen Blick, so wird nicht jeder in diesem Vergleich etwas Herabsetzendes finden, obwohl er ohne Zweifel so gemeint war. Wir kennen sein Äußeres aus den Bildern von Dürer und Cranach; Cranach, der ihm persönlich nahestand, hat mit bewundernswürdiger Kunst die demütige und inbrünstige Frömmigkeit wiedergegeben, die das ungestalte fleischige Gesicht verschönte, zugleich auch etwas ängstlich Zweifelndes im Blick. Mit Staupitz verband den Kurfürsten herzliche Freundschaft. Als sie sich einmal über die Untauglichkeit der scholastischen Prediger unterhalten hatten und daß nur die Heilige Schrift die Herzen zu sich zwinge, ließ sich Friedrich von Staupitz versprechen, daß er nie von dieser Überzeugung weichen werde. Seine Frömmigkeit durchdrang sein Leben, auf ihr beruhte seine Treue, seine Unbestechlichkeit, seine edle Bescheidenheit; aber er blieb im kirchlichen Herkommen und

sogar in kirchlichen Äußerlichkeiten, wie er denn eine Sammlung von 5005 Reliquien besaß, die in der Wittenberger Allerheiligenkirche zur Verehrung aufgestellt waren und durch die er sich oft und oft hindurchkniete. Je mehr Abteilungen der Sammlung man kniend verehrte, desto mehr Ablaß erhielt man. Man kann annehmen, daß es zum Teil die dem Menschen eigene Sammelsucht war, die sich hier auf kirchlichem Hintergrunde besonders ausgelassen auswirken konnte, und daß die Haare der heiligen Elisabeth und Finger der heiligen Bobilia, durch kostbare Fassung zu kunstgewerblichen Gegenständen geworden, nicht nur das Gemüt erhoben und das Gewissen erleichterten, sondern auch das Auge belustigten.
Luther, der zwischen Bergen geboren war und seit Jahren in der um ihre majestätischen Dome gruppierten, ansehnlichen Stadt Erfurt gelebt hatte, blickte mit einem leichten Ekel auf die Wittenberger Sandfläche, in der ein paar hundert hölzerne Häuser planlos herumstanden, durch das massive neue Schloß noch mehr ins Armselige gedrückt. Das Augustinerkloster, wo er zu wohnen hatte, war baufällig, die Kirche verglich ein Zeitgenosse einem Stalle, in der Art, wie die Maler solche bei der Geburt Christi zu malen pflegen. Die schmackhaften Kerne sitzen oft in harter Schale. Der Beginn der neuen Laufbahn war unerfreulich; es war ein tückischer Zufall, daß Luther gerade über Aristoteles lesen mußte, den er verabscheute. Kaum hatte er recht mit den Vorlesungen begonnen, da trug ihm Staupitz auf, auch zu predigen. Unter einem Birnbaum im Klosterhof saßen sie, als Luther fünfzehn Einwände vorbrachte, um sich dem Befehl zu entwinden. Wie einst Moses sich Gott widersetzte, der ihn berief, so wehrte sich Luther gegen die gefürchtete Aufgabe. »Ehren Staupitz«, sagte er schließlich, »Ihr bringt mich um mein Leben. Ich werde es nicht ein Vierteljahr treiben.« – »In Gottes Namen«, erwiderte Staupitz lachend, »unser Herrgott oben hat auch große Geschäfte und kann kluge Leute brauchen.« Es blieb dem Mönch nichts übrig, als zu gehorchen. Anfänglich predigte er nur in der Augustiner Stallkirche, dann, da der Stadtpfarrer erkrankte, auch in der Pfarrkirche. Bald wurde das Predigen seine liebste Tätigkeit,

er hatte großen Zulauf; auch der Kurfürst und sein Bruder Johann waren zuweilen unter seinen Zuhörern. Umwälzenden Neuerungen hatte er diesen Erfolg nicht zu danken; noch im Jahr 1512 legte er in seinen Vorlesungen über den Psalter den Text in üblicher Weise aus, so daß z. B. Jerusalem nach dem Buchstaben eine Stadt sei, tropologisch die Tugend, anagogisch die Belohnung. Was die Hörer ergriff, war wohl der tiefe Klang dessen, der erlebt, was er sagt, war die Zauberkraft der genialen Persönlichkeit, die wie Musik unmittelbar ergreift und in geheimnisvoller Übertragung die schaffenden Kräfte der Menschen steigert, so daß sie sich dem Wesen der Dinge näher fühlen. Als eine konservative Natur bildete er sich sehr langsam Überzeugungen und setzte sich noch langsamer zu seiner Umgebung in Widerspruch. Wie er sich in Paulus und Augustinus vertiefte, bestärkte er sich mehr und mehr in der durch Staupitz gewiesenen Auffassung, daß der Frieden der Seele nicht in der Ausübung kirchlicher Vorschriften oder überhaupt im Tun liege, sondern im Glauben, aber es lag ihm fern, sich deswegen im Gegensatz zur Kirche oder zu seinem Klostergelübde zu fühlen. Es quälte ihn, wenn er die vorgeschriebenen Gebete, vielbeschäftigt wie er war, nicht zur festgesetzten Stunde gehalten hatte, und er schadete seiner Gesundheit durch asketische Übungen. Als er durch den sorgsamen Staupitz in Geschäften des Ordens nach Rom geschickt worden war, zog er in die auserwählte Stadt ein mit dem überschwenglichen Gefühl eines gläubigen Pilgers. Der Gedanke, daß er die Erde betrat, die das Blut so vieler Märtyrer betaut hatte, ließ sein Kindergemüt erschauern. Er sah nur den unsichtbaren Schimmer sagenhafter Überlieferung, nicht die leibhaftige Schönheit, die Raffael und Michelangelo erschufen. Was er außer den Heiligtümern in sich aufnahm, war die Eigenart des italienischen Volkes. Aufgeschlossen für alles Menschliche, beobachtete er voll Interesse ihren Fleiß, die Höflichkeit, ihre Lebhaftigkeit im Reden und Bewegen, hielt sie aber für listig und verschmitzt und tadelte sehr ihr vieles Fluchen und das hastige Erledigen der kirchlichen Zeremonien. Den skeptischen Humor der Italiener lernte er kennen, als er eines Tages bei Tisch erzählen hörte, wie es Priester gebe, die beim Messehalten über dem

Brot und Wein sprächen: Brot bist du, Brot bleibst du, Wein bist du, Wein bleibst du! Das entsetzte ihn; er hatte eine so freche Gotteslästerung nicht für möglich gehalten. Was er aber auch am kirchlichen Betriebe auszusetzen hatte, an Papst und Kirche machte ihn das nicht irre.

Allmählich begann sich Luther in Wittenberg heimisch zu fühlen. Seine bedeutende Persönlichkeit, sein geistvoll anregendes und zugleich gemütvolles Gespräch, seine musikalische Begabung, seine aufrichtige Herzlichkeit erwarben ihm Freunde und Anerkennung in allen Kreisen. Der erste Rektor der Universität, der berühmte Mediziner Pollich von Mellerstadt, des Kurfürsten Leibarzt, *lux mundi* genannt, hospitierte gelegentlich seine Vorlesungen und soll einmal beim Verlassen einer solchen gesagt haben: »Dieser Bruder hat tiefe Augen, er wird wunderbare Phantasien haben.« Mit den Räten des Kurfürsten, Pfeffinger, Feilitzsch, dem Kanzler Brück, verkehrte er freundschaftlich, besonders nah stand ihm Georg Burkhard aus Spalt, genannt Spalatinus. Der Erfurter Humanist war Erzieher des jungen Prinzen Johann Friedrich gewesen, kam aber mit seinem Zögling, den er für ein *ingenium pingue* hielt, nicht recht weiter, worauf ihn der Kurfürst, weit entfernt, ihm zu zürnen, zu seinem Kaplan und Geheimsekretär machte, in welcher Stellung er vielfach Gelegenheit hatte, zwischen der Universität und dem Kurfürsten, insbesondere auch zwischen diesem und Luther zu vermitteln. Zu den nächsten Freunden Luthers gehörten der Maler Lukas Cranach und seine Frau; fast alle diese Beziehungen erhielten sich in gleicher Wärme und Vertrautheit durch Luthers ganzes Leben.

An Spalatin schickte Luther im Jahre 1516 ein Büchlein, das er entdeckt hatte, und schrieb dazu: »Wenn es dich freut, eine reine, gründliche, der alten ganz ähnliche Theologie in deutscher Sprache zu lesen, so magst du dir die Predigten des Johannes Tauler vom Predigerorden verschaffen, aus dessen Ganzem ich dir hiermit etwas wie einen Auszug übersende. Denn ich habe weder in lateinischer noch in unserer Sprache eine heilsamere und mit dem Evangelium mehr übereinstimmende Theologie gesehen.« Das Buch, von dem Luther damals ein Fragment gefunden hatte, das er in Wittenberg drucken ließ und das bald darauf nochmals unter dem Titel »Theologia Teutsch« erschien, ist nicht von Tauler, sondern von einem Deutschherren aus dem Frankfurter Ordenshause, man weiß nicht, wann, verfaßt. Es enthält Gedankengänge, die Luther durch Staupitz bereits vertraut geworden waren und in so glücklicher Weise auf ihn gewirkt hatten. Liest man jetzt das schlicht und warm geschriebene Buch, so staunt man immer wieder, wie sehr es sich durchweg mit den Schriften Luthers berührt. Man findet sich hier an einer der Quellen, aus denen er geschöpft hat, so tief, daß Tropfen dieses Weines bis zum Ende in seinem Becher sichtbar blieben. Das ist selbstverständlich, da ja auch Staupitz, dessen religiöse Einstellung ihn so entscheidend berührt hatte, die Schriften der Mystiker in sich aufgenommen hatte. Die Fragen, mit denen Luther während seiner ersten Klosterjahre so qualvoll gerungen hatte, wie der Mensch zu Gott komme, wurden in diesem Büchlein an Hand der Heiligen Schrift eingehend behandelt, so als ob eine leichte Hand bisher Verworrenes mit einem Male zu einfacher Klarheit löste. Es ist ganz frei von Dogmatik, es spricht vom Menschen, wie jeder ihn in sich erleben kann, und von Gott, wie er sich in der Heiligen Schrift offenbart hat. Das, was den Menschen von Gott trennt, ist die Sünde, die auch Teufel oder der alte Adam oder die flache Natur genannt wird, und sie besteht in Ichheit oder Selbstheit. Solange der Mensch der Selbstsucht verhaftet ist, befindet er sich in der Hölle, je mehr er sich von der Selbstsucht löst und liebend wird, nähert er sich dem Himmelreich. Von der Selbstheit wird der Wille, dessen Art edel und frei ist, geknechtet; aus den Banden der Selbstsucht gelöst, wird er wieder frei. Die Befreiung geschieht nur durch Gnade, Werke können sie nicht erzwingen. Dies sind die Grundgedanken, wie die »Brüder vom gemeinsamen Leben« sie aus der Mystik aufgenommen hatten und die nie ganz vergessen waren. Dieser Strom innerlicher Frömmigkeit, der durch die mittelalterliche Kirche rauschte, gehörte unbestritten zu ihr; Luther freute sich deshalb des Fundes, ohne einen Widerspruch zur Kirche zu fühlen, wohl aber zu einer großen Anzahl von Geistlichen und ihren Auffassungen von der Theologie. Wenn er verschollene mystische Schriften ans Licht zog, verschüttetes

Gold, das einst weithin geglänzt hatte, so glaubte er, als getreuer Sohn der Kirche zu handeln.
Im selben Jahre, als Luther die »Theologia Teutsch« veröffentlichte, gab Erasmus das Neue Testament griechisch heraus, damit seinerseits eine verschüttete Quelle eröffnend. Luther, der anfing das Griechische zu lernen, war tief erschüttert, als er entdeckte, daß an Stelle des lateinischen Wortes *poenitentia* im Urtext *μετάνοια,* also Umwandlung, Wiedergeburt stand, ein Beweis, daß nicht irgendein gutes Werk, sondern Sinnesänderung das sei, was Gott vom Menschen verlange, zugleich das, was nur Gott geben könne. Als einem Lehrer der Universität lag es ihm nah, Schutt wegzuräumen, und zwar zunächst den, der ihn am meisten ärgerte, weil er ihm gerade an der Universität auf Schritt und Tritt begegnete, die aristotelische Wissenschaft, wie sie im allgemeinen gelehrt wurde. Sie hatte aus dem Glauben eine Reihe von Begriffen gemacht, in deren Besitz man sich durch Erlernen der Logik setzte und mit denen man mittels der Dialektik haarspalterisch hantierte. Sie nahm den Menschen als gut und seinen Willen als frei an, zerstörte also das Fundament, auf welchem Luther im Anschluß an Paulus und Augustin seine Auffassung in dem Verhältnis zwischen Gott und Menschen aufbaute. Entschlossen unternahm er im Jahre 1517 den Feldzug gegen die geheiligte Größe. Wenn er Kandidaten zum Magisterexamen vorzubereiten hatte, ließ er sie gegen Aristoteles disputieren. Franz Günther von Nordhausen war der Student, bei dessen Promotion er die Disputation *contra scholasticam theologiam* veranstaltete. Die Jugend hatte er für sich, sie stimmte gern in den humanistischen Kriegsruf *Ad fontes*, zurück zu den Quellen, ein. Die Kollegen zögerten anfangs, bald aber schlossen sich Nikolaus von Amsdorff und Karlstadt begeistert ihm an. An dem schwergerüsteten Gegner Scholastik stählte sich Luthers kämpferische Anlage. Es dauerte nicht lange, so erfüllte das Kämpfen ihn mit Lust, wurde er zuversichtlicher und rücksichtsloser. Während er noch dabei war, seinen Ansturm gegen den toten Riesen auf andere Universitäten auszudehnen, trat ein Lebendiger auf, dem entgegenzutreten er sich verpflichtet fühlte, der Ablaßprediger Tetzel.

Im Frühjahr 1517 feierte das Papsttum einen Triumph. Trotzdem Pius II. alle mit dem Bann bedroht hatte, die vom Papst an ein Konzil appellieren würden, gab es immer noch Konziliare, die im Gegensatz zu den Kurialen dafürhielten, daß das Konzil über dem Papst stehe, und die die periodische Abhaltung von Konzilien verlangten, wie die berühmte Versammlung in Konstanz es vor 100 Jahren festgesetzt hatte. Im Jahre 1482 schlug ein kühner Mann, Andreas, Bischof von Crain in Epirus, Einladungen zu einem Konzil an die Kirchentüren von Basel: er wurde gefangengenommen und starb im Kerker. Einige Jahrzehnte später schien die politische Lage dem konziliaren Gedanken günstig zu sein: Kaiser Maximilian, den ein Bündnis des Papstes Julius II. mit Venedig erbitterte, beschloß im Verein mit Frankreich, ein Reformkonzil zu berufen. Fünf Kardinäle fanden sich in Pisa ein, unter denen der Spanier Carvajal der angesehenste war. Auf keine Weise konnte man den Papst mehr beunruhigen; aber Julius II. rettete sich aus der peinlichen Lage, indem er selbst ein Konzil in den Lateran berief, dadurch den Gegnern die Waffe aus der Hand windend. Es war im Jahre 1512. Bald mußten die in Pisa Versammelten sich nach Mailand flüchten, wo die französischen Waffen sie schützten, aber nur für eine Weile. Sowohl Frankreich wie Maximilian gaben ihr eigenmächtiges Konzil preis und erklärten, ebenso England, dem Laterankonzil Gehorsam. Beschicken taten sie es nicht, und so kam es, daß im Lateran fast nur Italiener saßen, die dem Papst unbedingt ergeben waren. Sie erklärten ihn für den Arzt, Hirten, Regenten und Bildner der Christenheit, stellten die Oberhoheit des Papstes über die Konzilien fest, ja sie bekräftigten und erneuerten die berüchtigte Bulle *Unam sanctam*, die Papst Bonifacius VIII. im Jahre 1302 erlassen hatte. Darin war zum Dogma erhoben worden, daß der Papst beide Schwerter, das geistliche und das weltliche, führe, daß der Papst von niemandem außer von Gott könne gerichtet werden, daß die päpstliche Macht göttlich sei und wer sich ihr widersetze der göttlichen Ordnung widerstehe;

denn aller menschlichen Kreatur sei zu ihrem Seelenheil notwendig, daß sie dem römischen Papst Gehorsam leiste. Als am 16. März 1517 das Laterankonzil geschlossen wurde, zelebrierte Kardinal Carvajal, der das Haupt des Pisaner Konzils gewesen war, die Messe. Leo X., der im Laufe des Konzils auf den päpstlichen Stuhl erhoben war, konnte unbesorgt vor künftigen Kirchenversammlungen sich als Herrn der Christenheit fühlen.
Um sich auch als Reformkonzil zu betätigen, hatte der Lateran einige Verordnungen zur Besserung des Klerus erlassen; von den wohlbekannten *Gravamina* der deutschen Nation war nicht die Rede gewesen. In diesen bezog sich ein Punkt auf die Palliengelder, und daß die Kurie sie noch über die ausbedungene Höhe zu steigern pflege. Palliengeld nannte man die Abgabe, die ein neugewählter Bischof beim Antritt seines Amtes dem Heiligen Stuhl zu zahlen hatte, wofür er das Pallium, eine vom Papst geweihte Wollbinde, das Abzeichen der Bischofswürde, erhielt, deren geringen Wert man spöttisch mit dem hohen Kaufpreis verglich. Die Summe mußte von den Untertanen des Bischofs aufgebracht werden. Das war besonders drückend, wenn, was nicht selten vorkam, mehrere Bischöfe rasch aufeinander folgten. Im Anfang des 16. Jahrhunderts war es im Erzbistum Mainz der Fall. Auf Berthold von Henneberg folgte im Jahre 1504 Jakob von Liebenstein und nach dessen frühem Tode Ulrich von Gemmingen, der 1513 starb; Albrecht von Brandenburg, der Bruder des Kurfürsten, wurde sein Nachfolger. Zweimal hintereinander mußte die sehr große Summe von 20 000 Gulden ersteuert werden, wozu noch kam, daß Albrecht, pracht- und kunstliebend, für seine Person viel brauchte und daß er außerdem die Erlaubnis, mehrere Bistümer in seiner Hand zu vereinigen, mit einer großen Summe erkaufen mußte. Unter diesen Umständen war es ihm sehr unangenehm, daß seine Untertanen durch die Palliengelder gänzlich ausgesogen werden sollten. Als nun Leo X. den Ablaß zugunsten des Baues der Peterskirche, den bereits Julius II. verkündet hatte, im Jahre 1515 erneuerte, bat er den Heiligen Vater um die Erlaubnis, sich daran beteiligen zu dürfen. Leo X. ging darauf ein, denn dadurch wurde nicht nur das Erzbistum Mainz, sondern auch Brandenburg, das Gebiet von Albrechts

kurfürstlichem Bruder, dem Ablaß zugänglich gemacht, was durchaus nicht selbstverständlich war.
Auch der Ablaß gehörte zu den Vorwürfen, die gegen den Papst erhoben wurden; denn die Fürsten sahen es ungern, wenn das Geld ihrer Untertanen aus dem Lande herausfloß. Herzog Georg von Sachsen ließ es sich viel kosten, die Erlaubnis zu einem Ablaß in der von ihm gegründeten Kirche in Annaberg im Erzgebirge zu bekommen, wodurch seine Bergleute die Sündenvergebung kaufen konnten und das Geld doch dem Lande nicht verlorenging. Die Humanisten zählten den Ablaß zur Ausbeutung der Deutschen durch Rom, mißbilligten ihn deshalb und tadelten überhaupt das ganze System. Der erhabene Gedanke, daß der Überfluß an Güte und Größe heiliger Helden allen Christen angehöre und zugute komme gleich einem Strom, der das Erdreich ringsumher fruchtbar macht, war dadurch entwertet, daß der Papst ihn nach Belieben verteilen zu können behauptete, vollends dadurch, daß er sich Geld dafür zahlen ließ. Im Falle Albrechts von Brandenburg war von fürstlicher Seite nichts einzuwenden, weil das Geld wenigstens zum Teil im Lande bleiben sollte. Die anwohnenden sächsischen Herrn indessen, Friedrich der Weise und Georg der Bärtige, sahen ihn ungern, weil sie fürchteten, ihre Untertanen, soweit sie der Grenze nahe wohnten, würden sich verleiten lassen, ihre Ersparnisse hinüberzutragen.
Dem Kurfürsten und Erzbischof Albrecht war daran gelegen, den Ablaß prächtig aufzuziehen und einträglich zu gestalten. Deshalb wurde der Dominikanerprior Johann Tetzel, der mit dem Betrieb Bescheid wußte und mehrmals bedeutende Erfolge erzielt hatte, aufgefordert, die Leitung des Geschäfts zu übernehmen. Er war ein großer, dicker Mann und verfügte über ein pompöses Auftreten und den salbungsvollen Schwung der Rede, der die Herzen erweicht. Zwar war der Kostenaufwand beträchtlich, aber dafür war auch die Freigebigkeit allgemein, wenn er in eine Stadt einzog, begleitet von einem Beamten der Fugger, an welche die zu erzielende Einnahme des Papstes bereits verpfändet war, die Ablaßbulle auf einem Kissen vor sich her tragen und rote Fahnen vor den Kirchen aufpflanzen ließ, die für den heiligen Verkauf bestimmt waren.

Die Bekämpfung des Ablaßwesens war nicht neu. Wiclef und Huß und in Deutschland Johann von Wesel hatten sich scharf dagegen gewendet. Wenn im 13. Jahrhundert der berühmte Volksprediger Berthold von Regensburg gegen die Pfennigprediger eiferte, die dem Volk für Pfennige die Sünde vergeben, so hing das mit mißbräuchlichen Ausschreitungen zusammen; denn zu jener Zeit verstand die Kirche unter Ablaß nicht Sündenvergebung, sondern Erlaß von Sündenstrafen, die sie selbst verhängt hatte. Sie pflegte reuigen Sündern etwa mehrere Jahre Verbannung oder mehrere Jahre strengen Fastens oder Entziehung des Amtes aufzuerlegen, wobei, im Falle der Sünder rückfällig war, manchmal mehr Jahre herauskamen, als er leben konnte, so daß eine Verkürzung oder Erleichterung der Strafe sich empfahl. Allmählich aber veränderte sich der Charakter des Ablasses. Es mag sein, daß, wenn Kreuzzugsbullen vollkommene Sündenvergebung verhießen, dies nur eine Formel war, unter der jedermann Straferlaß verstand; gewiß ist, daß im Laufe der Zeit zuerst Erlaß zeitlicher Sündenstrafen, womit die Fegefeuerstrafen gemeint waren, und dann durch den sogenannten Jubiläumsablaß Erlaß von Strafe und Schuld dem Zahlenden gewährt wurde.

Im Jahre 1300 verkündete Bonifacius VIII. zum erstenmal einen Jubiläumsablaß, der an den Besuch der römischen Apostelkirchen geknüpft war. Die Einladung, nach Rom zu wallfahrten und dadurch sein Seelenheil zu fördern, bewirkte einen außerordentlichen Andrang von Besuchern, namentlich der wanderlustigen und sich südwärts sehnenden Deutschen. Der die Erwartung übertreffende Ertrag dieser neuen Finanzquelle veranlaßte die Päpste, den Zwischenraum zwischen den Jubeljahren immer mehr zu verkürzen und die dabei erteilten Begnadigungen zu vermehren. In 200 Jahren haben 7 Jubeljahre stattgefunden. Um desto mehr Gläubige begnaden zu können, wurde der Jubelablaß auch außerhalb Roms und Italiens verkündet; wo immer das päpstliche Ablaßkreuz aufgerichtet wurde, konnte man nach einem genau ausgearbeiteten Tarif Heilsgüter kaufen, Erlaß von Schuld und Strafe und Erlaß von Fegefeuerstrafen für Verstorbene. Beim Jubel- oder Plenarablaß war von Reue und Buße, die eigentlich der Absolution voranzugehen hatten, nicht mehr die Rede; die Theologen erklärten das so, daß das Bußsakrament in diesen Ablaß hineingezogen sei.

Als im Jahre 1517 Tetzel den Ablaß feilbot, gab es unter den Gebildeten viele, die sich darüber ärgerten; aber Luther war vielleicht der einzige, der dies Ereignis gar nicht von der finanziellen Seite betrachtete. Was ihn beschäftigte und aufregte, war nicht die Ausbeutung des Volkes, sondern einzig der schädigende Einfluß, den eine kirchliche Einrichtung auf das Volk ausübte. Man erzählte sich, vielleicht übertreibend, Tetzel habe gesagt, und wenn einer die heilige Jungfrau geschändet hätte, so könne sein Ablaß ihn von der Sünde reinigen, und ferner, wenn das Geld in den Kasten klinge, fliege die Seele zum Himmel hinauf. Luther trauerte und entrüstete sich, daß Geistliche die Absichten des Papstes, die nur gute sein konnten, so verkannten und entstellten. Unter anderem gewährte der Ablaß dem Zahlenden die Vergünstigung, sich einen Beichtvater nach Belieben wählen zu dürfen, und es kam vor, daß, wenn der regelmäßige Beichtvater seinem Beichtkinde die Absolution verweigerte, dieses sich auf den gewählten berief, der sie erteilt habe. Solche Erfahrungen bewogen Luther, sich in die Geschichte und das Wesen des Ablasses zu vertiefen, wobei er fand, daß es nicht leicht war festzustellen, was dabei richtig und was falsch war. Denn die Handhabung des Ablasses war nicht immer und überall gleich, die Kirchenlehrer, die sich damit befaßt hatten, urteilten verschieden darüber, und die Lehre des Thomas von Aquino, nach der dem Straferlaß Reue und Buße voranzugehen hatte, bestand noch immer zu Recht.

Überzeugt, daß hier ein Problem vorliege, in das die wenigsten klare Einsicht hätten und das ein einzelner nicht leicht werde lösen können, entschloß sich Luther, seine Bedenken über die wichtige Frage aufzusetzen und zu einer Disputation darüber, wie es an Universitäten üblich und beliebt war, aufzufordern. In 95 Sätzen stellte er seine Erwägungen zusammen. Nachdrücklich betonte er, daß der Ablaß als eine von den Päpsten eingesetzte Einrichtung zu verehren sei. »Wer gegen die Wahrheit des apostolischen Ablasses redet, der sei verbannt und verflucht«, heißt es in der 71. These. Ebenso läßt er die Mittlerstellung des Priesters unangetastet, indem er sagt, Gott verzeihe keinem die Schuld, der sich nicht demütig dem Priester, als dem Stellvertreter Gottes, unterwerfe. Sein Tadel richtet sich nur gegen diejenigen, die den päpstlichen Willen falsch auslegen und dem Volk eine falsche Auffassung von der Kraft des Ablasses beibringen. Das war nicht gesagt, um unter der Maske kirchlicher Rechtgläubigkeit ketzerische Meinungen einzuschwärzen, sondern es war Luthers Überzeugung. Er appelliert gleichsam von dem mißverstandenen oder dem allzu nachsichtigen Papst an den Stellvertreter Christi. Und doch war ein Zwiefaches in den Thesen: durch die bescheidene Stimme des Mönchs brach zuweilen, fast wider seinen Willen, der stolze und drohende Ton des Propheten. Er unterbreitet Fragen zur Diskussion, und zugleich spricht er eine unerschütterliche Überzeugung aus. Eine überlegene Einsicht in das Wesen der Religion äußert sich, die nicht fragt, sondern feststellt. Der Papst kann nur diejenigen Strafen erlassen, die er selbst verhängt hat. Die Schuld vergeben kann nur Gott. Die Verstorbenen sind von allen Kirchenstrafen frei, sie können ihnen nicht erlassen werden. Was sie bedürfen, ist Mehrung der Liebe. Denn Hölle und Fegefeuer und Himmel verhalten sich zueinander wie verzweifeln, beinah verzweifeln und des Heils gewiß sein. Ist Nachlaß der Strafe dem Gläubigen überhaupt erwünscht? Der wahrhaft Reuige verlangt nach Strafe. Besserung, nach der der Reuige sich sehnt, kann ja der Ablaß überhaupt nicht bringen, die wird er eher durch Übung der Werke der Barmherzigkeit erreichen. Armen wohltun vermehrt die Liebe, Ablaß befreit nur von der Strafe. Dies alles müßten die Ablaßprediger dem Volk erklären, anstatt es glauben zu machen, durch Geld könne man Sündenvergebung erkaufen. Was liegt dem Papst an Geld! Viel teurer ist ihm das Gebet der Christen. Der Papst würde lieber aus seinem eigenen Geld, und sollte er den Dom Sankt Peters verkaufen müssen, manchen von den Armen geben, denen es die Ablaßprediger aus der Tasche ziehen. Die frechen und falschen Ablaßprediger sind Ursache, daß es den Gelehrten schwerfällt, die scharfen Einwendungen der Laien zurückzuweisen, die zum Beispiel fragen: Warum befreit denn der Papst nicht, wenn er glaubt,

es zu können, die im Fegefeuer leidenden Seelen aus dem Drang heiliger Liebe, da er es doch tut elenden Geldes wegen zum Bau der Peterskirche, also einer leichtwiegenden Sache wegen? Oder: Warum erbaut der Papst, der reicher ist als einer der reichsten Geldfürsten, nicht wenigstens die Peterskirche aus seinem eigenen Vermögen? Oder: Warum, da es dem Papst mehr um das Heil der Seelen als um Geld zu tun ist, setzt er jetzt die früheren Ablässe außer Kraft, die doch ebenso wirksam sind? Man gibt Papst und Kirche dem Gespött der Feinde preis, wenn man solche Einwände mit Gewalt dämpfen will, anstatt ihnen durch Angabe von Gründen zu begegnen.
War es nicht Hohn, wenn Luther die über alles Weltliche erhabene Sinnesart des Papstes als das Selbstverständliche voraussetzte und ihm in der Haltung eines Dieners einen Spiegel hinhielt, in dem er seine Schmach erblicken mußte? Wenn er den Papst wie ein hoch über ihm Stehender hieß, was er zu denken und zu tun habe? Und doch war es kaum so gemeint. Es war Luther so sehr Ernst um die Sache, daß er nicht zweifelte, wenn der Papst auf die furchtbaren Schäden aufmerksam gemacht würde, die das Volk in seinem Namen bedrohten, so werde er sie abstellen. Darum eben wollte er, daß Gelehrte, aufrichtige Glieder der Kirche, das Problem des Ablasses durchdächten und Linien zu seiner Begrenzung feststellten, wodurch der Papst veranlaßt würde, den Betrieb zu reformieren, vielleicht sogar ganz abzustellen. Denn wenn Himmel und Hölle in die Seele des Menschen verlegt wurden, Liebe den Himmel mehrte, Nichtlieben die Hölle, würden dann noch Menschen für Ablaßzettel Geld ausgeben? Es war mehr Aufruhr in den Thesen, als Luther sich bewußt war. Als er um die Mittagszeit des 31. Oktober 1517, am Tage vor dem Allerheiligenfest, die Thesen an das Portal der Stiftskirche schlug, glaubte er nicht, damit den Stein zu werfen, der schlummerndes Unheil aufweckt; es war eine Angelegenheit der Universitäten, nichts weiter. Das vernichtende Gewitter begann mit einem so schwachen Donnern, wie es manchmal im Hochsommer die mittägliche Stille nur leise erzittern läßt.

Die Thesen waren geschrieben angeschlagen, bald wurden sie gedruckt und ins Deutsche übersetzt. Etwas längst Erwartetes war plötzlich sichtbar und greifbar geworden, etwas, das verhüllt schon lange da war. Sie flogen von einem Munde zum anderen, weil sie aussprachen, was viele, nur weniger klar, schon gedacht und geflüstert hatten. Für den, der die Thesen aufgesetzt hatte, war ihr Inhalt viel weniger selbstverständlich. Im Kloster, allein mit Gott und den Dämonen, hatte er sich nicht um das gekümmert, was in der Welt vorging. Er wußte nichts von der Kirchen- und Reichsreform. So wenig glaubte er die Kirche anzugreifen und so sehr war er überzeugt, daß jeder, und je höher er stehe, desto mehr, nach sachlichen Gesichtspunkten urteile, daß er seine Thesen dem Erzbischof Albrecht mitteilte, damit er die Mißbräuche der Ablaßpredigt abstelle, durch die die ihm anvertraute Herde an der Seele geschädigt werde. Den Erzbischof, der bereits durch den ziemlich geringen Ertrag des Geschäftes beunruhigt war, berührte diese Störung des Betriebes sehr peinlich. Er wäre mit zornigen Worten gegen Luther losgefahren; aber andererseits lag ihm sein Ruf eines aufgeklärten Humanisten zu sehr am Herzen, als daß er sich durch dick und dünn für einen Dominikaner hätte einsetzen mögen. So wählte er den Ausweg, daß er sämtliche den Fall betreffenden Akten nach Rom schickte, damit der Papst entscheide. Auch der Bischof von Brandenburg, Hieronymus Skultetus, dessen Diözese es anging, wollte nicht zu den Dunkelmännern gezählt werden. In höflichster Form versicherte er Luther, daß er nichts Unkatholisches in den Thesen finde, riet ihm aber, sich nicht in die Gewalt der Kirche einzumischen, und Luther versprach zu schweigen. Er hatte nicht die Absicht, sich mit der Kirche zu verfeinden, und hielt sein Versprechen, obwohl die Angriffe der Gegner es ihm schwer machten. Wie fest die Macht der Kirche in das Leben und die Gewohnheiten eingegraben war, zeigte sich darin, daß noch immer niemand zur Disputation sich meldete, daß der Beifall, obwohl im stillen reichlich vorhanden, nicht laut wurde, wohl aber der Widerspruch, zunächst von seiten der unmittelbar angegriffenen Dominikaner. Sie hatten im Jahre 1506 durch den entdeckten Betrug in Bern eine tödliche Niederlage erlitten, kürzlich eine neue durch die Entwicklung der Reuchlinschen Sache und die Veröffentlichung der Dunkelmännerbriefe. Sie wollten nicht noch einmal verlacht werden; gelang es nicht mit Reuchlin, wollten sie sich an Luther entschädigen. Tetzel entzündete neben seiner Wohnung in Jüterbog ein Feuer zum Zeichen, daß er Ketzermeister sei und Irrgläubige auf den Scheiterhaufen bringen könne. Er wurde ausersehen, um an der Universität Frankfurt an der Oder Thesen gegen Luther zu verfechten, die zum Teil von deren erstem Rektor Koch, nach seiner Geburtsstadt Wimpfen Wimpina genannt, verfaßt waren. Wimpina haßte den berühmten Mediziner Pollich, der von Friedrich dem Weisen hochgeschätzt wurde und der erster Rektor an der Universität Wittenberg gewesen war, und freute sich sehr, in Luther die sächsische Universität zu treffen, die zu übertrumpfen Frankfurts Ziel war. In den Thesen wurde Luther eine kirchenfeindliche Gesinnung zugeschrieben, wie er sie nicht hatte und auch buchstäblich nicht geäußert hatte; sie ließen ihn als einen gefährlichen, todeswürdigen Ketzer erscheinen. Sie schlossen mit dem Vers des Moses voll unheimlichen Posaunenklangs: Ein jegliches Tier, das den Berg anrührt, soll gesteinigt werden.

Ein neuer Streit zwischen zwei Orden und den entsprechenden Universitäten schien ausgebrochen zu sein. Die Humanisten lachten belustigt. Mögen sie sich gegenseitig zugrunde richten, sagte Hutten. Johann Maier, genannt Eck nach seinem Geburtsort, Professor in Ingolstadt und als geschickter Disputatär berühmt, hielt sich zu den Humanisten, wollte aber zugleich sich um die Kirche verdient machen. Von den älteren Humanisten, Wimpheling, Sebastian Brant und anderen, unterschied er sich durchaus; denn diesen lag das wahre Wohl der Kirche am Herzen, und sie waren deshalb Anhänger der Reform, wie denn auch Wimpheling Luthers Auftreten freudig begrüßte, während es Eck, man möchte fast sagen im Gegenteil, auf die bloße Gewalt ankam, zu der es ihn gefühlsmäßig hinzog und die er als ein Held mit Rückendeckung verteidigte. Während er

Luther in einer Schrift als böhmischen Ketzer verdächtigte, gebärdete er sich brieflich ihm gegenüber als Freund und Verehrer.

Zur Verteidigung Luthers regte sich niemand als die Jugend, diese mit erfrischender Tapferkeit. Ein Student namens Knipstro trat bei der Frankfurter Disputation für ihn in die Schranken, und als ein Hallenser Buchdrucker einen ganzen Ballen der Frankfurter Gegenthesen nach Wittenberg geschickt hatte, bemächtigten sich ihrer die Studenten und verbrannten sie unter mutwilligen Zeremonien mittags auf dem Marktplatz. Es war der 18. März 1518. Am folgenden Tage mißbilligte Luther diesen Vorgang in einer Predigt; er wollte nichts tun, um das Feuer zu schüren, vielmehr, soviel an ihm war, es zu dämpfen. Etwa eine Woche darauf trat er eine Reise nach Heidelberg an, wo er auf dem Frühlingskapitel der Augustiner über seine Tätigkeit als Distriktvikar Rechenschaft abzulegen und sein Amt dem Nachfolger zu übergeben hatte. Manche warnten ihn vor dieser Reise. Der Kurfürst hatte ihm sagen lassen, er werde nicht dulden, daß man ihn nach Rom schleppe, und ihn seines Schutzes versichert; aber gerade darum, meinte man, wenn die Kurie die Aussicht verliere, ihn rechtmäßig zu verbrennen, würde sie ihn hinterrücks ermorden. Luther bestand darauf zu reisen, und zwar zu Fuß. Er war guten Mutes, voll des Friedens, in dem er so oft mitten im Sturm beseligt ruhte. Mit einem Begleiter, wie es die Klosterregel vorschrieb, ging er die Saale entlang über Koburg nach Würzburg, mit angelegentlich empfehlenden Briefen des Kurfürsten versehen. Dort nahm ihn Bischof Lorenz von Bibra, dessen Erscheinung uns Riemenschneiders edle Kunst überliefert hat, gastlich auf. Er war ein Reformfreund, der schon gegen den Ablaß eingeschritten wäre, wenn der Erzbischof von Mainz es ihm nicht gewehrt hätte. Man erzählte sich, ein Prediger in der Hauptkirche von Würzburg habe auf der Kanzel gesagt, nichts sei mit dem Evangelium zu vergleichen, und wer recht handle, werde selig; der Ablaß nütze dem nichts, der nicht recht handle. Wenn aber einer rechtschaffen lebe oder, falls er gesündigt habe, Buße tue und sich bessere, der werde auch ohne Ablaß Bürger des Himmelreichs.

Das liebliche Gefühl, unter Freunden und Gesinnungsgenossen zu sein, überkam Luther vollends in Heidelberg, wo er nicht nur Wenzeslaus Link und Lang, die alten Gefährten, fand, sondern auch Staupitz, den geliebtesten und verehrtesten unter allen Menschen. Der junge Pfalzgraf Wolfgang, Bruder des Kurfürsten von der Pfalz, der zum geistlichen Stande bestimmt war und in Wittenberg studiert hatte, empfing ihn mit Auszeichnung. Ihm wurde die Leitung der Disputation übertragen, die im Kapitelsaal der Augustiner stattfand. Die Thesen, die er aufstellte, erklärten in grundlegender Weise die Paulinisch-Augustinische Glaubenslehre, die er so leidenschaftlich ergriffen und so tief durchdacht hatte. Daß der Mensch sich von der Sünde, in der er gefangen ist, nicht aus eigener Kraft befreien kann, sondern sie der Gnade Gottes dankt, die zu ersehnen das einzige ist, was er selbst zu seiner Lösung tun kann, war der Grundgedanke der Sätze, die er verfocht. Die Heidelberger Professoren der Theologie befremdete zwar diese Auffassung, aber sie griffen ihn in einer Weise an, die ihre Bildung und humanistische Weitherzigkeit zeigte. Unter denen, die ihm beifielen, war ein junger Dominikanermönch, braun von Gesicht, mit schönen scharfen Zügen, für den die verkündete Lehre eine Offenbarung war, die ihn in ähnlicher Weise zu sich selbst brachte und sein Leben lang festhielt, wie die Worte von Staupitz Luther getan hatten. Es war Martin Butzer aus Schlettstadt, der sich bisher den Druck des Klosterlebens durch den Verkehr mit humanistischen Freunden zu erleichtern gesucht hatte; darin war er Luther ähnlich, daß er niemals selbstsüchtige Nebenzwecke im Auge hatte, wo es um die höchsten Fragen der Menschheit ging. Schwärmerische Verehrung für den Mann, der ihm ein neues Leben eröffnete, ergriff ihn; nicht genug konnte er den Freunden Luthers Anmut im Disputieren, seine Liebenswürdigkeit und seinen Freimut im Umgang, seinen Scharfsinn rühmen.

Aber auch Luther war umgewandelt. Von den Hügeln Heidelbergs, die den hellen Kranz ihrer Frühlingsblüte um die sanften Bogen des Neckars schlangen, kehrte er gewachsen, gehoben zurück. Bis dahin war er ein Einzelner gewesen, der einige Freunde hatte, die ihn verstanden und schätzten; auf dieser

Reise hatte er erfahren, daß er der Führer eines Volkes war. Im Kloster war wenig oder nichts zu ihm gedrungen von dem jahrhundertelangen Kampf um die Reformation; vielleicht hätte es ihn damals kaum interessiert. Wenn er vernommen hätte, daß ein alter Mann beim Lesen seiner Thesen ausrief: »Hoho, der wird's tun!«, hätte er die Worte kaum richtig verstanden. Er ahnte nicht, daß es viele gab, die auf ihn warteten. Das Echo seiner Thesen, das anfangs ausgeblieben war, warfen ihm die Berge Würzburgs und Heidelbergs zu, froher und stärker, als er je gehofft hatte. Die Antwort auf seine zögernde, zweifelnde Frage kam zuversichtlich mit unzähligen Stimmen. Wenn er an Spalatin schrieb: »Ich bin wiedergekommen im Wagen, der ich ausgezogen bin zu Fuß«, so klingt darin der Jubelton dessen, der vielleicht nicht siegen, aber freudig kämpfen wird.

An einem der nächsten Sonntage predigte er über den Bann: der Papst kann nur den äußeren Bann verhängen, der von der Kirche ausschließt, den inneren Bann, den Ausschluß aus der Gemeinschaft Christi, verhängt nur Gott. Hat Gott ihn nicht verhängt, so kann der Bann des Papstes nicht schaden, ja derjenige, der ungerechterweise aus der äußeren Gemeinschaft ausgestoßen ist, wird die innere Gemeinschaft mit Christus um so wärmer empfinden. Damit bekannte er sich zum Glauben an die unsichtbare Kirche. In der zweiten Hälfte der Resolutionen zu den 95 Thesen, die er jetzt verfaßte, sagte er: »Was dem obersten Pontifex gefällt oder nicht gefällt, kümmert mich nicht.«

Es war ein großer Augenblick in Luthers Leben, daß zum erstenmal die Titanen in seiner Brust, die bisher so streng gefesselten, sich frei nach außen regen durften. Er wurde Feldherr über ein gewaltiges Heer, das ihn besser schützte als Freunde und Fürsten und Volk. Fast hätte er seine Feinde seine besten Freunde nennen können, daß sie ihm zu dieser Macht verhalfen. Ein schriftlicher Angriff Tetzels reizte ihn zu einer Antwort, in der er zum erstenmal Zorn, Humor, Spott und Grobheit zu übermütiger Schlacht ins Feld schickte. Nicht mehr der demütige Mönch sprach, sondern der Gebieter über Gewaffnete. Wie Goethe mußte Luther immer einen Gegenstand für seinen

Zorn haben, der Haß mußte seine Liebe ergänzen, wenn er die Lust genießen wollte, sich ganz zu fühlen. Es war aber doch nicht der Papst, den er haßte, und am wenigsten die Kirche. Er glaubte ihr treuester Sohn zu sein, den es schmerzte, sie entstellt zu wissen, der sie in reiner Gestalt, wie Christus sie geschaffen hatte, wiederhergestellt sehen wollte. Die allgemeine Kirche sah er immer noch als die höchste Instanz an, der sich zu unterwerfen er bereit war. Als er am 7. August die Zitation nach Rom zugestellt erhielt, erschrak er. Daß ihn dort der Scheiterhaufen, jedenfalls der Tod erwartete, daran war nicht zu zweifeln, und ihm graute davor. Der Kurfürst und seine Räte wollten sich dem päpstlichen Befehl nicht gerade widersetzen und doch auch den geschätzten Prediger, den der Universität so nützlichen Professor nicht opfern. So verfielen sie auf den Ausweg, den Papst zu bitten, er möge gestatten, daß Luther in Deutschland vernommen werde, was um so eher tunlich war, als der Kardinallegat Cajetan, ehemaliger Dominikanergeneral, sich wegen des Reichstags in Augsburg befand und dort das Verhör vornehmen konnte. Gerade um diese Zeit hatte der Kurfürst, immer auf Förderung der Universität bedacht, die Gründung von Lehrstühlen des Griechischen und Hebräischen beschlossen, damit die Studenten Gelegenheit hätten, sich in den Sprachen auszubilden, die für das Studium der Heiligen Schrift, das künftig als Hauptlehrfach betrieben werden sollte, die Grundlage bildeten. Als Lehrer des Griechischen wurde Philipp Melanchthon berufen, ein Neffe Reuchlins und von ihm empfohlen. Melanchthon, der zarte Sohn eines Heidelberger Waffenschmiedes, war damals 21 Jahre alt, eine dürftige Erscheinung, die den Wittenberger Professoren eher mißfiel. Das änderte sich, als er am 29. August in der Schloßkirche seine Antrittsrede über die Reform der Universitätsstudien hielt und in musterhafter Form den Studenten die Bedeutung der Sprachkenntnis erklärte. Luthers warmes Freundesherz entbrannte sofort für den gelehrten Jüngling, und wie er ihn zu sich heranzog, riß er auch ihn zu Bewunderung hin. Für den eifrigen Humanisten hatte es etwas Überwältigendes, plötzlich in die Tiefe der religiösen Gedankenwelt Luthers eingeführt zu werden. In wechselseitiger Hingebung, gemeinsamer Arbeit und

Bestrebung entfaltete sich rasch eine Freundschaft, über deren Glück Luther die Gefahr, in der er schwebte, fast vergaß. Vielleicht war die nun schon längere Zeit andauernde Hochstimmung schuld, daß ein jäher Umschwung stattfand, als, nachdem der Papst eingewilligt hatte, die Reise nach Augsburg angetreten werden mußte.

Schwermütig schleppte sich Luther durch die verschiedenen Reisestationen und hörte überall ängstliche Warnungen, die ihn in dem Gefühl bestärkten, daß er seinem Ende entgegengehe. Krank an Geist und Körper kam er am 7. Oktober in Augsburg an. Dort wurde ihm besser zumute; obwohl der Reichstag sich schon auflöste, waren die Räte des Kurfürsten noch anwesend, mit denen er sich gut verstand, und Staupitz kam, den er zu seiner Hilfe herbeigerufen hatte. Der qualvolle Druck wich von ihm, nun es galt zu handeln. Er wurde in den Kreis der Augsburger Patrizier hineingezogen, wo er von den großen Dingen sprechen hörte, die auf dem Reichstage verhandelt worden waren. Zweifelsohne diskutierte man über die Beschwerden der deutschen Nation und über die Schriften, in denen der Papst unverhohlen angegriffen war. Der berühmte Peutinger, des Kaisers Freund, lud ihn ein und zeigte ihm Sympathie; wieder erfuhr er, daß er, ohne es zu wissen, mit seinem Auftreten die Sache vieler vertreten hatte.

Als das freie Geleit vom Kaiser eingetroffen war, ohne das man ihm geraten hatte, sich dem Kardinallegaten nicht zu stellen, betrat er das prächtige Fuggerhaus, in dem Cajetan wohnte. Mit den vorgeschriebenen Unterwürfigkeitsbezeigungen, wieder ganz Mönch, nahte er sich dem Hochgestellten, der seinerseits die Rolle des väterlichen Oberen spielte. Der Legat, ein kleiner, unansehnlicher Mann, besaß die ganze Liebenswürdigkeit des Italieners wie auch den Hochmut des Kirchenfürsten und Gelehrten. War Luther für Güte und für liebenswürdige Form empfänglich, so reizte der Hochmut seinen Stolz und seine Wildheit. Seinem Wunsch, dem Stellvertreter des Papstes seine Anschauungen auseinandersetzen zu dürfen, setzte Cajetan den eisernen Widerstand römischer Infallibilität entgegen; ohnehin war es ihm ärgerlich, mit einem kleinen Mönch so viele Umstände machen zu müssen. Verteidigung seiner Sätze,

sagte er, werde nicht gewünscht, Widerruf werde gefordert. Staupitzens Verwendung, der Luther bei seinem zweiten Verhör begleitete, erreichte, daß Cajetan versprach, eine schriftliche Verteidigung Luthers dem Papst einzureichen. Cajetans Aufforderung, Staupitz möge Luther zum Widerruf bewegen, lehnte dieser mit der Begründung ab, Luther sei ihm an Gelehrsamkeit und Talent überlegen. In seiner Schrift versprach Luther zu widerrufen, wenn ihm sein Irrtum aus der Heiligen Schrift bewiesen würde; nachträglich sagte er zu seinen Freunden, er wolle überhaupt nicht widerrufen, sondern appellieren. So blieb die Sache unausgetragen. Cajetan hatte Vollmacht, Luther sofort zu bannen, falls er nicht widerrufe, und über alle Orte, wo er sich aufhielte, das Interdikt zu verhängen; aber angesichts der Stimmung in Deutschland hielt er es für besser, noch nicht davon Gebrauch zu machen. Trotzdem waren alle Beteiligten von unbestimmter Angst ergriffen: Cajetan verhielt sich still im Fuggerhaus, man wußte nicht, auf wen unversehens ein Schlag niederfallen werde. Einer nach dem andern, auch Staupitz, verließ Augsburg. Nachdem er eine Appellation von dem schlecht beratenen an den besser zu unterrichtenden Papst aufgesetzt und einem Notar übergeben hatte, brach auch Luther auf, heimlich bei Nacht, vom Domherrn Langemantel mit einem Pferd und Reitknecht versehen und aus einem Pförtchen in der Stadtmauer entlassen. Obwohl ungern und voll Furcht, schlug doch der Notar die Appellation am Augsburger Dom an. Einige Wochen später appellierte Luther nicht mehr an den besser zu unterrichtenden Papst, sondern an ein künftiges Konzil, was er schon in Augsburg gewollt, aber aus Nachgiebigkeit gegen Staupitz unterlassen hatte.
Das abwartende Verhalten Cajetans gegenüber Luther wurde von der Kurie gebilligt, da aus politischen Gründen Rücksicht auf Friedrich den Weisen zu nehmen geboten schien. Noch einmal wurde der Versuch gemacht, die Sache durch gütliche Mittel aus der Welt zu schaffen. Dem Kammerherrn und Domherrn von Miltitz, sächsischem Geschäftsträger in Rom, gelang es, Luther das Versprechen künftigen Schweigens zu entwinden. Er zeigte sich als weltläufiger junger Mann, der sich nicht viel um Lehrsätze kümmert, aber die traurigen Folgen eines

Schismas für Deutschland fürchtet. Damit traf er Luthers Herz, der sich viel inniger als Miltitz mit der Kirche verwachsen und für sein Tun verantwortlich fühlte. Auch durch die Tat kam man Luther entgegen, indem man Tetzel zum Sündenbock machte; Miltitz hielt dem bisher so Geschätzten sein Verhalten bei der Ablaßpredigt und einige längst bekannte Verfehlungen so hart vor, daß der Unglückliche gemütskrank wurde und bald darauf starb. Billigte Luther das auch nicht, so glaubte er doch, Zugeständnisse machen zu müssen, und gelobte, nicht nur zu schweigen, sondern setzte eine Schrift auf, in der er die Autorität der Kirche anerkannte und seine Thesen möglichst im Sinn der Kirche zu deuten suchte. Miltitz schmeichelte sich, den Rebellen gezähmt zu haben.

Indessen was Luther auch sagen mochte, den Folgen seiner gewonnenen Überzeugung konnte er nicht ausweichen. Während er nachgab, fühlte er sich im Banne einer Macht, die nicht nachgab. Während er tatsächlich einige Schritte zurückwich, ging es in seinem Innern weiter und weiter. Neben dem stillen Licht ewiger Anbetung, das auf dem Altar seines Herzens brannte, schlug die Flamme immer höher, die den Tempel zerstören sollte. Er schrieb die Auslegung des Vaterunsers, vertiefte sich in den Galaterbrief und studierte die päpstlichen Dekretalen, die ihn immer mehr in der Ansicht bestärkten, daß der Papst der Antichrist sei. Das Studium der Dekretalen hing zusammen mit einer Disputation, die Luthers Kollege und Anhänger Karlstadt, um Luther zu verteidigen, eingeleitet hatte. Da Eck, Karlstadts Gegner, in seinen Thesen mehr Luther als Karlstadt angriff, wünschte Luther sich an der Disputation zu beteiligen; so war er an die Schicksalskette geknüpft, deren erstes Glied seine eigenen Worte gewesen waren. Als Ort der Disputation hatte Eck Leipzig gewählt, die Universität des Herzogs Georg, Friedrichs des Weisen Vetter und Gegner. Die Väter der beiden Fürsten, Ernst und Albrecht, hatten im Jahre 1485 ihr Land geteilt, die brüderliche Einigkeit zerstört und ihre Eifersucht auf die Söhne vererbt. Eine feindselige Stimmung empfing die Wittenberger in Leipzig, das der neuen sächsischen Universität die zunehmende Hörerzahl mißgönnte. Dazu kam, daß Karlstadt ebenso ungeeignet zum Disputieren war, wie Eck dazu geschaffen schien; Eck verfügte über ein außerordentliches Gedächtnis und über die Dreistigkeit, immer etwas vorzubringen, auch wenn es nicht ganz stimmte, was doch im Augenblick nicht leicht nachzuweisen war. Bei ihm ging es Schlag auf Schlag im Ton unerschütterlicher Überzeugung, während Karlstadt stockte, in Büchern nachschlug und die gesuchte Stelle nicht fand. Luther disputierte im allgemeinen glänzend; was ihn in Leipzig störte und dem Erfolg schadete, war, daß er sich plötzlich von der Wucht seiner Gedanken an Abgründe gerissen sah, vor denen ihn schauderte. Eck, obwohl er sich immer noch als Luthers Freund gebärdete, stellte es von Anfang an darauf ab, ihn als Feind des Papsttums und als Ketzer zu entlarven, wie er auch bei seinem ersten Angriff auf seine Thesen von böhmischem Gift gesprochen hatte. Luthers Behauptung, der Primat des Papstes sei eine menschliche, nicht eine göttliche Einrichtung, griff er auf, um zu bemerken, das sei auf dem Konzil zu Konstanz als häretisch verdammt worden; er sage das, fügte er hinzu, weil er gehört habe, es seien Hussiten anwesend, und diese könnten sich in ihren Meinungen durch Luther bestätigt glauben. Luther stutzte; er sei kein Hussit, sagte er, und mißbillige ihr Schisma. Nach der Essenspause, die gerade stattfand, kam er selbst auf das Thema zurück und sagte, unter den auf dem Konzil verdammten Sätzen von Huß seien einige durchaus christlich und evangelisch. Eck triumphierte: wenn das Konzil zu Konstanz in einem Punkte geirrt hatte, konnte es auch in anderen irren, konnten alle Konzilien irren, und wer sollte dann über strittige Glaubensfragen entscheiden, wenn weder der Papst noch ein Konzil das konnte? Es war eine Frage, die Luther selbst, der sie veranlaßt hatte, beängstigend anfiel. Hatte er nicht selbst kürzlich an ein künftiges Konzil appelliert! An wen wollte er appellieren, wenn auch das keine Geltung mehr hatte? Am folgenden Tage versuchte er seine Aussage zu mildern. Wenn auch Konzile in einigen Sätzen irren könnten, meinte er, so seien Konzilsbeschlüsse doch anzunehmen, nur müßten sie mit der Schrift übereinstimmen. Eck blieb dabei, das sei böhmisch. Im Kampfe stärkte sich Luther. Es wurde ihm klar, wohin seine Ansichten unwidersprechlich führten; wenn auch Konzile irren können, blieb als einzige letzte Autorität die Heilige Schrift. Als er das gesagt hatte, rief Eck aus: »Ehrwürdiger Vater, wenn Ihr das glaubt, seid Ihr ein Heide.« Noch immer war so viel Besorgnis in Luther, das Volk könne durch ihn zum Abfall von der Kirche verleitet werden, daß er auf deutsch zu den Anwesenden sagte, er leugne die päpstliche Gewalt nicht, nur ihren göttlichen Ursprung. Auch das Kaisertum sei nicht göttlichen Ursprungs und bestehe doch und müsse geehrt werden.

Die Zudringlichkeit des Gegners hatte Luther einen Schleier von den Augen gerissen: er übersah mit einem Male, wohin seine Gedanken führten. Die Heilige Schrift war einfach und doch geheimnisvoll, sie wurde verschieden gedeutet, sie mußte ausgelegt werden. Würde er die Auslegung des Papstes annehmen, wenn sie von der seinigen abwich! Er würde sie annehmen, wenn sie aus dem Geiste der Heiligen Schrift selbst geschöpft war, und ob sie das war, das entschied er selbst. Er allein also, ein armer Mönch, stellte sich gegen ein Gebäude von schauerlich-erhabener Massivität, das Jahrhunderte aufgetürmt hatten, damit es ewig dauere. Ob sie die Tragweite des Gesetzes mehr oder weniger überblickten, alle Anwesenden überlief ein Schrecken, und Luther selbst erschrak. Wenn seine Gegner sich den Sieg zuschrieben, hatten sie insofern nicht ganz unrecht, als Luther sich sprungaft, vorstoßend und zurückweichend geäußert hatte. Aber er hatte doch durchaus keinen unsicheren Eindruck gemacht, im Gegenteil, man fand sein Auftreten stolz, kühn und vermessen. Wenn Eck, ein großer, starker Mann mit der etwas grobschlächtigen Gelenkigkeit des Gladiators und dem Pathos des Glaubenskämpfers, üppig strömende Rede hinrollen ließ und Luther ihm gegenüber an dem Blumenstrauß roch, den er mitgebracht hatte, so bezeichnet die kleine Gebärde den Überlegenen, der dies alles schon hinter sich ließ, um was da gestritten wurde. Er hatte keinen Beifall von anderen, aber Klarheit über sich und was er wollte gewonnen.

DIE KAISERWAHL

Kurz nach Luthers Unterredung mit Miltitz starb Maximilian I., einen Tag nachdem die Leipziger Disputation eröffnet wurde, fand die Wahl des neuen Kaisers statt. Dies halbe Jahr war voll unruhiger Bewegung, denn die Bewerber um die Krone waren so beschaffen, daß ein ungewöhnlicher heftiger Wahlkampf zu erwarten und der Ausgang ungewiß war. Auf den bedeutendsten Thronen des Abendlandes saßen damals drei junge Fürsten, die miteinander wetteiferten: Karl, der Enkel Maximilians, Franz I. von Frankreich und Heinrich VIII. von England, von denen Karl mit 19 Jahren der jüngste war. Heinrich VIII. hätte wenig Anlaß gehabt, sich um die Kaiserkrone zu bemühen, wenn nicht Maximilian einige Jahre vor seinem Tode eine seiner wunderlichen diplomatischen Schiebungen angestellt hätte, indem er Heinrich vorschlug, er wolle ihn als Sohn annehmen und zu seinem Nachfolger machen, ein skurriler Einfall, bei dem es dem Kaiser vermutlich auf englische Subsidien zu seinen Kriegen ankam. Heinrich hatte ein Gefühl von der Aussichtslosigkeit seiner Sache und hielt sich zuwartend im Hintergrunde, Franz I. hingegen, von Natur unternehmend und ruhmbegierig, fühlte sich als Vertreter der eifersüchtigen Ansprüche, die Frankreich seit Jahrhunderten auf das Kaisertum erhob, und verfocht daneben ein wirkliches Interesse Frankreichs, das nämlich, Österreich nicht allzu mächtig werden zu lassen. Karl hatte 1514 die Regierung seines burgundischen Erbes angetreten, 1516, nach dem Tode seines Großvaters Ferdinand, die Regierung Spaniens, womit das neuentdeckte Goldland jenseits des Ozeans zusammenhing, durch den Tod Maximilians war er in den Besitz Österreichs gekommen mit der Aussicht auf Böhmen und Ungarn. Der Inhaber einer so ungeheuren Macht sollte nicht noch dazu durch die Kaiserkrone über das Reich verfügen und, schlimmer als das, die alten Rechtstitel des Reiches auf Italien geltend machen können. Franz hatte den festen Willen, diese Krone zu erringen, sei es durch Geld, List oder Gewalt. Karl, als der eigentliche berechtigte Erbe und weil es seinem Stolz entsprach, war gelassener: ihm gehörte die Krone selbstverständlich. Als mögliche Anwärter kamen noch in Betracht Friedrich der Weise, Kurfürst von Sachsen, und Ferdinand, Karls jüngerer Bruder. Stand der gerade Weg der Erbfolge Franz I. nicht offen, so bahnte er sich doch früh schon Schleichwege ins Reich. Als im Jahre 1517 die etwaige Nachfolge des Kaisers verhandelt zu werden begann, waren ihm bereits die meisten Stimmen sicher. Trier und Brandenburg waren durch und durch französisch, Pfalz war, seit Maximilian im pfälzischen Kriege ein Stück der Pfalz für sich behalten hatte, Habsburg feindlich. Von den nichtkurfürstlichen Ländern war Bayern aus demselben Grunde wie Pfalz und aus alter Eifersucht gegen Habsburg, und auch im Norden hatte Frankreich treue Anhänger. Gelang es Franz noch, Mainz zu gewinnen, was leicht möglich schien, da der Erzbischof Albrecht Bruder Joachims I. von Brandenburg und durch diesen zu beeinflussen war, so konnte er auf Erfolg rechnen. Ein bedeutendes Übergewicht verschaffte ihm, daß er über große Geldmittel verfügte. Er war der reiche Mann, der die armen und geldgierigen deutschen Fürsten kaufen konnte, und war entschlossen, es zu tun. Allmählich indessen begann auch Maximilian sich zugunsten seines Enkels zu rühren. Ihm fehlten die Mittel, das Unternehmen zu finanzieren; aber Karl, der Herr der reichen niederländischen Städte, konnte schon etwas aufbringen. Als Wirtschafter aber glich Karl nicht seinem väterlichen Großvater Maximilian, dem das Geld durch die offenen Hände rann, sondern seinem mütterlichen Großvater, dem sparsamen Ferdinand von Spanien. Mit 100 000 Goldgulden dachte er das Wahlgeschäft erledigen zu können. Maximilian kannte die deutschen Fürsten besser. Hunderttausend Goldgulden! Allein 80 000 müsse man Pfalz bieten, um ihn wegen des verlorenen Hagenau zu begütigen.

Auf dem Reichstage zu Augsburg, demselben, der in betreff des Türkenzehnten so unglücklich für Maximilian verlief, errang er durch reichliche Geldversprechungen, Entgegenkommen aller Art und durch seine Liebenswürdigkeit große Erfolge in der Wahlsache. Dank des jungen Pfalzgrafen Friedrich, der persönlich dem Habsburgzauber erlegen war, gewann er dessen Bruder, den Kurfürsten von der Pfalz. Albrecht von Mainz gab nach, als Maximilian ihm den Kardinalshut verschaffte und ihn dazu noch mit vielen Tausenden von Goldgulden und hübschen Geschenken überhäufte. Die schriftlichen Wahlversprechen, die vorher Franz I. gegeben waren, bildeten kein Hindernis. Trier allerdings blieb fest bei Frankreich; dafür glaubte Maximilian in bezug auf Sachsen gute Aussichten zu haben. Sein Verhältnis zu Friedrich dem Weisen, seinem Gegner in der Sache des Reichsregiments, war dadurch noch verschlechtert, daß er Sachsen den Anspruch auf Jülich-Berg und damit einen ansehnlichen Machtzuwachs aberkannt hatte; das konnte jedoch bei einem Herrn seines Charakters nicht den Ausschlag geben. Zwar hielt der Kurfürst an seinem Grundsatz, der Goldenen Bulle gemäß, ungebunden zu bleiben, mit dem der die französischen Bestechungsversuche abgelehnt hatte, auch Maximilian gegenüber fest; aber dieser hatte doch den Eindruck, daß seine Herzlichkeit nicht wirkungslos geblieben sei. Jedenfalls, glaubte Maximilian, werde er nicht für Frankreich stimmen. Bei Brandenburg handelte es sich darum, Frankreich zu überbieten. Der Markgraf kostet viel, schrieb der Kaiser nach Brüssel; aber da man die Kosten nicht scheute, kam der Abschluß zustande.

Nach dem Tode Maximilians änderte sich alles. Der Kaiser war noch nicht 60 Jahre alt und hatte rüstig geschienen: man hatte die Wahlverhandlungen mehr wie ein vorläufiges diplomatisches Geplänkel betrieben. Nun war es Ernst geworden, folgenschwere Entschlüsse mußten gefaßt werden. Franz I. erneuerte seine Bestechungskünste und hatte wiederum Erfolg, obwohl durch die inzwischen gelungene Überbietung Maximilians die Ansprüche hinaufgetrieben waren. Albrecht von Mainz verlangte außer hohen Geldsummen, nachdem er durch Maximilians Vermittlung Kardinal geworden war, nun durch Franzens Verwendung immerwährender Legat des Papstes zu werden. Was Joachim I. an Geld forderte, war so übertrieben, daß der französische Gesandte sich entrüstete; aber Franz sagte unerschrocken, der Markgraf solle in jeder Hinsicht gesättigt werden. Vergebens bemühte sich der König um Friedrich den Weisen, vergebens um Sickingen. Dieser hatte, als Maximilian noch lebte, in französischem Dienst gestanden; aber als Franz I.

ihm die Pension entzog, ihn überhaupt nicht mit der Rücksicht und Hochschätzung behandelte, die der angesehene Ritter und Truppenführer beanspruchte, löste er das Verhältnis und ließ sich nun nicht wieder gewinnen. Noch verhängnisvoller war es für den König, daß es ihm nicht gelang, den mächtigen Fugger auf seine Seite zu ziehen. Wie hätte er auch diesen Fürsten des Geldes bestechen können? Jakob Fugger hatte schon mit Maximilian Geschäfte gemacht, war durch die Ausbeutung der Tiroler Bergwerke mit den Habsburgern verbunden und stellte jetzt seine unerschöpflichen Mittel zu ihrer Verfügung.
Je näher der Termin der Wahl heranrückte, desto emsiger wurden die diplomatischen Fäden gesponnen. An den kurfürstlichen Höfen, am päpstlichen Hofe, in der Schweiz handelten und feilschten die französischen und die niederländisch-österreichischen Geschäftsträger und priesen ihre Gebieter an. Bald wurde Franzens schrankenlose Königsmacht in Frankreich hervorgehoben, bald, daß er sich wenig in Deutschland werde aufhalten können, also den Fürsten nicht dreinreden werde. Da von mancher Seite betont wurde, der Kaiser müsse ein Deutscher sein, auch angenommen wurde, das stehe in der Goldenen Bulle, wurde es auf einmal ein Ruhmestitel, ein Deutscher zu sein. Sowohl Franz I. wie Heinrich VIII. wiesen auf ihr deutsches Blut hin, ohne freilich es hierin Karl gleichtun zu können, dessen Großvater Maximilian trotz seiner portugiesischen Mutter allgemein als Deutscher galt. Ebenso schwer zu ergründen wie der Kurfürst von Sachsen war, wenn auch aus anderen Gründen, der Papst. Die an vielverschlungene Politik gewöhnten Diplomaten rätselten doch vergeblich an den Gaukelkünsten der Kurie. Karl war dem Papst mehr als ohnehin zuwider, seit er durch Beerbung seines spanischen Großvaters König von Neapel geworden war. Seit Jahrhunderten war es päpstlicher Grundsatz, nicht zu leiden, daß Neapel in die Hände des Kaisers komme. Da Karl den ihm zugemuteten Verzicht auf Neapel entschieden ablehnte, konnte man annehmen, daß Leo X. seine Wahl bekämpfen werde. Indessen, wenn er auch weitgehend mit Frankreich sich einließ, so machte er doch auch Karl Hoffnungen, die sogar ehrlich gemeint schienen. Nicht unwichtig für die österreichische Sache war es, daß

die schweizerische Tagsatzung sich einmütig, wenn auch nicht für Karl, so doch gegen Franz erklärte. Es ist begreiflich, daß die Eidgenossen, die sich daran gewöhnt hatten, Frankreich gegen Österreich auszuspielen, den französischen König nicht auf dem Kaiserthron sehen wollten. So nützlich ihnen der mächtige und reiche französische König war, so gefährlich wäre er ihnen geworden, wenn er mit diesen Mitteln kaiserliche Ansprüche hätte geltend machen können. Einige Kantone waren sogar bereit, sich für Karl einzusetzen; wurden sie auch überstimmt, so vereinigten sich doch alle gegen Franz. Indem sie betonten, Glieder des Römischen Reiches zu sein, von dem sie sich nie getrennt hätten, wie sie ja auch den Reichsadler in ihren Wappenschildern führten, schrieben sie den Kurfürsten, sie wollten nicht, daß Franz gewählt werde. Das Kaisertum sei seit 600 Jahren bei den Deutschen und müsse bei ihnen bleiben. Diese Stellungnahme der kriegstüchtigen Schweizer war nicht zu unterschätzen; sah es doch so aus, als sollten die Waffen den Streit entscheiden. Franz I. zog die Truppen zusammen und ließ sich vernehmen, er werde sich, wenn nötig, die Krone mit Gewalt holen; da rüstete auch Österreich.

Als die Kurfürsten im Frühling in Oberwesel zusammenkamen, um Vorberatungen abzuhalten, waren sie immer noch umschwärmt und bedrängt von den Gesandten der Bewerber. Trier und Brandenburg standen unentwegt bei Frankreich; trotzdem waren die Aussichten günstiger für Karl geworden. Zum Teil kam das daher, daß das deutsche Volk, das zwar keine Stimme bei der Wahl hatte, aber doch ein Wille und eine Macht war, Frankreich ablehnte, einen deutschen Kaiser forderte. Solange ein Volk furchtlos und waffengeübt ist, kann es seinen Willen oft besser unmittelbar als durch gewählte Vertreter kundtun. Die Grafen und Herren am Rhein, die Städte, die unter den Gebildeten einflußreiche Schar der Humanisten wollten von Frankreich nichts wissen, übertrugen ihre Zuneigung für Maximilian auf dessen Enkel. Es war doch wohl Hohn und Warnung, wenn der Humanist Gebwiler schrieb: »Wer könnte so beschränkten Geistes und so arm an Einsicht sein, daß er glaubte, die erlauchten und hochedlen Kurfürsten des deutschen Reiches, die doch über solche, die Gold besitzen, herrschen, nicht aber selbst Gold zusammenscharren wollen, und die glühen für Deutschlands Freiheit, diese Fürsten besäßen eine solche Schamlosigkeit, eine solche Verwegenheit, eine solche Unbedachtsamkeit, daß sie, durch Versprechungen, Geld oder Gunst bestochen, und uneingedenk ihres heiligen Treueides, durch ihre Stimmen einen Franzosen auf den Kaiserthron erheben wollten!« So allgemein und dringend wurden solche Stimmen laut, daß die französischen Gesandten sich nicht mehr öffentlich zu zeigen, daß die französisch gesinnten Kurfürsten sie nur noch heimlich zu empfangen wagten. Durch eine hohe Pension hatte Karl im April Sickingen an sich gefesselt, von dem man nicht zweifelte, daß er in kurzem ein gewaltiges Heer zusammenbringen werde.

Am 8. Juni begannen die Kurfürsten sich in Frankfurt zu versammeln. Fremden war der Zutritt in die Stadt von jetzt an bis zur geschehenen Wahl verboten, trotzdem schlichen sich Geschäftsträger noch in Verkleidung ein. Kaum jemals war das Wahlergebnis mit so viel Spannung erwartet. Franz rechnete so bestimmt darauf, gewählt zu werden, daß seine Mutter, so hieß es wenigstens, sich bereits ein Galakleid zur Krönungsfeier machen ließ. Schon aber war jede Aussicht für ihn geschwunden. Die öffentliche Meinung Deutschlands hatte sich zu deutlich gegen ihn geäußert. Vielleicht war es den Kurfürsten überhaupt nie so ganz ernst mit Franzens Wahl gewesen. Sie berauschten sich an den gewaltigen Zahlen, die vor ihnen schwirrten, die sie schon mit Händen zu greifen glaubten. Sie waren anfänglich mit 20 000 Goldgulden zufrieden, bald mußten es 100 000 sein. Man konnte, indem man bald den einen, bald den anderen Bewerber begünstigte, die Summen in die Höhe treiben, es war eine Versteigerung, ein aufregendes Spiel, bei dem man auf alle Fälle gewann. Sie verloren den Kopf dabei und vergaßen, daß es sich um etwas anderes als um ein Geldgeschäft handelte. In Wesel und Frankfurt verflog der Taumel. Der Gewinn für den eigenen Säckel war gesichert, ob nun der oder jener zahlte; nun traten andere Gesichtspunkte in den Vordergrund. Als der Erzbischof von Trier, Richard von Greifenklau, einsah, daß Frankreich nicht durchzusetzen war, begab er sich, um wenigstens nicht zu Karl übergehen zu müssen, in die Herberge des Kurfürsten von Sachsen und bat diesen, die Krone anzunehmen. Das Ansehen Friedrichs bei den deutschen Fürsten war so groß, daß er kaum eine Stimme gegen sich gehabt haben würde, man munkelte, sogar der Papst sei seiner Wahl geneigt. Vielleicht hoffte er, als Kaiser, der bei der Krönung schwören mußte, den Heiligen Stuhl und den Glauben zu schützen, werde Friedrich seinen ketzerischen Professor fallenlassen müssen. Unmöglich ist es nicht, daß Friedrich Augenblicke hatte, wo er seine Aussichten erwog und davon träumte, die edelste Krone der Christenheit zu ergreifen, wenn es auch für ihn, dessen Politik immer auf die Beschränkung der kaiserlichen Macht gerichtet gewesen war, ein wunderlicher Übergang gewesen wäre. Es wird erzählt, er habe einen Vertrauten um Rat gefragt, und dieser habe gesagt, um Kaiser zu sein, brauche man Weisheit und Kraft; Friedrich habe die Weisheit, aber nicht die Kraft. Sein Fürstentum liefere ihm nicht die Mittel, eine so schwierige und kostspielige Stellung zu behaupten. Im selben Sinne soll Friedrichs Rat Feilitzsch, vom Kurfürsten befragt, wie er die Wahl beurteile, gesagt haben: die Raben brauchen einen Geier. Friedrich hatte die Natur eines Geiers nicht; er war beharrlich und unerschütterlich in dem, was er einmal für Recht erkannt hatte, aber er war sehr vorsichtig und setzte auch in Dingen, die ihm wichtig waren, behutsam Schritt vor Schritt. Jedenfalls lehnte er die angebotene Krone ab, um Karl zu wählen. Wie von einem Blitz ins Licht gezaubert, taucht die Vision eines nationalen, protestantischen Deutschland auf, um sofort wieder zu verschwinden. Noch strömten die die Daseinsformen erbauenden Kräfte in das universale Römische Reich.

Am 29. Juni siegte die französische Partei mit dem Herzog von Braunschweig-Lüneburg und dem Bischof von Hildesheim an der Spitze auf der Soltauer Heide über die österreichische; aber am Tage vorher hatte Österreich in Frankfurt gesiegt. »Durch alle Lande des Erdkreises«, triumphierte der Humanist, »möge der deutschen Kurfürsten Lob verkündet werden, die in stahlharter Treue und Unbestechlichkeit, dem blinkenden Golde des gallischen Nebenbuhlers zum Trotz, und nicht achtend der lokkenden Vorspiegelungen die deutsche Freiheit hochhielten und einen Fürsten aus deutschem Blut auf den Kaiserthron erhoben.« Auch dafür sorgten die Kurfürsten, daß die Wahl einstimmig erfolgte. Für ihre Unabhängigkeit und ihren Einfluß sorgten sie in der Wahlkapitulation, die Karl annahm. Es war darin festgesetzt, daß der König Versammlungen der Kurfürsten gestatten müsse, andere Bünde und Zusammenkünfte des Volkes aber nicht dulden dürfe. Daß er ohne die Einwilligung der Kurfürsten keine Kriege führen, keine Verpfändungen vornehmen, keine Steuern auferlegen dürfe. Er dürfe ferner kein fremdes Kriegsvolk ins Reich führen; diese Bestimmung war sehr wichtig, da man es mit dem König von Spanien und von Neapel zu tun hatte. Er solle dafür sorgen, daß der Papst die mit ihm geschlossenen Konkordate innehalte, er solle die großen Handelsgesellschaften abstellen, die mit ihrem Geld dem gemeinen Nutzen schadeten. Nur nach ordentlichem Verhör der Beschuldigten dürfe er Achtserklärungen erlassen. Auf diese Weise glaubten die Raben, sich vor dem Geier gesichert zu haben.

Karl befand sich zur Zeit der Wahl in Spanien, Anfang November überbrachte ihm Pfalzgraf Friedrich die Nachricht, von der er aber schon vorher unterrichtet war. Eine furchtbare Revolution hinter sich lassend, schiffte er sich am 20. Mai 1520 ein und traf sechs Tage später in Dover mit Heinrich VIII. zusammen. Da vorauszusehen war, daß die Entrüstung über das Wahlergebnis bei Franz I. zu einer kriegerischen Entladung führen werde, war es wichtig, sich England zum Bundesgenossen zu machen. Von da an bis zur Krönung in Aachen, die Ende Oktober stattfand, reihte sich ein festlicher Empfang an den andern. Zu einem einzigen Triumphbogen gewölbt, schwimmend in Glockengeläut, öffnete sich das alte Reich dem jungen Herrscher. Der Kurfürst von Brandenburg allerdings erschien nicht, und Friedrich der Weise blieb in Köln, wie er vorgab, durch Krankheit verhindert.

Wären unter den Fürsten solche gewesen, die auf Karls Kränklichkeit und allgemeine Untauglichkeit gerechnet hätten, so hätte der Anblick des jungen Herrn sie enttäuschen müssen. »Als Karl geboren wurde, wurde er als Soldat geboren«, hat Alba von ihm gesagt, und vom Kaiser selbst liegt aus späterer

Zeit die Äußerung vor: »Ich bin zum Waffenhandwerk geboren und erzogen worden und muß notwendig den Harnisch anbehalten, bis ich ihn nicht mehr tragen kann.« In dem Wunsche, seinem Großvater Maximilian gleich zu werden, hatte er keine Anstrengung gescheut, um durch ritterliche Übungen seinen zarten Körper zu stählen. Allerdings, von einem Geier hatte er auch nichts an sich. Er war mittelgroß, blaß im Gesicht, das blonde Gelock konnte die deutsche Herkunft andeuten, mit der im Wahlkampf gearbeitet worden war. In silberne Rüstung gekleidet, mit silbernem Barett in guter Haltung zu Pferde machte er einen zarten, wenn auch keinen schwächlichen Eindruck. Wäre er dem Tode so nah gewesen, wie manche meinten, hätte er die Strapaze des festlichen Einzugs in Aachen nicht so gut überstanden. Nachdem die Verspätung des Pfalzgrafen schon eine Verzögerung verursacht hatte, mußte er noch zwei Stunden warten, bis der Streit um den Vorritt zwischen Jülich und Sachsen entschieden war. Am Tage darauf folgten im Dome die endlosen Formalitäten der Krönung; denn hier breitete die geheiligte Tradition Purpur und Hermelin über das Geld- und Interessengeschäft. Der kaiserliche Ornat allerdings, mit dem man den Kaiser zum Schluß bekleidete, war neu angefertigt worden; aber der Jüngling, der auf Karls des Großen Stuhle saß, war an Macht dem Reichsgründer eher zu vergleichen als irgendeiner seiner Vorgänger. Wenn er so viel Glück wie bisher und so viel geistige Kraft wie weltliche Macht hatte, war Aussicht, daß er dem Reich seinen alten Glanz und vielleicht sogar dem Kaisertum seine alte Kraft wiedergeben könne.

HUTTEN UND LUTHER

Der merkwürdige Augenblick rückte heran, wo die beiden gegen Rom sich heranwälzenden Ströme, der humanistisch-nationale und der religiöse, zusammenflossen, um vereint die römische Weltherrschaft zu stürzen. Nach der Leipziger Disputation fing Hutten an, in Luthers Auftreten das zu erkennen, was mit seiner Gesinnung übereinstimmte. Der Mut des Mönchs zog ihn an, stellte den Kuttenträger dem Ritter gleich. Als er im Beginn des Jahres 1520 bei Sickingen auf dessen Burg Landstuhl war, erzählte er ihm von Luther und erreichte ohne Mühe, daß Franz dem Augustiner brieflich seinen Schutz versprach und ihn einlud, zu ihm auf eine seiner Burgen zu kommen, wenn er verfolgt würde. Im selben Sinne schrieb Hutten an Melanchthon; eine unmittelbare Beziehung hielt er nicht für statthaft, weil er auf den Erzbischof von Mainz Rücksicht nehmen mußte, in dessen Dienst er damals stand. Daß von einer anderen Seite her und aus anderen Quellen entsprungen ein Angriff auf Rom im Gange war, und zwar ein wirksamerer und folgenschwererer als der seine, bestärkte ihn in der Absicht, zu planvoller Kriegführung überzugehen.

Im Mai des Jahres 1520 ließ ihn der Zufall eine alte Schrift entdecken, Erlasse verschiedener Universitäten vom Ende des 14. Jahrhunderts, deren gewissenhafter Freimut aller Welt den Knechtssinn gegenwärtiger Universitäten deutlich und verächtlich machen sollte, die keinen anderen Maßstab kannten als den Willen des Papstes und um der Gunst des Papstes willen die Wahrheit verrieten. Der Veröffentlichung ließ er wieder eine Zueignung an alle Deutschen vorangehen, in der er zuerst sich über die unwürdigen Theologen der Gegenwart erging, die ehrliche Menschen denunzierten, denen sie beistimmen müßten, wenn sie ihr Gewissen sprechen ließen. Aber schon sei die Axt an die Wurzel der Bäume gelegt, und jeder, der nicht gute Frucht trage, werde ausgerottet werden. Nun sollten auch sie, die Deutschen, sich unerschrocken erweisen. »Denn durchgebrochen muß endlich werden, durchgebrochen, besonders mit solchen Kräften, so gutem Gewissen, so günstigen Gelegenheiten, einer so gerechten Sache, und da das Wüten dieser Tyrannen aufs höchste gestiegen ist. Das tut und gehabt euch wohl. Es lebe die Freiheit! Ich hab's gewagt!« Auf dem Titelblatte der Schrift stand: *Vivat libertas! Iacta est alea.* »Ich hab's gewagt!«, so übersetzte er das berühmte Wort Cäsars. Er hatte den Rubikon überschritten, hatte nach ritterlicher Ehrenpflicht die Fehde angesagt. Am 4. Juni forderte er brieflich Luther auf, den großen Kampf gemeinsam mit ihm zu kämpfen. Er

erwähnt das Gerücht, der Papst habe Luther in den Bann getan, um ihn wegen der Größe glücklich zu preisen, zu der ihn das erhebe, wenn es wahr sei, und er ermutigt ihn, obwohl Luther dessen nicht bedürfe. An mir, schreibt er, hast du einen Anhänger in jedem möglichen Fall.
Schon vorher, im April, hatte Hutten mehrere Gespräche vollendet, von denen eines Vadiscus hieß. Unter dieser Maske faßte er alles, was er Rom vorzuwerfen hatte, in Triaden oder Dreiheiten zusammen. Es waren dieselben Beschwerden, die seit einem Jahrhundert in Deutschland erhoben wurden; sie betrafen auch den Schaden, den die Deutschen durch die in Rom herrschende und von dort weiterwirkende Sittenlosigkeit litten, hauptsächlich aber die finanzielle Ausbeutung. Er nannte Rom die große Scheune des Erdkreises, in deren Mitte der unersättliche Kornwurm sitze und ungeheure Haufen Frucht verschlinge, den Deutschen das Fleisch abnage und das Blut aussauge. Die Deutschen zur Erkenntnis dieser Schmach zu bringen, Deutschland zu befreien, sei eine große, eine herrliche Tat, schon der Versuch sei wertvoll, selbst wenn man ihn mit dem Leben bezahle. Wie ernst es ihm war, zeigte er dadurch, daß er nicht nur klagte und anklagte, sondern einen Vorschlag machte, wie der Kampf einzuleiten sei: Deutschland solle die Zahlungen nach Rom einstellen. Dadurch werde die verarmte Kurie gezwungen werden, sich zu ändern. Das Ziel des Kampfes sei ja nicht, das Papsttum abzuschaffen, sondern es zu reformieren.
Einige Monate darauf erschien Luthers Sendschreiben an den Adel deutscher Nation von des christlichen Standes Besserung; wie zu einem Zwiegesange fiel die deutsche Stimme ein, nicht weniger schwungvoll, aber viel tiefer begründend, einem reicheren, umfassenderen Geist entsprungen. Luther hatte bisher als Theologe und gläubiger Christ geschrieben, jetzt schrieb er als Glied des Reiches, alle öffentlichen Verhältnisse überblikkend. Zweck seiner Schrift war, ein Konzil, ein freies rechtes Konzil zu verlangen und die Forderungen aufzuzählen und zu begründen, die dort im Hinblick auf die Reformation erhoben werden sollten. Sie wendet sich an den Kaiser und an den Adel, weil die Geistlichkeit, der es eigentlich zustehen würde, die Reformation vorzunehmen, versagt habe.

Indem Luther den Triaden-Rhythmus, den Hutten angegeben hatte, aufnahm, nannte er drei Mauern, mit denen der Heilige Stuhl sich umgeben habe, um vor dem Konzil gesichert zu sein. Die erste sei die Behauptung, daß der Priesterstand dem weltlichen Staat nicht unterworfen sei, die zweite, daß nur der Papst befugt sei, die Schrift auszulegen, die dritte, daß nur der Papst das Recht habe, ein Konzil zu berufen. Im Gegensatz dazu wird auseinandergesetzt, daß zwischen Priestern und Laien kein Unterschied des Standes, nur einer des Berufs, des Amtes sei; hierbei berief sich Luther hauptsächlich auf die Schriftstelle: »Ihr seid ein königlich Priestertum und ein priesterlich Königreich«, und auf die Verhältnisse unter den ersten Christen. Den Beweis, daß jeder Laie befugt sei, die Schrift auszulegen, führte er hauptsächlich aus Paulus, obwohl er ohnehin aus dem ersten Punkt folge. Die dritte Behauptung begründete er historisch. Der zweite, größere Teil des Sendschreibens befaßte sich mit den Beschwerden, die auf dem Konzil zur Verhandlung kommen sollen: es sind die, welche auch in den *Gravamina* der deutschen Nation aufgeführt zu werden pflegten. In der Hauptsache schlägt Luther vor, wie Hutten getan hatte, daß das deutsche Geld nicht mehr nach Rom fließe und daß die Zahl der Geistlichen vermindert werde. Dazu kommt noch eine Reihe von Forderungen, die schon bei den Ablaßkämpfen zur Sprache gekommen waren: das Einstellen der Wallfahrten, die Aufhebung der Bettelklöster, des Zölibats, des Interdikts, die Verwandlung der Klöster in Schulen, die Abschaffung der vielen Feste, der Eheverbote, der willkürlichen Dispense. Bei der Kritik der Universitäten werden einige Hiebe gegen den hochmütigen, schalkhaften Heiden Aristoteles geführt, dagegen Studium der Sprachen und der Geschichte empfohlen, das geistliche Recht wird angegriffen, das der Papst selbst nicht halte, da er sich durch einfachen Willensbeschluß über jedes Recht hinwegsetzen kann. Die Grundlage für das geistliche Recht und für das Studium der Theologie soll einzig die Heilige Schrift sein.

Wie sehr sich Luther in den Glaubensfragen noch zurückhielt, geht aus der Art hervor, wie er von Huß sprach. Er befaßte sich beinah nur mit dem Unrecht, das ihm dadurch geschah,

daß ihm das zugesagte freie Geleit nicht gehalten wurde. Überhaupt solle man Ketzer nicht mit Feuer, sondern mit der Schrift überwinden. Ob Huß im Recht gewesen sei, wolle er, obwohl er nichts Irriges an ihm gefunden habe, jetzt nicht untersuchen.
So bezeichnete er das Sendschreiben als ein Vorspiel. Er hielt sich darin so ziemlich in den Grenzen der bisherigen Reformvorschläge; in der folgenden Schrift »Von der Babylonischen Gefangenschaft der Kirche« griff er das Wesen der Kirche, ihre Grundlagen an.
Durch die sieben Sakramente setzte die Kirche den Menschen von der Geburt an bis zum Tode mit Gott in Beziehung. Sie waren die Säulen, die die Kirche trugen, sie waren Schalen, in denen der Priester die göttlichen Gnaden empfing, um sie jedem Glied der Kirche zuzuleiten. Von den Sakramenten wollte Luther nur drei, vielleicht nur zwei als solche gelten lassen: das der Taufe und das des Abendmahls, über die Beichte war er noch im Zweifel. Nicht nur, daß er Priesterweihe, Firmung, Ehe und Letzte Ölung als Sakrament aufgehoben wissen wollte, weil sie in der Schrift nicht nachzuweisen wären, er faßte das Sakrament des Altars, das den Mittelpunkt des Kults bilden sollte, ganz anders auf, als es in der Übung der Kirche sich herausgebildet hatte. Es war zu einem Opfer geworden, das der Priester Gott darbrachte, indem er Brot und Wein in Fleisch und Blut Jesu verwandelte, während Luther sich streng an die Einsetzungsworte Christi hielt, wie die Evangelien sie überliefert haben, und an den entsprechenden Gebrauch der Urkirche. Dieser Angriff Luthers auf die Messe mußte schon aus seiner Ansicht fließen, daß die Priester keinen von den Laien verschiedenen Stand bildeten; denn nach kirchlicher Auffassung konnte nur der Priester die Wandlung vollziehen, nur er das Opfer darbringen, gerade damit bezeugte er seine Würde und Heiligkeit. Die Messe bildete den Mittelpunkt des Gottesdienstes, sie war das heilige Schauspiel, das den gläubigen Zuschauern sowohl die in ferner Dämmerung verschwimmende Erhabenheit der göttlichen Geheimnisse, wie die Macht und Ehrwürdigkeit der Priester vor Augen führte. Es kam dazu, daß mit der Messe ein großer Teil der kirchlichen Einkünfte

zusammenhing; denn es war Gepflogenheit, daß, wer es irgend vermochte, Geld zur Abhaltung von Messen stiftete, die dem Seelenheil verstorbener Familienmitglieder oder dem eigenen zugute kommen sollten.

Den furchtbaren Eingriff, den Luther damit in das Wesen der Kirche tat, milderte er dadurch, daß er diese Schrift in lateinischer Sprache herausgab. Die darin behandelten Probleme sollten zunächst von Theologen durchdacht, nicht von der ungelehrten Menge ohne genaues Verständnis nach Interesse und Belieben verhandelt werden.

Den beiden grundsätzlichen Schriften Luthers folgte noch im selben Jahre ein andächtiger Gesang aus seinem gläubigen Herzen: »Von der Freiheit eines Christenmenschen«. Das, worin er das Wesen der Religion sah, den Glauben, die Empfänglichkeit der Seele für den Anhauch des Göttlichen, faßte er in Bilder von keuscher Lieblichkeit. Der Verkehr des Menschen mit Gott, das ist es, was er verkündet, verträgt einen Mittler so wenig, wie zwei Liebende eines Dritten bedürfen, der sie lehrte, was sie einander zu sagen haben; er ist an keinen Zauber, an keine Vorschrift gebunden, er ist frei. Diese Art der Frömmigkeit, in die Staupitz Luther eingeführt hatte, die vertrauensvolle Hingebung an einen Höheren, des Geschöpfs an den Schöpfer, war einst eine schöne starke Welle innerhalb der Kirche gewesen, jetzt wandte sie sich feindlich gegen die Kirche. Sie fühlte sich gegensätzlich zu der Kirchlichkeit, die sich im Gehorsam gegen den Papst und in der Ausübung der sogenannten guten Werte kundtat, gegensätzlich gegen das Priestertum, das sich anmaßte, den Verkehr der menschlichen Seele mit Gott, ihrem Gott, zu regeln und ihrem Urteil zu unterwerfen. Im Gefühl des Zusammenhangs mit Gott durch den Glauben fühlt sich der Christ frei, frei von den Satzungen, die Menschen aufstellten. Er ist frei, ein Herr aller Dinge, freiwillig aber ein Knecht aller Menschen; denn es liegt im Wesen der Liebe, die ihn mit Gott verbindet, daß sie ihn zugleich mit den Menschen, seinen Brüdern, eint.

Freiheit! Das Wort, das in der deutschen Sprache einen so edlen und stolzen und zugleich so breiten und schweifenden Klang hat, braust durch Huttens und Luthers Schriften dieses Jahres

wie ein Schlachtruf der Jugend. Freiheit! Nicht ganz dasselbe empfanden und wollten sie dabei. Hutten schwebte eine Ungebundenheit des Denkens und Strebens, eine volle Entfaltung des eignen Wesens vor, wie die Wiedergeburt der Antike sie als Ziel hinstellte, während Luther zunächst an die Freiheit von den einschnürenden Geboten und Verboten der Kirche dachte, zu der sich derjenige berufen fühlen darf, der das Wort Gottes vernimmt und sich ihm unterwirft. Einig waren sie darin, daß sie für das deutsche Volk Veredlung und für das deutsche Reich einen Aufschwung erhofften, wenn es von der Herrschaft Roms befreit wäre, Veredlung, indem Heuchelei, Sittenlosigkeit und Trägheit verschwinden würden, Aufschwung, indem das Geld, das bisher nach Rom geflossen wäre, die eignen Güter mehren würde.
Beide, Hutten und Luther, beeinflußten einander zu gegenseitigem Vorteil. Das wirkte zwar nicht durchaus erfreulich, daß Hutten, bewußt und unwillkürlich, von der religiösen Sprache Luthers etwas annahm. Im Munde Luthers traf sie die Seele, ihm war sie angeboren, anerzogen durch die Umstände seines Lebens und erworben im Kampfe, sie war er selbst; bei Hutten wirkte sie wie etwas von außen Aufgetragenes. Er war, obwohl klug und gebildet, doch einfach; daß es in seinem Inneren bedeutende Probleme und Kämpfe nicht gab, spiegelte sich in seiner Sprache und machte ihre Schönheit aus. Das kirchliche Christentum, wie es ihm in seiner frühen Jugend entgegengetreten war, haßte er, das Christentum, das Luther verkündete, zog das Heldische seiner Natur an, insofern es Kampf gegen den Papst bedeutete, und er fühlte auch, daß Luthers religiöser Standpunkt dem deutschen Volk natürlicher und verständlicher war als sein humanistischer; aber trotzdem er sich religiöser Wendungen mit dem ihm eigentümlichen Schwung bediente, wirkten sie eher befremdend als ergreifend. Befreiend für ihn selbst aber wirkte, daß er, Luther nachahmend, die Fesseln der lateinischen Sprache abwarf und deutsch zu schreiben begann, um nicht nur zu den Gelehrten, sondern zum gesamten deutschen Volk zu sprechen. Es war ein Entschluß, der eine einschneidende politische Wendung bedeutete, aber ebensosehr eine dichterische. Gleich die Verse, mit denen

er den neuen Weg anzeigte, den er einschlagen wollte, brechen mit der vollendeten Kraft und Angemessenheit einer Inspiration hervor: »Latein ich vor geschrieben hab / Das war eim jeden nit bekannt / Jetzt schrei ich an das Vaterland / Teutsch Nation in ihrer Sprach / Zu tragen diesen Dingen Rach.« Es ist noch etwas von der Straffheit und dem Erzklang der lateinischen Sprache in diesen Versen, zugleich aber das Ungestüm und die Urquellfrische der deutschen und die ergreifende Unbeholfenheit des Dichters, der fürchtet, daß sein noch ungewohntes Werkzeug seiner Leidenschaft nicht angemessen sei.

Luther, als der umfassendere Geist, konnte durch Hutten mehr bereichert werden, als es umgekehrt der Fall war. Die weltlichen Interessen, die dem Papst entgegenwirkten, hatte er schon in dem Augsburger Patrizierkreise kennengelernt, durch Hutten wurden sie ihm vollständig nahegebracht und vervollständigten seine Weltkenntnis. Was bei Hutten hauptsächlich gefühlsmäßiger und durch den Humanismus gespeister Widerwille war, verknüpfte Luther mit seinen Erkenntnissen, so daß sich alles zu einem zusammenhängenden, festgegründeten Bilde ordnete. Er konnte folgern und beweisen, wo Hutten nur proklamierte. Wenn Luthers Schriften gehaltvoller sind als die Huttens, so wirkten Huttens entschlossene Kampflust und gerade seine Problemfreiheit wohltätig auf Luther. Die Einladung Sickingens, Sickingens und Huttens gezückte Schwerter gaben ihm die Gewähr, daß er nicht verloren sei, selbst wenn sein Kurfürst die Hand von ihm abziehen sollte. Er würde auch ohne den Beistand der Ritter seiner Überzeugung treu gehandelt haben; aber er tat es nun rascher und freudiger. Das Mönchsgewand und die Mönchsgewohnheiten, die ihn eingehüllt hatten und die ihn vor sich selbst noch an die ihm einst so teure und heilige Kirche banden, Zeugen seiner großen Qualen und großen Begnadigungen, lösten sich mehr und mehr von ihm ab.

Die Antwort auf den gemeinsamen Angriff war eine Aufforderung Leos X. an verschiedene Fürsten, besonders an den Kurfürsten von Mainz, in dessen Dienst Hutten immer noch stand, Hutten auszuliefern, und der über Luther verhängte Bann. Im Oktober kehrte Eck, Luthers Gegner von der Leipziger Disputation, mit der Bulle *Exsurge Domine* aus Rom zurück, die Luther auf Grund von 41 Punkten aus seinen Werken als Ketzer verdammte und mit dem Bann bedrohte, falls er nicht binnen 60 Tagen widerriefe. Eck hatte außerdem die außerordentliche Vollmacht, nach seinem Gutdünken hartnäckige Anhänger Luthers mit zu bannen. Dem Papst blieb kaum etwas anderes übrig, als den aus der Kirche auszustoßen, der die Kirche zerstörte. Luther seinerseits war fest entschlossen, nicht zu widerrufen. Ein Ausgleich dieses Gegensatzes war nicht mehr möglich: auf der einen Seite die sichtbare Kirche, deren Haupt der Papst ist, deren Lehrgebäude im Laufe der Jahrhunderte durch Übereinstimmung der gesamten Priesterschaft entstand, auf der andern Seite die unsichtbare Kirche, Christus und seine Lehre, die von jedermann aus der Heiligen Schrift, dem Worte Gottes, zu schöpfen ist.

Luther verkündete die Notwendigkeit der Trennung und seinen unabänderlichen Willen, sie zu vollziehen, indem er am 10. Dezember 1520 die Bannbulle vor dem Elstertor von Wittenberg in das Feuer warf. Es war ein öffentlicher Akt, der durch einen Anschlag in der Universität bekanntgegeben war: jeder, der von der evangelischen Wahrheit ergriffen sei, solle sich um 9 Uhr zur Kirche des heiligen Kreuzes außerhalb der Stadtmauer begeben, wo die gottlose Bulle der päpstlichen Konstitutionen und der scholastischen Theologie verbrannt werden solle, da die Feinde des Evangeliums die frommen und evangelischen Bücher Luthers verbrannt hätten. »Wohlan denn, du fromme studierende Jugend, tritt zusammen zu diesem frommen und religiösen Schauspiel; vielleicht ist jetzt die Zeit, da der Antichrist offenbar werden soll.« Nicht nur Studenten, auch Doktoren und Magister beteiligten sich an dem fröhlichen Hochgericht. Als die Flammen des Scheiterhaufens hoch aufschlugen, warf Luther die Bulle hinein mit den Worten: »Weil du den Heiligen des Herrn betrübt hast, so verzehre dich das Ewige Feuer.« Am folgenden Tage sagte er zu seinen Zuhörern, es sei mit diesem Brande nicht genug, der Papst selbst, das heißt das Papsttum, müsse verbrannt werden.

Beiläufig sagte Luther in seiner »Babylonischen Gefangenschaft der Kirche«, man solle Ketzer nicht mit Feuer, sondern mit dem Wort überzeugen wollen. Diese Ansicht mochte mancher von den Ketzern haben, die verbrannt wurden; der rechtgläubigen Menge war es selbstverständlich, daß Irrgläubige mit dem Feuertod bestraft wurden; war das doch seit 1236 Reichsgesetz. Denn den Grundsatz, gewaltsam eine einheitliche Weltanschauung herzustellen, befolgten Kirche und Staat gemeinsam. Er hatte Karl den Großen zu Grausamkeiten verleitet, der die Einheit seines aus widerstrebenden Elementen zusammengesetzten Reiches mit despotischen Mitteln erzwang. Für die Staatsleiter war die Meinung maßgebend, Untertanen ließen sich leichter regieren, leichter als kompakte Masse handhaben, wenn sie den gleichen Glauben hätten, also in den höchsten die Menschheit bewegenden Fragen übereinstimmten. Der Standpunkt der Kirche war idealer; denn, obwohl auch hier das Herrschenwollen mitsprach, so kam es doch vielen Priestern darauf an, die offenbarte Wahrheit, zu deren Hüter sie berufen waren, so weit wie möglich zu verbreiten. In den Völkern kam ihnen die Mehrzahl der Menschen darin bereitwillig entgegen, so daß sich die abendländische Welt der heidnischen gegenüber im gleichen Glauben verbunden fühlte. Widerspruchslos herrschte der Glauben trotzdem nicht. Von den Anfängen der Kirche an traten Andersgläubige mit abweichenden Auffassungen auf, gegen welche die Kirche die ihrigen abzugrenzen und als allein gültig festzusetzen sich gezwungen sah. So entstanden nach reiflichem Abwägen, wobei die gelehrtesten Theologen und erfahrensten Priester sich ernstlich bemühten, die zutreffendste Formulierung für die übersinnliche Wahrheit zu finden, um die es sich handelte, die Dogmen; eins in das andere greifend, eins über das andere gelagert, stiegen sie auf wie Quadern zu einem mächtigen, unumstößlichen Gewölbe. Was einmal von der gesamten Kirche als Lehrsatz festgesetzt war, konnte nicht von neuem in Zweifel gezogen werden, ohne daß vieles andere, damit Verbundene, gelockert wäre und damit die von der Kirche verkündete Wahrheit überhaupt angetastet wäre. Es war folgerichtig und ein streng festgehaltener Grundsatz, daß die Kirche sich auf eine Erörterung ihrer Lehrsätze niemals einließ; sie mußten schlechtweg geglaubt, wenigstens bekannt werden. Gerade die religiösen Gemüter, denen es ein Bedürfnis war, sich in die religiösen Geheimnisse zu versenken, und die, dem besonderen Lauf ihres Lebensweges entsprechend, eine besondere Seite des Göttlichen erfaßten, fanden in der abgerundeten Formulierung des Dogmas kein Genügen, fühlten sich vielleicht sogar davon abgestoßen; solche konnten ungehindert ihren Gedankengängen folgen, solange sie sie nicht laut äußerten und solange sie sich nicht aus dem von der Kirche vorgeschriebenen Kreise entfernten. Traten sie aber in offenen Widerspruch zur Kirche, so wurde ihnen keine Verteidigung der als ketzerisch bezeichneten Sätze gestattet, nur der Widerruf verlangt. Im 12. und 13. Jahrhundert, als die Päpste eine übersteigerte Herrschaft ausbildeten, erließen sie eine Reihe von Bullen, die ein besonderes Verfahren zur Vernichtung der Ketzerei einführten, nämlich den Inquisitionsprozeß, und beanspruchten selbstverständlich für die ganze Christenheit dessen Gültigkeit. Sie wandten sich an die Regenten aller Länder, denn die Teilnahme des Staates war um so notwendiger, als die geistlichen Gerichte, der christlichen Milde entsprechend, deren Vertreter sie waren, keine Todesurteile aussprachen und vollzogen. Die Kaiser, die als oberstes weltliches Haupt der Christenheit vor allem in Betracht kamen, folgten wie alle anderen Regenten den päpstlichen Weisungen ohne weiteres und taten es in diesem Falle nicht ungern, da sie ja das Bestreben der Kirche, mit allen Mitteln eine einheitliche Weltanschauung zu erzwingen, durchaus teilten. Friedrich II., dem Ketzereien der ärgsten Art nachgesagt wurden, führte das Inquisitionsgericht durch Gesetze von 1220 bis 1239 förmlich im Reiche ein. An der Spitze desselben stand ein Inquisitor, der ein theologisch sehr gebildeter Mann sein sollte, was wegen der oft subtilen Unterscheidungen zwischen ketzerischer und rechtgläubiger Ansicht erforderlich war, und es wurden deshalb Angehörige des gelehrten Dominikanerordens bevorzugt. Der Inquisitor pflegte Beisitzer zu haben, war aber an deren

Meinung nicht gebunden, sprach das Urteil ganz nach eigenem Gutdünken. Als Prozeßform unterschied man wohl Akkusations-, Inquisitions- und Denunziationsprozeß, aber da kaum jemals jemand den Mut hatte, offen mit einer Anklage aufzutreten, bildete in der Regel Denunziation die Grundlage. Dem Angeklagten sollte gestattet sein, einen Angeber zurückzuweisen, der sein persönlicher Feind war; da ihm aber die Angeber nicht genannt wurden, war dieser Schutz des Gesetzes eine Täuschung. Ebenso wurde die vom Gesetz vorgesehene Bestrafung falscher Angeber nie vollzogen. Ein Verteidiger wurde dem Angeklagten nicht gestattet. Die Fragestellung war so gekünstelt, setzte eine solche Gewiegtheit in theologischen Spitzfindigkeiten voraus, daß der unglückliche Johann von Wesel, ein berühmter Professor, vor dem Inquisitionsgericht ausrief, bei solchem Verfahren würde auch Christus als Ketzer verdammt werden. Die gesamte Habe verurteilter Ketzer wurde eingezogen ohne Rücksicht auf deren rechtgläubige Kinder. Auch die Unfähigkeit, Ämter zu bekleiden, ging auf die Nachkommen des Ketzers über. Eigens war der Inquisitor angewiesen, sich durch die Klagen des Opfers nicht rühren zu lassen. Er konnte andererseits, so wie er nach Belieben die Strafe verschärfen konnte, auch Milde walten lassen und tat es zuweilen, ohne daß ein ersichtlicher Grund vorgelegen hätte, wenn es für die Zwecke der Kirche ersprießlich schien. Denn der verderbliche Grundsatz war aufgestellt worden, daß das als Recht zu betrachten sei, was der Kirche nütze. Sowie aber der Rechtsgrund irgendwo anders gesucht wird als im Rechte selbst, entscheidet Willkür und parteiliches Interesse. Durch diese Auflösung des Rechtsbewußtseins, durch die Anleitung zur Angeberei – wurden doch die Kinder angewiesen, gegen ihre Eltern auszusagen – wurde die Seele des Volkes, zu deren Errettung angeblich die Inquisition erdacht war, vergiftet und erniedrigt. Nicht nur, daß bösartige Menschen Gelegenheit fanden, den Gegenstand ihres Neides oder ihrer Rachsucht in sicheres Verderben zu stürzen, daß Menschen angeleitet oder gezwungen wurden, gegen ihre Nächsten auszusagen, daß der Angeklagte selbst aus Angst vor unerträglichen Qualen zum Heuchler wurde, man benutzte auch die bekehrten Ketzer, sei

es, daß sie wirklich überzeugt waren oder daß sie sich anstellten, als wären sie es, um die ihnen bekannten Ketzer zu bekehren oder anzugeben. Bekehrte Ketzer waren die besten Werkzeuge der Inquisition.
Die Regenten Deutschlands nahmen an der neuen Art des geistlichen Gerichts, das dem germanischen Rechtsgedanken in verschiedener Hinsicht widersprach, keinen Anstoß, wohl aber empörte sich das Volk dagegen. Nach germanischem Recht fanden Beisitzer das Urteil, die des Angeklagten Standesgenossen sein sollten. Ohne Ankläger fand kein Verfahren statt, und der Ankläger setzte sich persönlich als Vertreter seiner Klage ein. Frauen, Kinder und Gesinde des Angeklagten wurden nicht als Zeugen zugelassen. Der Widerwille gegen die römische Einrichtung führte zur Ermordung des Inquisitors Konrad von Marburg und eines seiner Gefährten; aber es ist ein Irrtum, zu meinen, damit habe die Inquisition in Deutschland aufgehört. Im Gegenteil wurde sie durch Karl IV. ausgebildet und sogar verschärft. Es ist bezeichnend für die Verschlagenheit dieses Kaisers, daß er bestimmte, von dem eingezogenen Vermögen des Ketzers solle ein Drittel dem Inquisitor, ein Drittel den Städten zufallen. Dadurch bekamen die Städte, die ursprünglich der Inquisition abgeneigt waren, ein Interesse daran, das heilige Gericht zu unterstützen. Daß der Inquisitor, der Kläger und Richter in einer Person war, aus der Verurteilung der Angeklagten finanziellen Gewinn zog, sollte später, in den Hexenprozessen, entsetzliche Folgen haben.
Schwoll auch die Inquisition in Deutschland nicht zu einer so unentrinnbaren Maschinerie an wie später in Spanien, so arbeitete sie doch, trotz vereinzelten Widerstandes im allgemeinen gebilligt, rüstig weiter. Vielleicht wäre der Widerstand wirksamer gewesen, wenn die Ketzer hochstehende, einflußreiche Personen gewesen wären; aber es waren überwiegend kleine Leute, um deren Schicksal die Mächtigen sich nicht bekümmerten. Die meisten waren Handwerker, Weber besonders, Menschen, die einen gewissen Grad von Bildung besaßen und doch nicht so begütert waren, daß ihr religiöses Bedürfnis in weltlichen Genüssen untergegangen wäre. Die Inquisition, die an ihrem sittlichen Wandel nichts aussetzen konnte, warf ihnen

vor, daß sie ohne Unterlaß arbeiteten, lernten und lehrten und deshalb zuwenig beteten. Die kirchlichen Zeremonien genügten ihrer Nachdenklichkeit nicht; vielleicht beförderte auch das Zunftwesen die Neigung zur Sektenbildung. In diesen Kreisen gewannen die Hussiten Einfluß und vermischten sich mit den niemals ganz verdrängten Waldensern, namentlich in den an Böhmen grenzenden Gebieten: Österreich, Sachsen, Franken.
Als nun in Luther das Wesentliche der ketzerischen Ideen zusammenströmte und er laut und öffentlich sich für sie einsetzte, sah es aus, als könne er der Inquisition sowenig entgehen wie Huß oder Johann von Wesel oder Dränsdorf und viele andere. Allerdings hatte er den Vorteil, daß er durch seine Predigt das Herz seines Landesherrn gewonnen hatte und ein angesehener Professor an dessen Universität war; aber in derselben Lage hatte sich Huß befunden. Hinter Huß hatte die gesamte Bevölkerung eines Landes einmütiger gestanden, als die Deutschen für Luther waren. Ein Bedeutendes aber konnte Luther zugute kommen: die veränderte Einstellung der Nation und des Staates zur Kirche. Besonders durch die Humanisten war das nationale Selbstbewußtsein so gesteigert, daß die Abhängigkeit von einer Macht, die so häufig ihren nicht universalen, sondern ausländischen Charakter verraten hatte, unwillig ertragen wurde; die staatlichen Gewalten aber waren in ihrem Streben nach Zusammenfassung und Abrundung ihrer Landeshoheit durch die kirchlichen in ihr Territorium eingreifenden Rechte gestört und fühlten sich stark genug, auch die geistige Leitung ihrer Untertanen in die Hand zu nehmen. Wenn auch der mächtige junge Kaiser von dieser nationalen und staatlichen Gesinnung erfaßt wurde, konnte Luther hoffen, dem Feuertode zu entgehen.
Merkwürdig, wieviel Freiheit doch im Mittelalter neben Zwang und Gebundenheit war. Die vielen selbständigen Mächte, die es gab und die oft untereinander verfeindet waren, ermöglichten es Bedrohten und Verfolgten, irgendwo Schutz zu finden. Selbst Gebannten und Geächteten eröffnete sich noch ein Asyl, wie Gregor von Heimburg erfahren hatte. Der Gegensätze waren so viele, daß leicht einer nützlich und wertvoll fand, was einem anderen schädlich schien. Es ist nicht zu leugnen,

daß Luther und Hutten den Bann der Kirche, die höchste Macht in der Christenheit, durch öffentliche Angriffe geradezu herausgefordert hatten; trotzdem wäre Hutten im Dienst des Kurfürsten von Mainz geblieben, wenn der Papst seine Entlassung nicht gefordert hätte, und Luther blieb hochgeschätzter Professor in Wittenberg, erhielt sogar freies Geleit, um sich auf dem Reichstage vor dem Kaiser zu verantworten. Auch das freie Geleit war eine Einrichtung, die den damit Begnadeten für eine jeweils bestimmte Zeitdauer aus allen Gefahren, Gesetzesfolgen, Angriffen heraushob, ihn gleichsam mit einem rettenden Gewölk umhüllte, wie die Götter es einst für ihre Lieblinge in der Schlacht bereit hatten. Allerdings war Huß das Geleit nicht gehalten worden; aber trotz der Begründungen, die den Ruf Kaiser Siegmunds sicherstellen sollten, war man allgemein der Ansicht, er habe großes Unrecht getan, indem er Hussens Verbrennung zuließ, und habe damit seinen söhnelosen Ausgang und den frühen Tod seines Enkels verschuldet. Manches ließ vermuten, daß dem Kaiser selbst nicht wohl bei seinem Wortbruch gewesen sei, und es war anzunehmen, daß sich ein solcher nicht wiederholen würde.
Am 28. Januar 1521 eröffnete Karl V. den Reichstag zu Worms, der eine Art Fortsetzung des berühmten von 1495 sein sollte. Die Reichsreform und die Kirchenreform, von denen damals die erste wenigstens in Angriff genommen war, sollten endlich durchgeführt werden. Das Fehdeverbot, dem dauernd zuwidergehandelt worden war, wurde von neuem verkündigt, das Reichskriegs- und Reichssteuerwesen wurde geordnet. Mit gänzlicher Beiseitesetzung des Gemeinen Pfennigs, der die Bevölkerung unmittelbar mit dem Reich verbunden hätte, wurde auf die alte sogenannte Matrikel zurückgegriffen, die auf die Stände je nach ihren Einkünften verteilt wurde. Auf Grund derselben wurde eine Einheit festgesetzt, die man Römermonat nannte, was eine bestimmte Anzahl Reiter- und Fußsoldaten bedeutete; entweder diese oder das zu ihrer Ausrüstung nötige Geld hatte der betreffende Stand zu liefern. Die Veranlagung nach Römermonaten hat bis zum Ende des Reiches gedauert.
Dorniger war die Frage des Reichsregiments, das, trotzdem zwei

so charakterfeste Männer wie der Kurfürst Berthold von Mainz und der Kurfürst Friedrich von Sachsen sich dafür eingesetzt hatten, an Maximilians Widerstand gescheitert war. Der Wunsch der Fürsten, dem Reich eine ständische Spitze statt einer monarchischen zu geben, war inzwischen eher gewachsen, da sie einem Kaiser gegenüberstanden, der über eine ungeheure Macht verfügte; er konnte die deutschen Fürsten in unabsehbare Ziele verwickeln und ihnen große Opfer dafür auferlegen. Sie hofften, mit dem Jüngling, der ohnehin durch die Wahlkapitulation gebunden war, leichter fertig zu werden als seinerzeit mit dem unberechenbaren, aufbrausenden Maximilian. In den ersten Wochen, als noch nicht alle Teilnehmer des Reichstages eingetroffen waren, konnten sie bewundern, mit welch gewandter Kraft sich der junge Kaiser als Reiter und Fechter in den Ritterspielen hervortat. Als dann die Verhandlungen begannen und die Frage des Reichsregiments vorgenommen wurde, offenbarte er seinen Willen zu herrschen. Er hatte nichts gegen ein Reichsregiment; aber es sollte erstens nur in seiner Abwesenheit tagen, und es sollte eine von ihm abhängige Körperschaft werden. Das Reich, sagte er, könne nur einen Herrn haben, und das sei der Kaiser. Er hatte nichts von der reizbaren Heftigkeit seines Großvaters, nicht dessen leichte Laune und bald bezaubernde, bald verwirrende und erschreckende Beredsamkeit; aber er hatte Besonnenheit und Selbstbeherrschung und war in einem ganz habsburgisch, in dem maßlosen, wahnhaften und dabei natürlichen, selbstverständlichen Herrenbewußtsein.

Von allen Dynastien Europas ist die habsburgische die interessanteste, und keine hat wohl einen so sehr in allen ihren Gliedern ausgeprägten Charakter. Die Mischung von phantastischer Grandezza und künstlerischer Freiheit, ja Leichtigkeit vereinigt sich zu einem unaussprechlichen, musikalisch schwingenden Reiz. Das Kaisertum, bei ihnen eine erblich gewordene, angeborene Eigenschaft, gab ihnen Gelegenheit, das Leben großartig aufzufassen; daneben aber zeichnete sie eine Neigung zu häuslicher Zurückgezogenheit und zur Pflege warmer menschlicher Beziehungen aus. Das Übermaß an Erbe schien ihnen keine Last zu sein, sie trugen es mit elastischem Schritt;

nur zuweilen verriet sich ein Element verführerischer Schwermut. Das Bewußtsein, sich in einem Raume außerhalb der Menschen zu befinden, war so fest in ihnen, daß sie sich in liebenswürdigem Sichgehenlassen zwischen den Menschen bewegen konnten, ohne daß sie Gefahr gelaufen wären, dadurch zu unerwünschter Vertraulichkeit zu ermutigen. Damals machte Karl wohl zuweilen den Eindruck, als sei er schlaff und gleichgültig, als lasse er seine Räte für sich regieren; aber sicherlich war sein Herrenbewußtsein vollkommen ausgebildet. Noch hatte das Ringen um das Reichsregiment zu keinem Ergebnis geführt, als die Ordnung der Lutherischen Häresie zur Sprache kam.

Der Kaiser hatte, um sich dem Kurfürsten von Sachsen liebenswürdig zu erweisen, versprochen, Luther auf dem Reichstage anzuhören; aber als der Reichstag eröffnet war, änderte sich die Lage. Von päpstlichen Abgesandten umringt, war er hier stets daran gemahnt, daß er geschworen hatte, die Kirche und den Papst zu schützen. Er war willens, das zu tun, soweit es mit seinen staatsmännischen Interessen vereinbar war. Nun hatte der Papst eben in einer Spanien angehenden Sache seinen Wünschen Rechnung getragen. In Spanien nämlich war die Inquisition ganz vom König abhängig: ihm fielen die eingezogenen Güter der Ketzer zu, sie diente dem königlichen Absolutismus. Auf Bitten der aragonesischen Stände hatte sich der Papst bereit finden lassen, die Inquisition dem gemeinen Recht Spaniens gemäß zu ändern, was eine Einschränkung des königlichen Einflusses bedeutete. Karl, dem das unerträglich war, drängte den Papst so sehr, diese Bewilligung zurückzunehmen, daß Leo X. sich endlich dazu bequemte. Um sich seinerseits erkenntlich zu zeigen, erklärte sich der Kaiser bereit, Luther nicht in Worms vernehmen, sondern ihn ohne Verhör verurteilen zu wollen. Das zu tun entsprach dem Recht, denn dem päpstlichen Bann hatte die kaiserliche Acht zu folgen, und auch des Kaisers Neigung, der nicht das allermindeste Interesse für theologische Untersuchungen hatte. Er konnte nicht recht begreifen, warum sich Leute damit abgaben. Wenn Maximilian, wie behauptet wird, gesagt hatte, man möge Luther gut verwahren, um ihn etwa einmal gegen den Papst auszuspielen, so lag dieser Gesichtspunkt seinem mächtigen Enkel fern. Zum Glück für Luther konnte der Kaiser nicht ohne die Kurfürsten entscheiden. Die drei geistlichen und Brandenburg stimmten ihm zu, Sachsen aber und Pfalz widersprachen. Nach erbittertem Streit im Kreise der Kurfürsten, bei dem es fast zu Tätlichkeiten gekommen wäre, siegte die Minderheit. Da die Frage des Reichsregiments noch nicht gelöst war, kam man überein, daß es besser sei, den Kaiser nicht durch Nachgiebigkeit zu stärken. Sie stellten ihm vor, daß das Volk nicht vom Aufruhr zurückzuhalten sein würde, wenn man Luther ohne Verhör verurteilte. Das einfachste sei, ihn nach Worms zu laden, nicht um mit ihm zu disputieren, sondern um ihn zu veranlassen, daß er seine ketzerischen Bücher widerrufe; dann könnten seine guten erhalten bleiben. So erließ denn Karl am 6. März die Ladung an den »ehrsamen, lieben, andächtigen Martin Luther« nach Worms, damit Kaiser und Reich über seine Bücher Auskunft erhalten könnten. Alle die Fürsten, deren Gebiet Luther auf seiner Reise berühren mußte, fügten besondere Geleitsbriefe bei. Es war eine empfindliche Niederlage des Papstes: nachdem er bereits das Urteil gesprochen hatte, maßten Kaiser und Stände sich an, die geistliche Sache von neuem zu untersuchen. Der päpstliche Legat Aleander, der schon gesiegt zu haben glaubte, war außer sich. Der kluge, scharfblickende Italiener fühlte, wie die Atmosphäre in Deutschland sich verändert hatte, aus unsichtbaren Hinterhalten zückte es, blitzte es, schlich es feindselig gegen ihn heran, es war ihm, als wage er sein Leben, wenn er sich öffentlich zeigte. Das Schlimmste war zu erwarten, wenn der Kaiser, dessen Rechtgläubigkeit bis jetzt außer Zweifel stand, der Ketzerei nachgäbe.

Aufgeregte, gereizte Spannung herrschte nicht nur unter den Vertretern des Papstes in Worms, sondern im ganzen Reiche. Handelte es sich erst um die Frage, ob Luther auf dem Reichstage erscheinen dürfe, so hernach um die angstvollere: Wird er widerrufen oder nicht? Wenn er widerruft, werden seine Anhänger ihn ermorden? Wenn er nicht widerruft, wird er ausgeliefert und verbrannt werden? Sofort oder nach Ablauf des Geleits? Wie wenn ein Feldherr nach gewonnener Schlacht zurückkehrt, solch ein Jubel und solch eine Neugierde bewegte die Gegenden, durch welche der Planwagen fuhr, in dem Luther und seine Gefährten, der Dompropst Nikolaus von Amsdorff und ein pommerscher Edelmann, der Student Peter Swaven, nach Worms fuhren. Die beiden hatten nicht wie Luther freies Geleit; sie setzten ihr Leben aufs Spiel, indem sie sich ihm anschlossen. Die Reise, die vielleicht am Scheiterhaufen endete, glich einem Triumphzug. In Erfurt, der Stadt reich an Erinnerungen, empfing ihn am Tore die Universität, an ihrer Spitze der Rektor Crotus Rubeanus, sein und Huttens alter Freund, der witzige Verfasser der Dunkelmännerbriefe. Alle wollten Luther sehen, ihn berühren, ihm Heil wünschen. Und doch, würden diese Begeisterten nicht mit derselben Begierde herbeiströmen, um ihn im Feuer verbrennen zu sehen?

Ein schreckhafter Augenblick war es für Luther, als ihm das kaiserliche Mandat vor Augen kam, das allen Behörden befahl, seine Bücher zu verbrennen. Also hatte der junge Kaiser bereits gegen ihn entschieden. Es wurde Luther wie vielen Deutschen schwer, den Glauben an einen Volkskaiser abzutun, der jedem das Seine geben würde. Aber was war das anders als ein Feind mehr? Er zählte sie nicht, ihm zählte nur sein Gott. Verlasset euch nicht auf Fürsten, sagte die Bibel, denn sie sind Menschensöhne, und es ist kein Heil bei ihnen. Und wenn so viele Teufel wie Ziegel auf den Dächern in Worms wären, er wollte doch hineinziehen, sagte er. Auch in Worms lief das Volk Luthers Wagen entgegen, dessen Nahen der Wächter vom Turme mit Hornstößen anzeigte: die einen wollten den Gesandten Gottes, die anderen den großen Häresiarchen sehen, der Papst und Kaiser herauszufordern wagte. Das Getümmel, das ohnehin des Reichstags wegen in Worms herrschte, verdichtete sich um ihn herum, drängte bis in die Herberge, wo er mit seinen Begleitern abstieg, und bis in sein Zimmer. Selten war er allein; die ihm wohlvertrauten Räte des Kurfürsten besprachen sein Verhalten mit ihm. Schon auf den folgenden Nachmittag um 4 Uhr wurde das Verhör festgesetzt. Vielleicht war es Befangenheit, daß Luther auf die ihm vorgelegte Frage, ob er widerrufen wolle, nicht antwortete, sondern Bedenkzeit erbat; wahrscheinlicher ist, daß er gehofft hatte, sich über seine Bücher äußern zu können, und nun, da ihm das verwehrt wurde, Zeit gewinnen wollte, um seine Antwort danach einzurichten. Trotz des Unwillens der päpstlichen Partei wurde die Bitte gewährt; so kam es, daß Luther am folgenden Tage, es war der 19. März, zum zweiten Male vor dem Reichstage erschien. Hatte er das erstemal enttäuscht, so befriedigte er jetzt alle die, welche ihn bewunderten und auf ihn bauten. Er war fest und ruhig, im Kreise der Mächtigen der Überlegene. In der Zwischenzeit hatte er sich vorbereitet und antwortete mit straffer Zusammenfassung der Gedanken sachlich und voll persönlicher Glut. Er teilte seine Schriften nach ihrer verschiedenen Bestimmung ein, gab zu, daß er in seinen Streitschriften zu heftig gewesen sei, widerrief aber nichts. Indessen da er Mensch sei und nicht Gott, also irren könne, wolle er der erste sein, seine Bücher ins Feuer zu werfen, wenn er aus prophetischen und evangelischen Schriften eines Irrtums überführt werde. Den Aufruhr betreffend, den seine Schriften hervorrufen könnten, führte er das Wort des Herrn an: »Ich bin nicht gekommen, Frieden zu bringen, sondern das Schwert.« Man sollte sich hüten, fuhr er fort, daß man nicht durch Verdrängung des göttlichen Wortes dem jungen edlen Kaiser Karl eine unglückliche Regierung bereite. »Solches sage ich nicht, als ob so hohe Häupter meiner Lehre und Meinung bedürften, sondern weil ich mich dem Dienst nicht entziehen darf, den ich meinem Deutschland schuldig bin.« Als es gewünscht wurde, wiederholte er seine Rede in deutscher Sprache. Begreiflicherweise wollte sich die Versammlung auf eine Disputation nicht einlassen; deshalb wurde ihr Beauftragter, der triersche Beamte Johann von Eck, angewiesen, Luther noch einmal zu ermahnen, und er tat das auf sehr eindrucksvolle Weise. Wenn Luther, sagte er zu ihm, neue, von ihm erfundene Häresien lehrte, würde der Papst gelehrte Männer schicken, um sie zu untersuchen und zu widerlegen. Seine Irrtümer aber wären die der alten Häretiker, der Waldenser, Pikarden, Wiclefiten, Hussiten und anderer, sie wären längst vom Papst und von den Konzilien verdammt. Man solle nicht in Zweifel ziehen, was die katholische Kirche rechtlich festgelegt habe, was in Brauch, Sitte, Herkommen übergegangen sei, was unsere Väter im Glauben festgehalten

und wofür sie willig hundertmal den Tod erlitten hätten. Luther solle sich doch nicht anmaßen, allein derjenige zu sein, der die Schrift richtig auslegen könne.
Es war in den Worten Ecks etwas von dem Cusanischen Geiste, der, nachdem er alles durchdacht hat, was dem Verstande zugänglich ist, vor der abgründigen Leere schaudert, in der der Mensch nicht atmen kann und sich dankbar an den Felsen klammert, auf dem die Kirche als auf einem aus den Tiefen der Erde gewachsenen Fundament ihre Lehre aufgemauert hat. Ihre dichtgeschlossenen Fugen gewähren Schutz gegen den Zweifel; hier ist in Jahrhunderten die Weisheit der Erlesensten mit den Bedürfnissen und Fähigkeiten des Volkes in Einklang gebracht. Am Schlusse seiner Rede forderte der Offizial Luther zu einer ehrlichen, nicht zweideutigen noch gehörnten Antwort auf, ob er die in seinen Büchern enthaltenen Irrtümer widerrufen wolle oder nicht.
Die eindringliche Wärme, mit der von Eck auf das historische Recht der Kirche hinwies, war geeignet, einen ernsten und einsichtsvollen Menschen zu erschüttern. Aber Luther hatte sich für diesen Augenblick gewappnet, er wehrte alles ab, was ihn nachdenklich machen, ihn rühren, seinen Kinderglauben hätte erwecken können. Mit der Unbeirrbarkeit des Berufenen, der auf eine Aufgabe verpflichtet ist, antwortete er: »Weil denn die geheiligte Kaiserliche Majestät und Eure Herrschaften eine schlichte Antwort von mir verlangen, so will ich eine Antwort geben ohne Hörner und Zähne, auf diese Weise: Wenn ich nicht durch Zeugnisse der Schrift oder einleuchtende Gründe überführt werde – denn dem Papst und den Konzilien allein glaube ich nicht, da es feststeht, daß sie oft geirrt und sich selbst oft widersprochen haben –, so bin ich gebunden durch die von mir angeführten Schriftstellen, und mein Gewissen ist gefangen in Gottes Wort; widerrufen kann ich und will ich nichts, da wider das Gewissen zu handeln weder sicher noch ehrenhaft ist. Gott helfe mir, Amen.«
Auf den jungen Kaiser hatte Luther keinen anderen Eindruck gemacht als den, daß er sich nunmehr als hartnäckiger Ketzer erwiesen und die Folgen davon zu tragen habe. Am folgenden Tage ließ er dem päpstlichen Gesandten, den Kurfürsten und

Fürsten eine von seiner eigenen Hand geschriebene Erklärung vorlesen, daß er seinen Vorgängern, den Kaisern, sich anschließen wolle. Alle seine Königreiche und Provinzen, seine Freunde, Leib und Leben, ja seine Seele wolle er für diese Sache einsetzen und fordere alle Fürsten auf, Luther auszuliefern, sowie das freie Geleit abgelaufen sei. Wer Luther noch anhänge oder ihm Hilfe gewähre, den werde er für einen Ketzer ansehen. Den Fürsten dagegen hatte der mutige Mönch gefallen, seine Überzeugungstreue hatte manchen nachdenklich gestimmt. Selbst ein so gut katholischer und kaisertreuer Herr wie Erich von Braunschweig-Calenberg fühlte sich zu dem tapferen Manne hingezogen, der junge Landgraf Philipp von Hessen besuchte ihn, um ihm Sympathie zu zeigen. Friedrich der Weise fand seinen Professor reichlich kühn, war aber im ganzen doch mit ihm zufrieden. Allen leuchtete ein, daß sie sich die Gelegenheit, einen Druck auf den Papst auszuüben, nicht sollten entgehen lassen. Dieser Luther hatte das Volk und die Ritterschaft auf seiner Seite, die Unruhe in der Stadt, drohende Anschläge an der Kathedrale, bewiesen das. Wie wenn dieser gewaltige Mann die Beschwerden der deutschen Nation vor dem Papst verträte, die man seit 100 Jahren vergeblich wälzte? Gelang es, den ketzerischen Fleck aus seinem Programm auszumerzen, konnte der Mann ein Zauberwort sprechen, das die zerrissenen Glieder des Reiches zu einem verjüngten Körper zusammenschmolz, unüberwindlich gegen Kaiser und Papst. Trotz der Erklärung, die er soeben gegeben hatte, willigte der Kaiser ein, daß noch ein Versuch der Verständigung mit Luther gemacht werde. Ein Ausschuß wurde gebildet, an dessen Spitze der Erzbischof von Trier, Richard von Greifenklau, stand, der in Glaubensangelegenheiten keine Vorurteile hatte. Als ein hochgeborener Herr, dem die Formen der großen Welt geläufig waren, verkehrte er in liebenswürdiger Weise mit Luther, zog ihn zur Tafel und suchte ihm die Pläne der Fürsten ins beste Licht zu setzen. Bei den Verhandlungen kam man wieder auf das Konzil zurück, dem als höchster Instanz die verworrenen kirchlichen Dinge zur Ordnung sollten unterworfen werden. Luther sah voraus, daß ein Konzil die hussitischen Sätze, die zu Konstanz verworfen worden waren, wieder verwerfen würde, und der Erzbischof selbst gab das zu; das war für Luther Grund genug, unbedingte Unterwerfung unter ein Konzil abzulehnen. Verständigung war unmöglich; aber Luthers Abschied von den Herren, die mit ihm verhandelt hatten, war freundlich. Bevor er Worms verließ, wurde ihm von seiten des kursächsischen Hofes mitgeteilt, daß er unterwegs zu seiner Sicherheit von Reitern würde überfallen und auf eine Burg geführt werden, wo er eine Zeitlang verborgen bleiben solle. Wenn auch ungern, fügte er sich doch dem Wunsche seines Landesherrn und reiste am 26. April mit seinen Gefährten ab.

Die Reichsversammlung tagte weiter. Am 25. Mai, zwei Tage nachdem die Kurfürsten von Sachsen und Pfalz Worms verlassen hatten, lud der Kaiser die noch anwesenden Fürsten zu einer Sitzung auf das Rathaus ein. Als der Reichstag förmlich geschlossen war, geleiteten ihn alle zu seiner Herberge, wo er mit den Kurfürsten allein blieb. Hier ließ er ihnen ein Edikt vorlesen, durch welches Luther als offenbarer Ketzer von Kaiser und Reich geächtet wurde. Nicht nur sollten alle seine Schriften verbrannt werden, es wurde auch durch eine strenge Zensur dafür gesorgt, daß keine gegen den katholischen Glauben gerichtete Schrift künftig gedruckt werden könne. Alle Dichter, Schreiber, Maler, Drucker und Verkäufer, die dem Edikt zuwiderhandelten, wurden mit schärfsten Strafen bedroht, »damit die hochberühmte Kunst der Druckerei allein zu guten und löblichen Zwecken gebraucht und geübt werde«. Von Luther hieß es, daß er, mehr Teufel als Mensch, jegliche Ordnung zerstöre und alle längst verdammten Ketzereien in eine stinkende Pfütze versammelt habe, seine Lehre wurde als eine solche bezeichnet, die zu einem freien, gesetzlosen, viehischen Leben führe.

Die Kurfürsten hörten aufmerksam zu, und der von Brandenburg sagte, für alle sprechend, daß sie das Edikt billigten. Am Tage darauf unterschrieb es der Kaiser und sagte dabei lächelnd in französischer Sprache zu Aleander: »Nun werdet Ihr doch mit mir zufrieden sein.« Die Martinische Ketzerei schien vernichtet.

Seine Häresien, hatte der Offizial von Eck zu Luther gesagt, wären nicht neu, sondern längst von anderen Ketzern vorgebracht und von der Kirche verdammt. Er hatte recht; alles, was Luther lehrte, war vor ihm von anderen gelehrt: daß die Schrift die einzige Grundlage des christlichen Glaubens sei, das allgemeine Priestertum, daß der Ablaß eine schädliche Einrichtung sei, daß nur Gott Sünden vergeben könne, daß Gott die Werke der Nächstenliebe angenehmer seien als die sogenannten guten Werke, der Kampf gegen den Bilderdienst, Verehrung der Heiligen und der Reliquien, gegen den Primat des Papstes, gegen die Messe. Wenn es nun aus seinem Munde auf einmal wie ein Blitz einschlug und zündete, wie ein Feuer um sich griff und die Welt erleuchtete, als habe man sie noch niemals zuvor klar gesehen, so lag das zum Teil an dem Zustand herbstlicher Dürre und Durchsichtigkeit, in dem das Abendland sich befand, vor allem aber an Luthers Eigenart, an seiner Gläubigkeit. Man hatte seit einem Jahrhundert versucht, die Beziehungen zwischen Staat und Kirche zu ordnen, Übergriffen der Kirche, namentlich der finanziellen Ausbeutung, zu wehren, Mißbräuche abzuschaffen, Sittenlosigkeit zu bessern – Luther erneuerte die Beziehung zu Gott. Der Strom, der das Irdische dem Göttlichen verbindet, der lange versiegt war, rauschte wieder, durch seinen Glauben magisch entbunden. Wie es Menschen gibt, für die eine bestimmte Reihe von Tönen nichts weiter ist als ein zufälliges Geräusch, während es für andere eine Melodie ist, die das Herz erschüttert, so unterscheiden viele das göttliche Wort nicht von dem dem Irrtum ausgesetzten menschlichen: Luther hörte die mit nichts Irdischem vergleichbare, unfehlbar verpflichtende Stimme des Herrn, und weil Gott für ihn Wirklichkeit war, wurde er es auch für andere.

Um die Propheten her, die im Quellgebiet des Übersinnlichen leben, ist ein leuchtenderes Licht und ein lebendigeres Leben als anderswo, darum drängen sich die Menschen an sie heran und hoffen von ihnen göttliche Botschaft zu erfahren. Mit der

Musik aus dem Jenseits, die er mitteilte, hatte Luther das Herz seines Kurfürsten getroffen, traf er unzählige empfängliche Herzen, denen es nun schien, als hätten sie nur darauf gewartet.

Als Luther im Kloster sich in die Schrift versenkte, enthüllte das Wort der Propheten ihm sein eigenes Schicksal. Lange rang er damit, das ihn erschreckte, nicht lockte. Wollte man den Augenblick bezeichnen, wo er sich entschloß, die Last des Herrn auf sich zu nehmen, so müßte es wohl der sein, als er die Bannbulle verbrannte und damit das Band zerriß, das ihn mit der Kirche verknüpfte. Wenn auch der Kampf in seinem Innern nicht aufhörte, auf dem Wege nach Worms noch ihn schüttelte und sich erst legte, wenn die tröstende Stimme seiner Laute ihn beschwichtigte, war doch seit jenem Zeitpunkt seine Haltung anders geworden. Er war nun der Diener seines Volkes ohne Unterschied der Stände, aber auch sein Herr. Wenn es das Wort Gottes betraf, trat er als Gebieter auf, leitete, drohte, strafte, rühmte, einzig durch seine Überzeugung gebunden. Und wie die Halme vor dem Winde beugten sich alle vor ihm, die Großen wie die Kleinen; sie erwarteten das richtende Wort von ihm und nahmen es an.

Die Verantwortung für das Schicksal eines Volkes zu tragen ist schwer und drückte so auf Luther, daß er zusammengebrochen wäre, wenn nicht seine Seele immer sich aus dem Paradiese hätte weiden können, zu dem er den Zugang hatte. Dort gab er sich Träumereien hin, wie sie Kinder träumen, spielte mit Sternen, Blumen und Tieren wunderliche Spiele, von denen zuweilen ein liebliches Wort in seine menschliche Sphäre glitt. Solcher erlösender Augenblicke mochte er manche haben, als er den Frühling auf der Wartburg erlebte. Es war auf einmal still um ihn; anstatt des scharfen Gezänks der großen Welt, hinter dem Habgier und Ehrgeiz und allerlei böse Lust steckte, umgab ihn das dämmernde Schweigen der Burg und die dienstfertige Freundlichkeit ihrer kleinen Besatzung. Wenn er aus dem Fenster blickte, sah er die gelblich grünen Schleier der eben entfalteten jungen Buchenblätter, und in der Frühe hörte er die erwachenden Vögel mit sanftem Jubelton das neugeschaffene Licht begrüßen. Wenn die Sonne untergegangen war, vernahm er das silberne Geriesel der Nacht an den alten Mauern und den alten Stämmen. Hier war das Ewige, das zugleich Unergründliche und Selbstverständliche. In glücklichen Stunden war er Träumer und Dichter: er vollendete das Magnifikat, den Lobgesang der heiligen Jungfrau, er legte Psalmen aus, er schrieb Predigten. Gegen den Winter begann er die Übersetzung des Neuen Testamentes aus dem Griechischen. Als Übersetzung aus dem Urtext ist seine Verdeutschung die erste, nicht die erste überhaupt. Bis zum Jahre 1518 waren 17 oberdeutsche und 3 niederdeutsche Drucke der ganzen Bibel erschienen, dazu eine Reihe von Ausgaben einzelner Evangelien und Episteln. Das Lesen der Bibel wurde von kirchlicher Seite empfohlen, zuweilen aber auch als gefährlich bezeichnet; das Bedürfnis war da und wurde befriedigt. Wie schon vor der Reformation bei etwaigem Neubau von Kirchen das Bedürfnis der Predigt besonders berücksichtigt wurde, so daß man sagen kann, die protestantische Predigtkirche sei dagewesen, ehe es Protestanten gegeben habe, so zeigte sich auch hinsichtlich des Bibellesens, daß die Bewegung, die Luther zum Siege führte, da war, gleichsam nur auf einen wartete, der sie benannte. Luthers Neues Testament erschien im September 1522; obwohl die Auflage in vielen Exemplaren gedruckt und ziemlich teuer war, war sie bis zum Dezember vergriffen. Die ganze Heilige Schrift kam zwölf Jahre später heraus. Wenn trotz vorhandener Übersetzungen die neue so begierig gelesen wurde, zeugt das für den Ruhm von Luthers Namen, aber mehr noch für die Größe seines Werkes. Ein Meister der Sprache, ein Dichter hat seinem Volke für Jahrhunderte Nahrung gegeben. Generationen von Deutschen lasen fortan die Bibel, und viele nichts als die Bibel in seiner Sprache. Aus den orientalischen Büchern strömte in ihr Gemüt zugleich Luthers Herzlichkeit, Inbrunst, kriegerische Kraft und Leidenschaft, die Glut seines Glaubens. Wie der Geist der israelitischen Propheten und Apostel zu seinem gesprochen hatte, so überströmte nun seiner in den ihrigen, und es ging etwas daraus hervor, was die Deutschen als ihr eigenstes, tiefstes empfanden.

Aber die Stille und Einsamkeit der Burg war auch verzehrend. Jetzt wurde er seiner Vereinzelung inne. War es nicht Wahnsinn, wenn ein einzelner umstürzen wollte, was die Christenheit in Jahrhunderten gebaut und was sein Volk durch Jahrhunderte verehrt hatte? Ging nicht das Leben weiter ohne ihn? Was taten sie draußen ohne ihn? Er war nicht ohne Nachrichten, wechselte Briefe mit Freunden. Im Beginn des Herbstes erfuhr er, daß in Halle, der Residenz des Kurfürsten Albrecht von Mainz, ein Ablaß ausgeschrieben war. Zornig verfaßte er eine Schrift »Wider den Abgott zu Halle« und schickte sie an Spalatin, damit er sie drucken lasse; auf Befehl des Kurfürsten unterblieb es. Er gedenke nicht, sich zu fügen, schrieb da Luther an Spalatin, lieber wolle er ihn und den Fürsten und alle Welt ins Verderben reißen. »Denn wenn ich dem Papst, der den Mainzer gemacht hat, Widerstand geleistet habe, warum soll ich vor der päpstlichen Kreatur zurückweichen? Ich ersuche Euch also, das Buch weder Menlanchthon vorzuenthalten noch mir von der Veröffentlichung abzuraten. Es ist bei mir beschlossene Sache, ich will Euch nicht hören.« Dem Kurfürsten von Mainz drohte er, wenn er nicht binnen 14 Tagen den Ablaß zurückziehe, werde er eine Schrift gegen ihn veröffentlichen. Lange genug habe er ihn geschont; wenn Albrecht fortfahre, sich nicht wie ein Bischof, sondern wie ein Wolf zu betragen, werde er Ernst gebrauchen. Künftig solle Albrecht diejenigen Geistlichen gewähren lassen, die für gut fänden, sich zu verheiraten; die Bischöfe sollten ihre Huren vertreiben, anstatt fromme Ehefrauen von ihren Männern zu scheiden. Bevor er noch Antwort erhalten hatte, ritt Luther im ritterlichen Kleide mitten durch Leipzig nach Wittenberg, um sich selbst vom Stande der Dinge zu überzeugen. Da der Ablaß inzwischen abgestellt war, zog er selbst seine Schrift zurück. Er war als der Prophet aufgetreten, der das Recht hat, die Fürsten seinem Urteil zu unterwerfen, und die Fürsten beugten sich. Der Kurfürst von Mainz versprach zerknirscht, sich zu bessern. Indessen, kaum war dieser Widerstand gebrochen, als sich von anderer Seite Gefahren erhoben.

Im kurfürstlich-sächsischen Gebiet ging die antikirchliche Bewegung, die nun einmal ausgebrochen war, weiter, und da keiner mehr da war, der sie leitete, griffen diejenigen zu, die am wenigsten durch Scheu und verständige Bedenken gehemmt waren. Die Bilder wurden aus den Kirchen gerissen, die Messe wurde abgeschafft, das Abendmahl in beiderlei Gestalt ausgeteilt, Mönche und Nonnen liefen aus den Klöstern und verheirateten sich, Priester, die sich nicht fügen wollten, wurden beleidigt und wohl gar tätlich angegriffen. Der Kurfürst wußte nicht, was er gestatten, was verbieten sollte. Zu der gewaltsamen Veränderung des Gottesdienstes kam noch etwas Ärgeres. In der gewerbereichen Stadt Zwickau traten mehrere Handwerker und ein Geistlicher, Thomas Münzer aus Stolberg am Harz, auf, die nicht die Heilige Schrift allein als Grundlage des Glaubens anerkennen wollten, die ja zu verschiedenen Zeiten entstanden, voller Widersprüche sei und durchaus nicht in allen Teilen Gottes Wort enthalte. Gott habe sich, sagten sie, nicht nur im Altertum auserwählten Menschen offenbart, er fahre noch immer fort, das zu tun, und die göttlichen Offenbarungen im Geist ließen den Willen Gottes besser erkennen als die ungewisse Schrift. Diese Ansicht fand Beifall in den Handwerkerkreisen, die von jeher zur Sektenbildung und zur Aufnahme von Ketzereien neigten. Den Leuten, die ungeschult im Denken waren, aber oft eine ebenso flache wie verworrene Phantasie hatten, tat es wohl, ihre Meinungen, gestützt durch das Ansehen göttlicher Eingebung, mitteilen und erörtert sehen zu können.

Als einige von diesen neuen Propheten sich nach Wittenberg begaben, machten gewisse Punkte ihrer Lehre auf Melanchthon, auf Spalatin und den Kurfürsten Eindruck. Sie waren augenscheinlich von der Wahrheit ihrer Behauptungen überzeugt, von denen sich manche in der Tat nicht ohne weiteres widerlegen ließen. Es war richtig, daß Widersprüche in der Bibel enthalten wären, daß sie ausgelegt werden müsse, daß jeder, dem allgemeinen Priestertum zufolge, das Recht dazu habe und daß das Auslegen schon eine Offenbarung im Geiste sei. Und warum sollte Gott sich einem Storch, Stübner und Münzer nicht ebensogut offenbaren wie einem Luther? Auch die Behauptung, daß neugeborene Kinder keinen Glauben haben könnten und daß deshalb die Taufe an Erwachsenen vollzogen werden müsse, wie ja auch Christus als Erwachsener sich habe taufen lassen, hatte etwas Einleuchtendes. Die Ver-

legenheit, wie den neuen Propheten zu begegnen sei, führte zur Auflösung jeder Ordnung in Wittenberg, was schließlich den Stadtrat veranlaßte, sich an Luther mit der Bitte zu wenden, er möge zurückkommen. Dem Kurfürsten wurde es bange. Durch das Edikt von Worms wurde er eigentlich gezwungen, Luther auszuliefern, wenn er sich nicht mehr damit entschuldigen konnte, er wisse nicht, wo er sei. Er sah die ärgerlichsten Verwicklungen voraus und schrieb an Luther in einer Weise, die die ratlose Unruhe seines Gemütes widerspiegelt: »Ich habe gehört, daß du bereit bist zu kommen; die Wittenberger Zustände sind unerträglich; ich kann dir nicht raten zu kommen und kann mich deiner Sache nicht öffentlich annehmen; wüßte ich aber, daß es Gottes Wille wäre, daß du kämest, so wollte ich gerne leiden, was daraus erwächst; die Wittenberger Zustände wachsen mir über den Kopf; gleichwohl rate ich, bis auf den nächsten Reichstag zu warten. Doch wünschte ich auch nicht, daß durch dein Warten Gottes Wille gehindert wird.« Die zartfühlende Güte des Kurfürsten, seine großartige Bescheidenheit, seine Sorge um Luther, sein aufrichtiger Wunsch, den Willen Gottes zu erfüllen, spricht aus dem Brief. Luther beachtete ihn kaum. Er antwortete respektvoll, mehr, so scheint es, dem greisen Haupt als dem Fürsten zu Ehren, aber streng, stolz, wie aus einer unzugänglichen Ferne. Es war, als wolle er sagen: hier handelt es sich um Gottes und meines Volkes Sache, was du sagst, was du leidest, ist gleichgültig. Mit einer ruhigen Handbewegung schob er den Landesherrn beiseite.
An einem der ersten Märztage ritt er von der Wartburg herunter im ritterlichen Wams und roten Barett, von einem Reitknecht begleitet. Von zwei Sankt-Galler Studenten, die im Schwarzen Bären vor Jena mit ihm zusammentrafen, hat der eine, Johann Keßler, die merkwürdige Begegnung ausführlich geschildert. Wir fühlen das Sausen der Zeit, das Gespanntsein der Gemüter auf Neues, Wunderbares, das sich jeden Augenglick begeben kann, wie es große Revolutionen mit sich bringen. Wie föhnige Windstöße flackert es um die großen Namen, die auf aller Lippen sind, und um den merkwürdigen Mann mit den tiefen schwarzen Augen, der ein ritterliches Gewand trägt und ein Buch neben sich liegen hat. Er ist gütig

und heiter, sehr anmutig in seiner Art, sich zu geben, und es ist etwas Besonderes um ihn, etwas Geheimnisvolles. Ist es Luther? Ist es Hutten? Ja, es wird Hutten sein; denn wie wäre es möglich, daß sie, zwei einfache junge Studenten, so traulich mit Luther gesprochen hätten? Als sie in Wittenberg bei Hieronymus Schurf Besuch machten, an den sie Empfehlungsbriefe hatten, da war er wieder, begrüßte sie als Bekannte aus dem Schwarzen Bären und stellte sie seinem Freunde Melanchthon vor, und es war wirklich Luther, das Wunder des Jahrhunderts. Dann hörten sie die acht Predigten, die er eine Woche hindurch hielt, um die Ordnung in Wittenberg wiederherzustellen.
Es ist nicht zu verwundern, daß die Studenten von der Persönlichkeit des Propheten überwältigt waren; sie erlebten Luthers größte Stunde. Damals, als er von der Wartburg nach Wittenberg kam, gebannt und geächtet, vogelfrei, aber ganz sicher in seinem Gott, als wäre er für Menschenaugen unsichtbar, stand sein gläubiges Herz wie die Sonne in seiner Brust, getragen von den Dämonen, die sich ihm beugten. Seine Wildheit, seine Maßlosigkeit, seine Herrschsucht, alle Unbändigkeiten seines Wesens dienten dieser Sonne, waren nur dazu da, dieses himmlische Feuer anzufachen. Von der erbarmungsvollen Vatergüte, die er ausstrahlte und die den Glanz seiner Überlegenheit erträglich machte, mußten sich Widerstand, Bosheit, Torheit und Roheit in Erkenntnis der Schuld und guten Willen wandeln. Kaum jemals wieder war so viel Großartigkeit und so viel Schmelz in seiner Rede. Wie wenn ein König aus der Verbannung zurückkehrt und sein Zepter wieder ergreift, nahm er die Herrschaft wieder in die Hand, und jeder fand es selbstverständlich. »Meine Freunde, welchen Schmerz habt ihr mir angetan, wiederholte er immer wieder«. – »Vielleicht seid ihr gläubiger, klüger, weiser als ich, aber ich bin es doch, der dies Wesen angefangen hat; war es recht, daß ihr, ohne mich zu fragen, es nach eurem Gutdünken regellos weiterführtet?« Er erklärte, daß sie die Freiheit nicht verstünden, wenn sie meinten, weil es nicht christlich sei, Menschen mit Zwang im Kloster zurückzuhalten, sei es christlich, sie mit Zwang daraus zu entfernen. Das tue ihm am meisten weh, sagte er, daß sie es an Liebe hätten fehlen lassen. Zum ersten Male wohl ertönte

in deutscher Sprache des Paulus und sein unsterbliches Gedicht: »Wenn ich mit Menschen- und mit Engelszungen redete und hätte der Liebe nicht, so wäre ich ein tönendes Erz oder eine klingende Schelle.« Vielen, die diese Predigten hörten, war es zumute, als habe wirklich ein Engel gesprochen. Wie auf ein Zauberwort rückte alles an seinen Platz, glättete und ordnete sich alles Verstörte. Das Leben in Kirche, Kloster und Universität entfaltete sich unter allgemeiner Teilnahme wie früher. Auch die Zwickauer Propheten und Bibelausleger wichen unter bösem und traurigem Krächzen aus der Stadt wie Raben, wenn es Frühling wird, freilich ohne ihr Wesen und ihre Absichten zu ändern. Luther hatte den Mut zu entscheiden, daß er von Gott berufen sei und daß jene es nicht seien. Er war der Ansicht, berufen sei jeder zu dem Tun, das in seinem Amt begriffen sei; deshalb betonte er gern, daß er Doktor der Theologie und vom Kurfürsten zum Predigen angestellt sei. Als Theologe und Prediger sei er für die Seelen seiner Gemeinde und für die Erhaltung des Gotteswortes verantwortlich. Auf die unmittelbare Berufung durch Gott, die ihm wohl bewußt war, könne man nicht pochen; sie müßte erlebt werden und sich auswirken.

Dadurch, daß er das Zusammenarbeiten mit den Zwickauern durchaus ablehnte, machte er sie sich zu Feinden. Das schreckte ihn nicht; wohl aber war es ein bitteres und folgenschweres Erlebnis, daß er, dem das Volk zugejubelt hatte, als er von Kaiser und Papst verfolgt war, sich nun gegen einen Teil dieses Volkes, gegen seine eigenen Anhänger wenden mußte, die in seinem Sinne gehandelt zu haben glaubten. Er hatte bisher das schöne Lied der Freiheit gesungen, nun mußte er mit strengen Worten Ordnung fordern. Im Augenblick seines Sieges mußte er einen neuen Weg einschlagen, einen weniger gefährlichen, aber freudlosen.

Im Mittelpunkte von Luthers religiösem Leben stand das, was man in dogmatischer Sprache die Rechtfertigung durch den Glauben nennt: das Bewußtsein des Menschen, aus eigener Kraft den Frieden der Seele nicht erwerben zu können, von Gott aber damit begnadigt zu werden, wenn er ihm vertraut, wenn er glaubt, daß Christus, Gottes Sohn, die Menschen mit seinem Blut von der Sünde erlöst hat. Dies war das Erlebnis Luthers: unter der Sünde zu leiden, durch keine Anstrengung, keinen guten Willen sich aus den Banden der Sünde befreien zu können, dann aber durch eine überwältigende Begnadigung sich von der Sündenknechtschaft befreit und mit Gott verbunden zu fühlen. Die Verwerfung der guten Werke war deshalb wesentlich für ihn; der Glaube allein kann beseligen. Zunächst nahm er an, daß alle Menschen wie er empfänden, daß sie aufatmen würden wie Erlöste, wenn sie, von ihm angewiesen, den Weg zu Gottes Vaterherzen fänden. Bald aber machte er die bitterste Erfahrung, die sich dauernd verstärkte, daß es wenige, daß es fast gar keine Christen gab. Nicht die Menge ist es ja, die die Gottheit ahnt, sondern die von schöpferischer Kraft erfüllten einzelnen sind es, die an Gott glauben, weil sie ihn erleben, die starken Persönlichkeiten sind es, die Gott als persönliche Macht erfassen können. Die Menge hat wohl das Bedürfnis und die Neigung zu glauben, aber sie erwartet, daß der große Gläubige, ihr Prophet, ihr die Kraft dazu verleiht. Von ihm, von Luther hing es ab, daß sein Volk ein Volk Gottes würde: diese Erkenntnis, die ihm eine so ungeheure Verantwortung auflud, machte ihn stark, aber sie machte ihn auch hart, und sie beschränkte ihn. Gab es wenig echte Christen, so ist Deutschland doch reich an Wühlköpfen, in denen bei trüber Beleuchtung ein aussichtsloses Durcheinander vor sich geht. Solche faßten Luthers Lehren vom allgemeinen Priestertum als Aufforderung auf, aus den dunkelsten Bibelstellen absurde Deutungen auszutüfteln oder abgeschmackte Ausgeburten als göttliche Offenbarung zu verbreiten. Gelehrte und Ungelehrte hatten dem, was er lehrte und predigte, etwas hinzuzusetzen oder entgegenzustellen, das theologische Besserwissen brach aus allen Poren. Luther erfuhr als einzelner, was die Kirche in ihren Anfängen erfahren hatte, daß Unglaube, Dummheit, Eitelkeit und Verworrenheit der Menschen zum Aufrichten von Dogmen zwingen.

Luther hatte an eine Absonderung von der Kirche, an der sein Herz hing, ursprünglich nicht gedacht, er hatte gemeint, sie zu den Quellen, zu den Überzeugungen, Lehren und Leben der Apostel zurückführen zu können; aber die Kirche wollte die Entwicklungen, die in Jahrhunderten sie umgebildet hatten, nicht verleugnen, auch nicht den kleinsten Teil davon. Diese Haltung der Kirche, die ihn als Ketzer ausstieß, anstatt ihn als Reformator zu begrüßen, nötigte ihn, eine neue Kirche neben der alten zu gründen, welche frei von dem Menschenwerk und den Menschensatzungen wäre, die die alte Kirche entstellten, welche sich nach dem Vorbild der Urkirche, wie die Evangelien sie schilderten, gestaltete. Anfangs wandte er sich an den Kaiser und den Adel deutscher Nation, damit sie die Reformation der Kirche an die Hand nähmen, anstatt dessen hatte der Kaiser ihn geächtet. Dann hoffte er, daß in Stadt und Dorf sich Gemeinden bilden würden, denen christliche Pfarrer Gottes Wort verkündeten, und daß so die wahre Kirche aus der Tiefe des Volkes wie ein Baum aus der Wurzel hervorwüchse; aber nur ausnahmsweise erfreute ihn ein derartiges urkräftiges Keimen. Auf dem Gebiet des staatlichen Lebens war das deutsche Volk im Mittelalter schöpferisch gewesen: man denke nur an die vielen Reichsstädte und freien Städte, von denen jede das Problem, möglichst viel Bürger am Regiment zu beteiligen, ohne die Ordnung aufzuheben, auf besondere Art löste in Verfassungen, von denen manche sich durch Jahrhunderte erhielten und bewährten. In kirchlichen Dingen war das Volk an Abhängigkeit gewöhnt; wenn sich Selbständigkeit rührte, war es nicht wachsend und bildend, sondern zerstörend. Angesichts der allgemeinen Verwirrung und Ratlosigkeit regte sich Luthers Sinn für Ordnung immer ungeduldiger. Er fing an, den Kurfürsten ernstlich zu mahnen, daß er mit Gewalt den päpstlichen Gottesdienst abschaffe und einen neuen, der Heiligen Schrift gemäßen, im ganzen Lande durchführe. Friedrich erinnerte ihn an seine Predigt, nur das Wort, nicht der Zwang solle in allen Dingen des Glaubens wirken; Luther fand nun, es sei die erste Pflicht des Fürsten, dafür zu sorgen, daß ihre Untertanen im wahren Glauben aufwüchsen. Luther war gar nicht systematisch, gar nicht grundsätzlich; er ließ sich von augenblicklichen Umständen und Stimmungen leiten, hieß oft einen Tag gut, was er an einem andern verwarf. Mit herrlichem Freisinn schrieb er in bezug auf Thomas Münzers angriffslustige Predigt an die sächsischen Fürsten: »Ew. Fürstl. Gnaden sollen nicht wehren dem Amt des Wortes. Man lasse sie nur getrost und frisch predigen wie sie können und wider wen sie wollen; denn es müssen Sekten sein, und das Wort Gottes muß zu Felde liegen und kämpfen. Man lasse die Geister aufeinanderplatzen und treffen. Werden etliche indes verführt, wohlan so geht's nach rechtem Kriegslauf; wo ein Streit und Schlacht ist, da müssen etliche fallen und wund werden; wer aber redlich ficht, wird gekrönt werden.« Die Einmischung des Landesherrn in die kirchlichen Angelegenheiten betreffend, sagte er gelegentlich: »Was geht uns der Kurfürst an? Was fragen wir nach ihm! Er hat nicht weiter zu gebieten denn in weltlichen Sachen. Wenn er aber wollte weitergreifen, so wollen wir sprechen: Gnädiger Herr, wartet ihr eures Regiments!« Und noch derber in einer Predigt: »Du Narr und heilloser Tropf, warte du deines Berufs, predige du nicht, laß solches deinen Pfarrherrn tun!« Bald aber wurde ihm der Zustand von Auflösung und Unsicherheit im kirchlichen Leben unleidlich. Da das Wort allein nicht Ordnung schuf und Glauben weckte, machte er den Fürsten die Handhabung des Kirchenwesens zur Pflicht. Nachdem er die Herrschaft des Papstes gestürzt hatte, glaubte er, das Reich vor dem Chaos retten zu müssen, und tat es, indem er zwei Gewalten aufrichtete und mit Unfehlbarkeit ausstattete: die Obrigkeit und die Bibel. Er nannte die weltliche Obrigkeit Stellvertreter Gottes, die mit Recht in der Heiligen Schrift göttisch oder göttlich genannt werde und die deshalb, selbst wenn sie böse sei, unbedingten Gehorsam fordern dürfe. Nun sollte aber in der Kirche nichts ohne die Obrigkeit und alles durch die Obrigkeit geschehen. Die Fürsten ergriffen diese neue Lehre rasch und gern. Bald kamen fürstliche Erlasse wie: »Denn wiewohl unsere Meinung nicht ist, jemand zu verbinden, was er halten oder glauben solle, so wollen wir doch zur Verhütung schädlichen Aufruhrs und anderer Unrichtigkeit keine Sekte noch Trennung in unserem Fürstentum dulden.« Die Obrigkeit sorgte dafür, daß es in ihrem Gebiet nur einerlei Predigt gebe, und zwang nicht nur die Evangelischen, sondern auch die Katholiken zum Besuch des evangelischen Gottesdienstes. Zur Bändigung des Geistes diente die Heilige Schrift, und zwar so, wie Luther sie auslegte. Luther, der selbst das hatte, was Goethe exakte Phantasie nennt, verabscheute die Dunkelheit der Dummheit und des Wahns. Die, welche ihre ungaren Träumereien als göttliche Offenbarungen ausgaben, nannte er mit starker Mißbilligung Schwärmer oder Schwarmgeister und stopfte ihnen mit Bibelstellen den Mund.

Indessen gab es auch solche, die sich mit Ernst und Ehrfurcht in die Schrift versenkten, die nicht zweifelten, daß sie von Gott eingegeben sei, die aber doch mit dem nicht einverstanden waren, was ihnen wie Knechtung des Geistes durch die Bibel vorkam. Ein so feiner Denker wie Sebastian Franck bemerkte, wenn die Heilige Schrift selig machen könne, müßten die Schriftgelehrten die Frömmsten sein, um die Schrift recht zu verstehen. Aus der Bibel allein, ohne den rechten Geist, könne man jede Schlechtigkeit decken. Der Teufel, meinte er, da er sich nicht mehr unter dem Papsttum verstecken könne, richte ein anderes, geschwinderes Papsttum an.

»Das ist verboten«, sagte Luther, »daß ein jeglicher aus seinem eigenen Kopf herfährt und macht eine eigene Lehre und läßt sich Meister Klügel dünken und will jedermann meistern und tadeln.« Ganz ähnlich sagte Zwingli aus ähnlichen Erfahrungen heraus: »Wohin käme die Kirche, wenn ein jeder nach seinem letzten Kopf anheben möchte, was er wollte.« Ja, wohin käme die Kirche, und wohin käme der Glaube ohne die Kirche? Ohne eine bestimmte Fassung des Glaubens zu Regel und Vorschrift würde er sich bald ins Leere verlieren. Nicht etwa würde, wie viele sich einbilden mögen, in der Freiheit sich das Ideale entfalten, sondern das Platte oder das Absurde würde sich ausbreiten, wovon die Köpfe voll sind. Nachdem Luther der Begründer eines neuen Glaubens geworden war, mußte er diesem Glauben ein Gerüst geben. Es ist etwas Großes, daß er den Einzelnen auf sein Gewissen stellte, ihm damit Verantwortlichkeit auflegte und Freiheit schenkte. Aber wie war es mit dem Gewissen der meisten Menschen bestellt! Konnte die Bildung, die Tüchtigkeit, die Güte eines Volkes dem Gewissen überlassen werden! Je mehr er sich von den Schwächen seines Volkes überzeugte – wie oft nannte er sie tolle, unvernünftige Bestien –, desto mehr fühlte er die Pflicht, die Erziehungsarbeit, die die alte Kirche geleistet hatte, womöglich auf höherer Stufe in der neuen fortzusetzen. Wenn er auch die Obrigkeit anfeuerte, ihr Schwert zu gebrauchen, wußte er doch, daß sie nicht besser war als das Volk, daß sie ihm im Fressen und Saufen und allen erdenklichen Bestialitäten voranging. Nur eine unerschütterliche fundamentierte Kirche konnte den Weg aus der Weltlichkeit zu Gott weisen. Als Stücke, die dem Christen zu glauben notwendig wären, bezeichnete Luther die Trinität, Christi Gottmenschentum, die Heilsbestimmung seines Todes, die Erbsünde, die Unfreiheit des Willens, die Gerechtigkeit aus dem Glauben. Derselbe Mann, der in der »Babylonischen Gefangenschaft« in bezug auf das Sakrament des Abendmahls geschrieben hatte, es sei ihm nur darum zu tun, Gewissensbedenken hinwegzuräumen, da hier keine Notwendigkeit des Glaubens vorhanden sei, sollte bald alle aufs härteste verdammen, die darüber eine von der seinigen abweichende Auffassung hatten. Vielen erschien das als eine Wiedereinführung des verhaßten Glaubenszwanges. Sollte es auch unter den Protestanten Ketzerrichter und Ketzerverfolgung geben? Die Humanisten, die bisher Führer der Bildung gewesen waren, fanden es befremdend, daß alles und jedes aus der Bibel bewiesen werden solle, daß theologische Fragen alle Köpfe zu beschäftigen und auszufüllen begannen. Luther selbst war kein Feind der Bildung und Gelehrsamkeit; aber er wünschte doch, daß für Kinder und Erwachsene das Studieren der Schrift die Grundlage des Unterrichtens bilden müsse, daß alles andere sich diesem Studium unterzuordnen habe. Andere übertrieben das und meinten, wer nur fromm sei, könne Unterricht und Lehrbücher überhaupt entbehren. Einige riefen, Latein und

Griechisch sei nicht mehr nötig, es genüge, Deutsch und Hebräisch zu lehren, es kam vor, daß Pfarrer zu den Bauern gingen und sich von ihnen die Schrift auslegen ließen. Allmählich begannen viele Gebildete, die sich anfangs Luther angeschlossen hatten, von ihm abzurücken. So taten Pirkheimer, Erasmus, Zasius und mancher andere. »Wo das Luthertum herrscht«, sagte Erasmus, »ist Untergang der schönen Wissenschaften.« Die Briefe Melanchthons aus diesen Jahren überströmen von derselben Sorge. »Guter Gott, wie unsinnig theologisieren die«, schrieb er einem Freunde, »welche glauben, nur durch Verachtung der schönen Wissenschaften als weise zu erscheinen ... Die größte Torheit ist es zu glauben, wie es heutzutage geschieht, daß die Frömmigkeit in nichts als in der Verachtung aller Wissenschaften, aller alten Literatur besteht ... Ich sehe, daß du denselben Schmerz wie ich über den Verfall unserer Studien empfindest, die erst seit kurzem das Haupt erhoben hatten und nun wieder zu versinken beginnen.«

Luther stand in dem Schwall von Feindseligkeit und verhaltener Mißbilligung wie ein trotzender Fels; aber eine andere Folge seines Auftretens erregte ihn tief, daß nämlich eine Verwilderung und Verrohung im Volke einriß, wie er selbst sie früher nicht wahrgenommen hatte. Man schrieb sie allgemein seiner Lehre zu, daß das Heil allein im Glauben liege, daß die guten Werke nicht nur zur Seligkeit nichts nütze, sondern sogar gefährlich seien. Jetzt blieben die guten Werke aus, die Stiftungen und Schenkungen, die im Papsttum, wie Luther selbst sagte, zugeschneit wären, niemand gab für kirchliche Zwecke, die Pfarrer mußten fast verhungern, die Menschen gefielen sich in rücksichtsloser Ausgelassenheit, sich auf die Erlösung durch Christi Blut verlassend, die ohne ihr Zutun wirke. Nicht nur, daß diese unvorhergesehene Entwicklung Luthers Gewissen schwer belastete, er verlor im Zusammenhang damit seinen teuersten Freund, den er unter allen Menschen am meisten liebte, Staupitz, der ihn aus tiefster Not errettet hatte, der ihm wie ein Bote von Gott erschienen war, der in den schweren Kämpfen des Anfangs seine Stütze gewesen war, Staupitz wandte sich von ihm ab. Beide hatten zunächst in dem, was sie lehrten, übereingestimmt, war doch Luther Staupitzens

Schüler, und Staupitzens Anhänger in Nürnberg, feingebildete, ehrlich das Gute erstrebende Menschen, hatten sich Luther angeschlossen. Staupitz hatte eine Trennung von der Kirche nie für möglich gehalten, er sah sie für ein Unglück an; trotzdem hielt er zu Luther, als dessen Reformationsversuch dahin zu führen schien. Was ihn stutzig machte und Luther entfremdete, war dessen Stellung zur Werkheiligkeit. Daß die Abtötung des Fleisches und alle Qualen, wie sie Luther sich im Kloster auferlegte, die Gnade Gottes nicht herbeizwingen könne, weil die Gnade ein freiwilliges Geschenk an den Erwählten sei, hatte Staupitz selbst Luther gelehrt; es war der Ausgangspunkt seiner seelischen Umwandlung gewesen und wurde der Mittelpunkt seiner Lehre. Sehr bald zeigte es sich, daß die meisten Menschen bereitwillig die Last der guten Werke abschüttelten und das Wohlgefühl, das die Erleichterung mit sich brachte, für die göttliche Gnade hielten. Sie glaubten sich im Schlaraffenlande, wo die Seligkeit dem Faulsten in den Schoß fliege. Das Mißverstehen einer Wahrheit würde Staupitz nicht zum Verleugnen derselben veranlaßt haben; aber er fand, daß Luther die Wahrheit durch Einseitigkeit verdunkelt habe. Könne der Mensch, meinte er, auch nicht durch Zeremonien, Gebete oder irgendein Tun Gnade erwerben, so bezeichne es doch den Gläubigen, daß er gute Werke tue im Glauben. Nicht alle guten Werke seien verdammlich, es gäbe wahrhaft gute Werke, ja der Glaube, der sich nicht in Werken betätige, sei der rechte nicht. Luther war derselben Meinung und ermahnte auch seine Gemeinde in diesem Sinn; aber mehr lag ihm doch am Herzen, das Gefühl ihrer unbedingten Abhängigkeit von Gott in den Menschen zu erhalten. In diesem Gefühl der eigenen Ohnmacht und dem Glauben an die allmächtige Gnade Gottes sah er das Wesen der Religion, und er fürchtete, die Menschen möchten, wenn er die Notwendigkeit des Guthandelns betonte, in das äußerliche Wesen der vergangenen Zeit zurückfallen. Es folgte aus seiner Auffassung, daß er auf das Leben weniger Wert legte als auf die Lehre; denn das Leben des Ungläubigen könne durch sittliche Handlungen rühmlich erscheinen, das Leben des Sünders vielleicht im Himmel ausmünden. Staupitz vertrat den entgegengesetzten Standpunkt; er hatte nie auf

Lehrsätze und Dogmen Wert gelegt, wohl aber auf einen sittlichen Lebenswandel. Daß er dabei durchaus nicht engherzig und pedantisch war, hatte Luther selbst erfahren; aber er erwartete doch von seinen Anhängern, daß sie ihre Frömmigkeit betätigten, indem sie den Geboten Gottes zu folgen suchten. Luthers hartnäckige Rechthaberei trug dazu bei, den Zwiespalt zu verschärfen; gerade die, welche über Staupitz zu ihm gekommen waren, stießen sich an seiner Neigung zu paradoxen Behauptungen. Niemand kann sich anmaßen, das Gefüge von Luthers Entschlüssen so zu zerlegen, daß sich klar ergäbe, wieviel Anteil seine Dämonen und wieviel seine tiefsten Überzeugungen daran hatten. Wer erschräke nicht, ja entsetzte sich, wenn er sagt: »Verflucht sei die Liebe bis in den Abgrund der Hölle, die erhalten wird mit Schaden und Nachteil der Lehre, der billig alles zumal weichen muß, sei es Liebe, Apostel, Engel vom Himmel und alles was sein mag.« Er selbst jedenfalls ordnete sich und sein Gefühl der Lehre, dem Wort von Gott, unter. Wie heiß sein Schmerz über den Verlust des geliebtesten Freundes auch war, er glaubte nicht, ihn durch Nachgiebigkeit halten zu dürfen. »Du verlässest mich allzusehr«, heißt es in einem der letzten Briefe Luthers an Staupitz, »ich war deinetwegen wie ein entwöhntes Kind über seine Mutter heute sehr traurig; ich beschwöre dich, preise den Herrn auch in mir sündigem Menschen. Heute nacht habe ich von dir geträumt, es war mir, als ob du von mir schiedest, ich aber weinte bitterlich und war betrübt.« Es ist ein Bruchstück aus einem Trauerspiel, dessen Gang wir nur ahnen, Staupitz sagte in seinem letzten Brief an Luther: »Möge Christus helfen, daß wir nach dem Evangelium, das viele im Munde führen, endlich leben, denn ich sehe, daß Unzählige das Evangelium mißbrauchen zur Freiheit des Fleisches.« In einer Schrift über den rechten christlichen Glauben, die nach seinem Tode erschien, äußert er sich noch deutlicher: »Höre des Narren Rede: Der an Christus glaubt, der bedarf keiner Werke. Höre dagegen die Sprüche der Wahrheit: Wer mir dient, der folge mir nach. Wer mich liebt, der nehme mein Kreuz auf sich!«

Staupitz folgte einer Einladung des Erzbischofs von Salzburg, Mathaeus Lang, der ein Günstling des Kaisers Maximilian ge-

wesen war, als Mäzen und Beförderer der Humanisten angesehen. Der Papst, dem daran lag, einen so bedeutenden Mann wie Staupitz für sich in Anspruch nehmen zu können, stellte ihm das Ansinnen, Luthers Schriften zu verwerfen; dazu verstand sich Staupitz nicht, aber er erkannte den Papst als Richter an. Er starb zu Ende des Jahres 1524 als Abt des Klosters St. Peter in Salzburg.
Verglichen mit der schmerzlichen Trennung von Staupitz erschien der Bruch mit Erasmus, der um diese Zeit erfolgte, fast wie eine Befreiung.

LUTHER UND ERASMUS

Erasmus, der den Krieg verabscheute, glaubte ein Mittel gefunden zu haben, ihn in der christlichen Staatenwelt zu verhindern, wenn nämlich jedem Staat ein gewisses begrenztes Gebiet durch Bündnisse und Verträge versichert würde, denen gegenüber keinerlei Vergrößerungsgebiete, keine Sonderverträge noch veraltete Rechtsansprüche gelten sollten. Sehr charakteristisch ist dieser Vorschlag für die Auffassung des Erasmus vom Menschen, wie er sei und sein sollte: verständig, gutartig, leicht lenkbar, innerhalb weiser Einrichtungen ein genügsamer Ehrenmann. Er sah nicht die verhängnisvolle Verwickelung des Tierischen und Göttlichen im Menschen mit ihren selig-unseligen Folgen, er war im buchstäblichen Sinne Humanist, insofern er den Menschen wollte ohne die Spannung empörter Gegensätze, den für das Edle und Schöne, für das auf Erden Erreichbare empfänglichen Menschen. Man kann sagen, daß er den Gebildeten voraussah, wie er sich allmählich unter dem Druck absolutistischer Regierungen, unter dem Einfluß einer Religion, die wesentlich Moral war, und wissenschaftlicher Bestrebungen entwickelte.
Es versteht sich von selbst, daß Luther das Volk anders erziehen wollte als Erasmus; denn jeder schafft nach seinem Bilde. Genie läßt sich nicht ziehen, es wird verliehen oder nicht; es kommt

als Gnade auf ein träumendes Haupt. Allerdings wünschte auch Luther, daß feine, gelehrte, vernünftige, ehrbare, wohlerzogene Bürger herangebildet würden, und konnte nicht genug darüber klagen und wettern, daß die Deutschen immer tolle Bestien und rohe Klötze bleiben wollten; aber er lockte sie doch am meisten damit zur Schule, daß sie dort Prediger werden und mit dem Wort umgehen könnten, das die Wunder Gottes tut, der Waffe, mit der sie als Hauptleute und Ritter wider den Teufel streiten könnten. Gebildete und tugendhafte Menschen konnten auch Heiden und Pharisäer sein; Luther wollte Menschen, die von Gott abhängig wären, von dem Gott, der sich in der Heiligen Schrift offenbart hat. Wenn er die ahnungsvollen Gesänge des Alten Testamentes aufrollte, wenn er die Kirche mit Hymnen und Chorälen erfüllte, wenn er die Überschwenglichkeit des Himmels ausdeutete, belebte er die Phantasie. Er rechnete mehr auf das Wunder, daß die Herzen durch die Wahrheit des göttlichen Wortes ergriffen würden, als auf die Ausbildung des Verstandes und Erlernbares, obwohl er auch darauf Wert legte. Die Sprachen schätzte er nicht nur hoch als Grundlage für das Studium der Heiligen Schrift, sie waren ihm die Schwingen des Geistes, ein Zauber, der die Herzen erschließt, das Mittel, in dem die dichterische Kraft Fleisch wird. Daneben wollte er hauptsächlich die Historie gelehrt wissen als die Kunde von den großen Taten Gottes unter den Menschen.

Die wesentliche Verschiedenheit Luthers und des Erasmus war beiden fühlbar; immerhin gab es etwas, was sie verband: die gemeinsame Feindschaft gegen die Auswüchse der Kirche und gegen die Mönche. Indessen auch an gemeinsamen Überzeugungen fehlte es nicht: beide wiesen auf die Heilige Schrift als auf die Quelle des Glaubens und auf Christus als den Inbegriff des Heils, beide drangen auf Vereinfachung des Glaubens im Gegensatz zur Begriffsschaufelei der Scholastik. Daß die Vereinfachung des Erasmus eine Verflachung war, fühlte Luther; die Vertiefung bei Luther stellte sich Erasmus als etwas Paradoxes, Chaotisches dar, das er nicht liebte, worüber er aber einstweilen hinwegsah. Die Außenstehenden empfanden den Unterschied so wenig, daß Erasmus vielfach für den wahren

Verfasser einiger Schriften Luthers gehalten, Vater des Luthertums genannt wurde. Von den Dominikanern und anderen Ordensleuten wurde Erasmus fast mehr gehaßt als Luther, weil seine Ironie und sein eleganter Witz empfindlicher verletzten als Luthers ungestümer Angriff. In gewisser Hinsicht war Erasmus mehr gefährdet als Luther, den sein Landesherr schützte, während Erasmus unmittelbarer Untertan des streng katholischen Kaisers war; doch glaubte Erasmus sich durch seinen Weltruhm gesichert. Der König der Humanisten war es gewöhnt, von den Fürsten und Großen aller Länder umworben zu werden. Auch Friedrich der Weise glaubte, es sei viel damit gewonnen, wenn Erasmus sich für seinen Schützling einsetzte, und suchte eine Verbindung zwischen den beiden Männern herzustellen. Beide gingen auf die Absichten des Kurfürsten ein in der Weise, daß Luther als der jüngere sich dem berühmten Manne gegenüber bescheiden und verehrungsvoll zeigte. Vornehm und mutig legte Erasmus seine Autorität für den verfemten Mönch in die Waagschale, hoffend, der Papst würde sich Luther als ehrlichen Humanisten gefallen lassen, wenn nur Luther sich eine dementsprechende Zurückhaltung auferlegte. Als der Papst unerwartet schnell sich gegen Luther erklärte und der Bann verhängt werden sollte, erschrak Erasmus, zog sich aber nicht zurück, sondern bedachte mit dem Kurfürsten, was zu Luthers Rettung geschehen könne. Noch immer rechnete er auf die humanistischen Neigungen des Papstes, auf Grund deren er zu einer Revision des Prozesses veranlaßt werden könne, und bat Luther in höflicher Form, sich in seinen Schriften zu mäßigen. Indessen reifte Luthers Entschluß zu endgültiger Trennung von Rom, und dort wurde die Bannbulle verfaßt, und Aleander und Eck wurden beauftragt, sie im Reich zu verkünden und für ihre Ausführung zu sorgen. In Löwen, dem Wohnsitz des Erasmus, wurden Luthers Bücher verbrannt, und die Feinde des Erasmus, Dominikaner und Karmeliter, hätten gern die des Erasmus und womöglich ihn selbst dazugeworfen. Der Umstand, daß es gerade in den Niederlanden viele Erasmianer und Lutheraner gab, zwischen denen man kaum unterschied, vermehrte die Gefahr für Erasmus; denn der Kaiser hielt es für nötig, in diesem Lande, das als sein Vaterland ihm besonders teuer war, die Ketzerei im Keime zu vernichten, und führte deshalb die Inquisition ein. Wie in Spanien gab er dem zum Schutze der Kirche und des von ihr gelehrten Glaubens gegründeten Gerichte einen staatlichen Charakter; sein Leiter war ein Laie. Erasmus hatte immer die Vorsicht gehabt zu betonen, daß er Luthers Schriften nicht gelesen habe; aber mit Recht wurde das von seinen Feinden nicht geglaubt, die ihn vielmehr dem verdammten Ketzer gleichsetzten. Überzeugt, für sein Leben fürchten zu müssen, verließ er unter dem Schutze der Waffen Sickingens die Niederlande für immer und ging nach Basel. Noch während er in Löwen war, hatte man ihn gedrängt, gegen Luther zu schreiben; das sollte ihn als Angehörigen der Kirche, als Nicht-Lutheraner ausweisen. Erasmus hatte sich stolz der Anforderung entzogen; er billigte nicht, daß Luther sich von der Kirche losgerissen hatte, dennoch wußte er sich in seiner Gesinnung mehr zu ihm als zu den Fanatikern der Kirche, den Mönchen, gehörig. Wie er selbst zugestand, hatte Erasmus eine Neigung zur Skepsis; wer unbedingt von der Wahrheit seiner Meinung überzeugt sei, pflegte er zu sagen, könne nicht gerecht gegen die Meinung anderer sein, ihm aber liege es, auch andere verstehen zu wollen. Nach seiner Natur wäre er am liebsten neutral in dem großen Kampfe zwischen Luther und dem Papsttum geblieben, und Luther, der seine Eigenart kannte, hätte ihm vielleicht die unentschiedene Haltung zugestanden; die Altgläubigen verlangten eine öffentliche Erklärung. Wie bitter mußte es ihm sein, sich auf die Seite derjenigen zu stellen, die er so oft verspottet hatte, die ihn rachsüchtig verfolgt hatten, die er verachtete und fürchten mußte, wie bitter, gegen denjenigen auftreten zu müssen, dessen Bedeutung er einsah, mit dem er in den meisten Dingen übereinstimmte, außer darin, daß Luther gewalttätig erzwingen wollte, was er der stillen und stetigen Wirkung zunehmender Erkenntnis überlassen zu können glaubte. Zwischen zwei verhaßten Wegen zu wählen gezwungen, entschied er sich für die alte Kirche. Zur öffentlichen Bekämpfung Luthers griff er das heraus, was ihm an Luthers Lehre am meisten zuwider und was für Luther der Kernpunkt seines Glaubens war, nämlich die Unfreiheit des

Willens. Schon gefühlsmäßig war er Gegner dieser Lehre, weil er eher willensschwach war. Der starke, schöpferische Mensch fühlt sich mitten in der höchsten Selbsttätigkeit hingerissen von einer höheren Macht als ihr Werkzeug; dem, welcher hauptsächlich aus dem Verstande lebt, ist das fremd, er glaubt, alles aus eigenen Kräften zu bestreiten.
In einem seiner schönsten Gedichte, einem der schönsten Gedichte überhaupt, führt Schiller den Gedanken aus, daß das Menschliche unter der Mühewaltung des Menschen langsam erwächst, daß aber alles Große und Schöne von den Göttern ihren Lieblingen ohne Verdienst verliehen wird: »Alles Höchste, es kommt frei von den Göttern herab«. Denselben Gedanken sprechen Goethesche Verse aus.
Ebenso sagt Luther, daß der Mensch nach unten wohl Freiheit habe, nicht aber nach oben in bezug auf das Göttliche. Wenn nun, obwohl jeder unwillkürlich Goethe und Schiller zustimmt, Luthers Lehre vom gebundenen Willen so viel unwillkürlichen Widerspruch erregt, kommt es wohl daher, daß jene von den Göttern sprechen und von göttlichen Gaben, die auf Erden Glanz verleihen, während Luther von Gott und dem Heil der Seele spricht. Man ist geneigt, von dem vorzugsweise gerechten Gott zu erwarten, daß er in der Art menschlicher Gerechtigkeit das Verdienst belohne, von ihm mag man nicht annehmen, was man den Griechengöttern verzeiht, daß er Günstlinge habe. Würde man sagen, daß der Mensch von Natur selbstsüchtig sei und daß es nicht in seiner Macht stehe, ein Liebender oder ein Gläubiger zu werden, so würde das auch jeder zugeben; aber etwas anderes ist es, wenn man von Gott ausgeht, den man zum Urheber des Bösen zu machen scheint mit der Annahme, daß er einige Menschen schon vor ihrer Geburt zur Verdammnis bestimmt habe. Die katholische Lehre von den guten Werken war der Ausgangspunkt von Luthers Kampf gegen die Kirche gewesen; die Möglichkeit des Verdienstes eigenen Strebens hing damit zusammen, und wenn die Kirche zugleich betonte, daß ohne die Gnade Gottes kein Streben wirksam sei, so lag darin wohl die Unlösbarkeit des Problems von Freiheit und Notwendigkeit ausgedrückt. Der Mensch, dem die Möglichkeit abgesprochen wird, selbst etwas zum Heil seiner Seele

zu tun, scheint verantwortungslos undurchsichtigen Gewalten preisgegeben und der Gleichgültigkeit oder der Verzweiflung überlassen zu sein. Die Kirche als eine Erziehungsanstalt legte Wert darauf, ihren Gläubigen mit dem Erfolg ihres Strebens Lohn und Strafe in Aussicht stellen zu können; die Anschauungen des Humanisten Erasmus beruhten darauf, daß der Mensch durch Bildung sich vervollkommnen und durch Tugend sich das Heil erwerben könne.
Es konnte Erasmus nicht schwerfallen, eine Menge von Schriftstellen anzuführen, wo Gott die Menschen zum Befolgen seiner Befehle auffordert und ihnen Lohn oder Strafe verheißt, und Luthers Erklärung, daß Gott in diesen Fällen ironisch zu den Menschen spreche, um ihnen ihr Unvermögen so recht zum Bewußtsein zu bringen, klingt wie eine etwas alberne oder dreiste Ausflucht. Andererseits konnte Luther aus der Schrift nachweisen, daß Gott nach Belieben Menschen zum Heil oder zur Verdammnis erwählt ohne ihre Schuld oder Verdienst. Auch aus der Schrift kann man sowohl auf Freiheit wie auf Notwendigkeit schließen, sowohl auf die vollständige Abhängigkeit des Menschen von einem unerklärbaren, ja dem menschlichen Gerechtigkeitsgefühl widerstreitenden Willen Gottes wie auf die Freiheit des Menschen, das Gute zu erstreben und sich strebend Gott zu nähern. Konnte aber Luther die Beweisführung des Erasmus nicht überall entkräften, so hatte er doch recht, wenn er Erasmus vorwarf, daß er von Religion nichts verstehe. Für Luther war Gott der Gott, dessen Wege hoch über den Wegen der Menschen sind, der Gott, den er anbetet, ob er ihn begnadet oder zerbricht. Seine Unterscheidung zwischen dem geoffenbarten und dem verborgenen Gott, womit er das Unlösbare löste, erinnert an die Gedanken des Cusa, daß Gott mit nichts Irdischem vergleichbar ist, daß er sich aber dem Menschen, seiner Schwäche wegen, im Gleichnis offenbart; sie zeigt seine Ahnung von der alles menschliche Begreifen hinter sich lassenden Größe des göttlichen Wesens. Es ist das Außerordentliche an Luther, daß er diese Unzugänglichkeit des verborgenen Gottes wissen und zugleich den offenbarten Vater Gott so kindlich, so stürmisch lieben konnte.
Erasmus sah einen ungerechten Vorwurf darin, daß er nicht

religiös sei; er glaubte ja an Gott und auch an die Abhängigkeit des Menschen von Gott, nur um die Freiheit und Verantwortlichkeit des Menschen zu retten, billigte er ihm die Fähigkeit zu, der göttlichen Gnade ein wenig entgegenzukommen. In Luthers Augen war das eine unwürdige Schiebung; er fragte nicht, wie grausam die Wahrheit sei. Er selbst war grausam in der Schrift *de servo arbitrio*, vom verknechteten Willen, mit der er die des Erasmus erwiderte. Seine Sätze stürmen wie Geharnischte mit Schwertern auf den Gegner ein, bedrängen ihn von allen Seiten, entwaffnen ihn, werfen ihn nieder. Sie gönnen sich und ihm keine Ruhe, bis er am Boden liegt; erst als sie den Fuß auf seine Kehle setzen, überkommt sie ein Erbarmen. Etwas Hartes, Blankes und Strahlendes ist in dieser Schrift Luthers wie kaum in einer anderen, sowohl in ihrem Angriff wie in der Verherrlichung Gottes. Es ist, als mache sich hier ein Widerwille und ein Gegensatz Luft, der lange aus Rücksichten der Klugheit zurückgehalten war.
Erasmus fühlte sich keineswegs überwunden, vielmehr in seinen Ansichten bestärkt. Er war nun überzeugt, daß Humanität, Sittlichkeit, Licht, Weisheit auf seiner Seite seien. Seine überlegene Haltung als freigeistiger Aufklärer mußte er allerdings nun aufgeben, und er grollte Luther doppelt, daß sein Abfall von der Kirche ihn gezwungen hatte, sich mit den Dunkelmännern zu vergleichen; aber er tröstete sich damit, daß das Joch des Papstes immerhin leichter sei als das Luthers und daß die Mehrzahl der Humanisten seinem Beispiel folgte. Das Einströmen der Volksauffassung in das Luthertum machte sich bereits in einer flachen Bildungsfeindschaft bemerkbar, die Luther, dem tiefsinnigen, keinem Problem ausweichenden, ganz fernlag, die sich aber doch insofern auf ihn berufen konnte, als er die Religion hoch über die Wissenschaft stellte, als er die Anmaßlichkeit der Wissenschaft und des Verstandes oft verspottete, und als er zu betonen liebte, daß ein Kind die Heilige Schrift verstehen könne, dieselbe Schrift, um deren Auslegung sich fromme und gelehrte Männer um die Wette bemühten. Die neidische Gereiztheit der Ungelehrten gegen Wissen und Wissenschaft war die Ursache, daß beschränkte Menschen glaubten, die Stunde sei gekommen, wo sie durch

bloßen Glauben die gelehrten Denker übertrumpfen könnten, deren hochtönender Kram eigentlich nichts wert, hohl und entbehrlich sei. Es kam vor, daß wirrköpfige Leute ihre Bücher aus dem Fenster warfen, weil man ohne Studium unmittelbar von Gott belehrt werden könne.

Luther nannte sich selbst mit einem gewissen fröhlichen Nachdruck den Barbaren gegenüber dem feingebildeten Erasmus; aber wie wenig er seine Deutschen in Barbarei zurücksinken sehen wollte, beweist der schmerzliche Zorn, mit dem er ihnen vorhielt, daß sie immer Bestien blieben und ihre Kinder nicht zur Schule schickten. Mit väterlich herzlichem Ernst ermahnte er die Städte, da die mit Trinken und Jagen beschäftigten Fürsten doch keine Zeit dazu hätten, Schulen zu gründen, damit die liebe unschuldige Jugend, Knaben und Mägdlein, zu Christen herangebildet werde. Denn eben zu Christen wollte er sie erzogen haben, und das waren die Ritter gegen Tod und Teufel, die auch in den alten Sprachen und in der Geschichte erfahren sein müßten, um die Irrlehrer zu bekämpfen. Daran dachte Erasmus nicht, wenn er die Pflege antiker Bildung empfahl. Überhaupt dachte er nicht, wie Luther, an das Volk, sondern an eine Schicht von Gebildeten, die alle Nationen umfaßte, der das Licht des Humanismus aufgegangen war. Im Augenblick schien Luther gesiegt zu haben; aber wenn es Erasmus verbitterte, daß er, der kürzlich noch von allen Strebenden und allen, die zu den geistig Erlesenen gehören wollten, Vergötterte, von Luther in den Schatten gedrängt wurde, so hätte ihn das Bewußtsein trösten können, daß mehr ihm als Luther die Zukunft gehörte.

SICKINGENS UND HUTTENS ENDE

Trotz des Wormser Edikts breitete sich die Lutherische Ketzerei aus. In Antwerpen, wo Karl V. Landesherr war, wurden Luthers Schriften verbrannt; anderswo wurden sowohl seine wie zahlreiche im selben Sinn verfaßte Flugschriften fortwährend gedruckt und verkauft. In manchen Städten waren die Ratsherren, welche sie einzogen, ihre eifrigsten Leser. Der Handel mit ihnen war so einträglich, daß viele Drucker nur zu solchen Lust hatten und die katholischen ablehnten. Allerdings war es nicht gefahrlos, sich für die neue Lehre einzusetzen. Die Prädikanten, wie von katholischer Seite die lutherischen Priester genannt wurden, führten ein gefährliches Leben, wurden im besten Falle ausgewiesen, oft eingekerkert. Von den Priestern, die sich verheirateten, starb einer im Gefängnis. Wiederum fanden sie bei einzelnen Fürsten und Herren Schutz und Unterkunft. Besonders nachdrücklich und mit der ihm eigentümlichen Großartigkeit übte Franz von Sickingen die Gastfreundschaft aus. Seine beiden Burgen Landstuhl und Ebernburg waren nicht so unwirtlich, wie es die des eigentlichen Mittelalters waren; besonders die Ebernburg war behaglich und reich in dem modernen, aus Italien eingeführten Geschmack eingerichtet. Wenn im Herbst und Winter der Sturm um die Zinnen pfiff und aus der Taltiefe die Wälder hinaufrauschten, konnten die beiden Freunde, Sickingen und Hutten, am Kamine sitzend, in dem Pochen und Rütteln die nahende Revolution zu hören vermeinen und die Augenblicke noch währender Sicherheit innigst genießen. Jeder war Gast des anderen, Sickingen gab sein Haus und seinen Schutz, Hutten gab die Früchte seines Geistes. Es war wundervoll für Hutten, einen gereiften Mann zum Schüler zu haben, der mit der Frische eines Kindes aufnahm und in die neue Betrachtung der Welt getane und künftige Taten einzuordnen hatte. Sickingen hatte bisher für die Größe seines Hauses und seines Standes gekämpft, aber immer den Drang gehabt, einen höheren Gehalt in seine weltlichen Zwecke zu legen. Nun lernte er ein Höchstes zu benennen, worauf sich alles gründen sollte: das Wort Gottes. Drang er auch nicht sehr tief darin ein, fühlte er auch nicht das Bedürfnis, sein Gewissen im einzelnen damit auszugleichen, so bemächtigte er sich doch der evangelischen Grundgedanken, wie sie ihm in Luthers und Huttens Schriften entgegentraten, so gut, daß er bald einen Vetter von Handschuhsheim, der ihn zur Kirche zurückführen wollte, über seinen neugewonnenen Standpunkt belehren konnte. Wie der Kurfürst von Sachsen ließ er auf die Ärmel seiner Dienerschaft das Verbum *Domini manet in aeternum* setzen. Das Wort Gottes war dieser Generation mehr als ein Schlagwort: des Bibellesens ungewohnt, lauschten sie den mächtigen Urworten, als brächen sie aus der Ewigkeit hervor. Daß sich die Religion zu einer Wechselbeziehung zwischen Gott und Mensch verdichtete, wurde willig erfaßt, es war eine Vereinfachung und Verinnerlichung, die dem deutschen, man kann sagen dem germanischen Gemüt entsprach. Zu den Gesprächen, die die Freunde miteinander führten, gesellten sich verschiedene verfolgte Lutheranhänger, die Sickingen in seinen Burgen – Herbergen der Gerechtigkeit nannte sie Hutten – aufgenommen hatte: der temperamentvolle, kluge und gelehrte Butzer, immer bereit, sich mit seiner Person für eine Überzeugung einzusetzen, der feine, liebenswürdige Oekolampad von Weinsberg, der aus einem Kloster entflohen war, Kaspar Aquila, früher Feldprediger bei Franz, nun einem bischöflichen Kerker entronnen, Johann Schwebel, der einem Orden angehört hatte und sich jetzt auf Landstuhl verheiratete. Alle diese Geistlichen, dem Stande angehörig, den sie jetzt bekämpften, verstanden sich gut mit den Rittern. Es ist anzunehmen, daß Sickingen bei den Gesprächen, die sich entspannen, mehr der Zuhörende war. Auf theologischem Gebiet hatte er mehr zu fragen als mitzuteilen, und in bezug auf die kriegerischen Unternehmungen, die er vorhatte, war er sehr zurückhaltend. Überhaupt war er, obwohl aufrichtig und durchaus zuverlässig, doch verschlossen: über seine letzten Ziele sprach er nicht. Er hatte für die Wahl Karls V. gewirkt, war in den Dienst des Kaisers getreten, hatte dem geldbedürftigen eine beträchtliche Summe aus seinem Vermögen vorgestreckt, er traute sich Einfluß auf den jungen Kaiser zu und setzte sich dafür ein, daß Luther gestattet werde, auf dem Reichstage seine Lehre zu verteidigen. Als Friedrich der Weise vor dem Reichstage in Köln war, lud er Sickingen zu Tisch, um sich mit ihm über Luthers Angelegenheit zu verständigen. Als Luther nach dem Reichstage verschwand, glaubten viele, er befinde sich auf einer von Sickingens Burgen.

Wie Sickingen überhaupt in einem Wahn über sein Vermögen lebte, war es vielleicht Überschätzung seines Einflusses auf den

Kaiser, daß er Huttens Ungeduld, der sich nach Taten sehnte, mit der Mahnung zurückhielt, es sei noch nicht Zeit. Während der aufregenden Wochen, die der Eröffnung des Reichstages und dann wieder dem Auftreten Luthers vorausgingen, blieb ihm nichts übrig, als seinen Tatendrang in Schriften auszuströmen, die Revolution durch sein Wort vorzubereiten. Es war durchaus zweckmäßig, daß er Bundesgenossen warb. Immer dringender rief er den Kaiser, den Kurfürsten von Sachsen, das deutsche Volk, insbesondere die Städte an. Bedenkt man, was an gegenseitiger Erbitterung und an Rachegefühl zwischen Rittern und Städten lag, wieviel Ursache dazu die Ritter den Städten gegeben hatten, so ermißt man die Energie von Huttens revolutionärem Willen, der, was die Kaiser Siegmund und Maximilian vergeblich erstrebt hatten, die Erbfeinde und Erbhasser zu einem gemeinsamen Zweck verbinden wollte. Ermutigend war die Neigung mehrerer südwestdeutscher Städte zum Evangelium: die Gemeinsamkeit des Glaubens und der gemeinsame Gegensatz zu den Fürsten konnten ein Band bilden über die alte Feindschaft hinweg.
Schon in der »Klag und Vermahnung gegen die unchristliche Gewalt des Papstes« vom Ende des Jahres 1520 hatte Hutten sich aufmahnend auch an die Städte gewendet und seine ganze Wärme, Treuherzigkeit und Freimütigkeit in die kunstlosen Verse gelegt: »Den stolzen Adel ich beruf, Ihr frommen Städt, euch werfet uf: – Wir wollens halten ingemein – Laßt doch nit streiten mich allein – Erbarmt euch übers Vaterland – Ihr werten Teutschen, regt die Hand! – Itzt ist die Zeit zu heben an – Um Freiheit kriegen ... Gott wills han.« Eingehend begründet er seinen Antrag in dem Gespräch »Die Räuber«, das er anfangs 1521, während des Reichstags, vollendete. Einem Kaufmann, der die Ritter für Räuber erklärt, wird hier entgegengehalten, wer in Wahrheit Räuber sei, nämlich zum Teil wohl die Ritter, mehr aber die Kaufleute selbst, indessen vor allen die Juristen und die Pfaffen. Gegen diese Räuber müssen Ritter und Städte sich vereinigen. Hutten läßt Sickingen, der eingesehen hat, daß die Städte wie er die Freiheit lieben, Versöhnung mit den einst Befehdeten suchen. Als nach der Abreise des Kaisers das neubegründete Reichsregiment zusammentrat,

in dem die Ritter gar nicht, die Städte zu wenig vertreten waren und sowohl Ritter wie Städte reichlich über Benachteiligung zu klagen hatten, rückte Hutten den gemeinsamen Gegensatz gegen die Fürsten in den Vordergrund. Wieder erhebt er in einem deutschen Gedicht, der Beklagung der Freistädte deutscher Nation, die hinreißende Stimme des treuen Warners, schildert, wie unmöglich es ist, gegen die Übergriffe der Fürsten Recht zu finden, ihre Habsucht, ihren unersättlichen Rachen: »Den Adel hat er gfressen schon – Jetzt will er zu den Städten gohn – Den setzt er auf ein neuen Zoll – Sag an, du Wolf, wann bist du voll!« Diesem leidenschaftlichen Anstürmen Huttens begegnete kein Widerhall außer von einzelnen, die ebensowenig Macht hatten wie er. Von befreundeter Seite dagegen wurde er nun mit Vorwürfen überhäuft, daß seinen Drohungen keine Taten folgten, daß er den Hunden gleiche, die bellen, aber nicht beißen. Von Sickingen nicht unterstützt, glaubte der verzweifelte Ritter, der in der letzten Zeit wieder krank gewesen war, allein den Pfaffenkrieg eröffnen zu müssen; er kündigte Fehden gegen Geistliche an, die ihn beleidigt hatten, und soll auch einmal Geistliche auf der Straße überfallen haben; es waren gleichsam Aufrufe, den Mitstreitern gegebene Zeichen zum Losbruch, die aber höchstens Staunen oder Unwillen erregten. Inzwischen hatte Sickingen für den Kaiser gegen Frankreich die Waffen ergriffen, kehrte aber erfolglos und unbefriedigt aus dem Feldzuge zurück. Sein Verhältnis zum Kaiser war verschlechtert; vielleicht hatte er ein zu hohes Gefühl von sich, um überhaupt irgendeinem, sei es auch der Kaiser, auf die Dauer gern zu dienen. Nachdem Karl sich im Frühling 1522 nach Spanien eingeschifft hatte, hielt er den Augenblick zur Tat für gekommen.

Es scheint nicht anders möglich, als daß die beiden Freunde, wenn sie von irdischen und überirdischen Dingen miteinander sprachen, auch Sickingens Kriegspläne und was er damit bezweckte, beredeten und festsetzten; allein es ist davon nichts auf uns gekommen. Immerhin ist anzunehmen, daß das Programm Huttens auch das Sickingens war: das Hauptstück desselben bildete eine große Säkularisation geistlicher Güter. Sie sollten verwendet werden zur Armenpflege und zu Bildungszwecken, hauptsächlich aber zum Unterhalt eines Reichsheeres, das die kaiserliche Macht heben und zugleich den Rittern Beschäftigung und Besoldung verschaffen sollte. Es wäre damit die seit langem für nötig erachtete Stärkung der Zentralgewalt durchgeführt und für das Problem des Ritterstandes eine Lösung gefunden. Allerdings war vorauszusehen, daß der Plan die Fürsten gegen sich haben werde, die weder von der Stärkung der Zentralgewalt noch von der Hebung der Reichsritter etwas wissen wollten. Ob dieser Widerstand ins Auge gefaßt wurde und wie er überwunden werden sollte, wissen wir nicht: die Säkularisation war das Ziel, und mit dem benachbarten Kurfürsten von Trier sollte begonnen werden.

Ein Narr ist, wer den Feind verachtet, sagt ein altes deutsches Sprichwort. Vielleicht war es mehr Überschätzung der eigenen Kräfte als Unterschätzung des Gegners, des sehr tatkräftigen und kriegstüchtigen Richard von Greifenklau, daß Sickingen ihn zum ersten Angriff erwählte. Weil man ihn für unüberwindlich hielt, glaubte er es zu sein, und weil er es zu sein glaubte, hielt man ihn dafür. Trier hatte sich zur Zeit der Kaiserwahl bis zum letzten Augenblick nachdrücklich für Frankreich eingesetzt: es war anzunehmen, daß der Kaiser eine Bestrafung dieses Fürsten nicht ungern sehen würde. Der Umstand, daß Sickingen des Kaisers Sache zu führen schien, wenn er den Kurfürsten bekämpfte, mochte mit ins Gewicht fallen. Schon während des Wormser Reichstages war von seinem bevorstehenden Zuge gegen Trier die Rede. Im August 1522 schloß er in Landau die südwestdeutsche Ritterschaft in ein Verbündnis zusammen. Sickingen ward zum Bundeshauptmann bestimmt; man verpflichtete sich zu gegenseitiger Unterstützung. Dann sammelte er ein Heer und sagte dem Kurfürsten Fehde an, wozu ein Vorwand in der üblichen Art gefunden wurde. Sickingens nächste Freunde sahen das Unternehmen mit Sorge; sie waren der Meinung, daß seine Macht dazu nicht ausreiche. Der getreue Balthasar Schlör, derselbe, der Anlaß zu der großen Franzensfehde gegen Worms gegeben hatte, warnte in einem ausführlichen Schreiben, der Astrolog, durch den Sickingen bei seinen Unternehmungen die Richtung des Schicksals erforschte, wollte drohende Zeichen gesehen haben;

aber schon hatte sich die Verblendung, die den Blick der zum Untergang Bestimmten umschattet, seiner bemächtigt; sein Stolz ließ sich nicht erschrecken.

Auf die Abmahnung des Reichsregiments antwortete er, er sei willens, ein besseres Recht in Deutschland aufzurichten. Was die Aufforderung betreffe, seinen Handel vor das Kammergericht zu bringen, so habe er ein Gericht um sich, das mit Reisigen besetzt sei und mit Büchsen und Kartaunen distinguiere. Indes, trotz seiner Zuversicht mußte er Mitte September die Belagerung der Stadt Trier aufgeben, die unter der persönlichen Leitung des Erzbischofs Widerstand leistete. An einen unglücklichen Ausgang dachte Sickingen noch nicht; aber da er auf einen Gegenangriff des Feindes gefaßt sein mußte, hielt er es für richtig, seine Freunde und Schützlinge zu entlassen, denen seine Burgen kein sicheres Asyl mehr sein konnten. Hutten hatte während der letzten Monate gekränkelt, sonst hätte er wohl Sickingen auf seinem Zuge begleitet. Der Herbst entblätterte die Bäume, als Martin Butzer und Oekolampad den Ritter verließen, um sich der eine nach Straßburg, der andere nach Basel zu begeben; sie gingen ins Ungewisse, dunkle Ahnungen mögen sie bedrückt haben. Ob Hutten in ihrer Gesellschaft war, weiß man nicht. In den verflossenen Tagen glücklichen Zusammenseins hatte Hutten für den ungelehrten Ritter seine Gespräche ins Deutsche übertragen und der Ausgabe eine Zueignung vorausgehen lassen, die das schönste Denkmal einer heroischen Freundschaft ist. Hutten spricht von dem Glück, das Gott ihm gewährt habe, in der Not einen treuen Freund zu finden. »Denn als ich auf das äußerste an Leib, Ehre und Gut von meinen Feinden genötigt war, so ungestüm, daß ich kaum Freunde anzurufen Zeit gehabt, bist du mir, nit mit tröstlichen Worten, sondern hilftragender Tat begegnet, ja, mag ich sagen, vom Himmel herabgefallen ... Du hast dich nicht durch Schrecken meiner Widerwärtigen von Verfechtung der Unschuld abziehen lassen, sondern aus Liebe der Wahrheit und Erbarmnis meiner Vergewaltigung für und für über mir gehalten. – Dagegen die boshaftigen Kurtisanen und Romanisten, die mich verlassen gemeint, und deshalb beinah einen Triumph von mir geführt hatten, da sie gesehen, daß ich mich an eine feste, unerschütterte Wand gelehnet hab, ihren Stolz und Übermut gegen mich etwas niedergelassen, sich fast eingetan und kleinen Lauts worden.« Zum Dank verspricht er ihm, was einst Virgil zwei verdienten Jünglingen zugesagt habe: »Wo etwas mein Geschrift vermag – Dein Lob muß sterben keinen Tag.« Nun, da der Untergang kam, konnten sie beide ihr heldisches Gemüt zeigen, und sie taten es.

Während des Winters nahm der Kurfürst von Trier, der sich inzwischen mit dem Landgrafen von Hessen und dem Kurfürsten von der Pfalz verbündet hatte, die Burgen der Ritter, die in Sickingens Heer gekämpft hatten; es waren darunter Grafen von Zollern, von Fürstenberg, von Löwenstein, ein Rosenberg, ein Hutten, Gemmingen, Hilcken von Lorch, Dalberg und andere, auch der begeisterte Anhänger Luthers, Hartmut von Kronberg. Ihre Treue vergalt Sickingen mit Treue: er weigerte sich, Frieden zu schließen, wenn nicht den beraubten Freunden das Ihre zurückgegeben würde. Die Fürsten gingen nicht darauf ein und begannen im Frühling den Belagerungskrieg, zunächst wendeten sie sich gegen Landstuhl, wo Sickingen sich verschanzt hatte. Bald mußte er erfahren, daß er sich im Vertrauen auf Unterstützung Gleichgesinnter sowie auf die Widerstandsfähigkeit seiner Burgen verrechnet hatte. Die Ritterschaft hielt eine Versammlung ab, um über etwaige kriegerische Schritte zu beraten, hatte aber, vom Reichsregiment abgemahnt, nicht den Mut, etwas zu unternehmen; die Städte rührten sich überhaupt nicht. Vergebens ging Hartmut von Kronberg nach Böhmen, dort um Hilfe zu werben. Noch fühlte sich Sickingen, blieb er auch mit wenigen Freunden allein, in Landstuhl persönlich sicher; aber die für uneinnehmbar gehaltenen Mauern brachen vor dem Geschütz der verbündeten Fürsten in wenigen Tagen zusammen. Man riet ihm zu fliehen, aber er hätte es für unehrenhaft gehalten, seine Diener zu verlassen. Seinen jüngsten Sohn jedoch, den er bei sich gehabt hatte, schickte er unter der Obhut Balthasar Schlörs fort, und es glückte ihnen, den Feinden zu entgehen. Als Sickingen bei einer Besichtigung an ein Schießloch kam, wurde er durch einen Schuß, der gerade dorthin fiel, auf einige spitze Hölzer geworfen, die ihn tödlich verwundeten. Er ließ sich in ein dunkles Gewölbe tragen, wohin die Geschosse nicht dringen konnten, und die Fürsten um eine Besprechung ersuchen. Sie verlangten Ergebung Sickingens und der Edelleute, die bei ihm in der Burg waren, zu ritterlichem Gefängnis. Er ging darauf ein, indem er sagte: »Ich will ihr Gefangener nicht lange sein.« Die Fürsten traten an das Lager des Verwundeten, wechselten einige Worte mit ihm und machten dann dem Kaplan Platz, der ihm die Beichte abnehmen wollte. Sickingen sagte, er habe Gott in seinem Herzen gebeichtet, der Kaplan möge ihm die Absolution sprechen und ihm das Sakrament zeigen. Gleich darauf starb er; es war der 7. Mai 1523. Wenn sein Ende gezeigt hatte, daß er weit weniger mächtig war, als er zu sein wähnte, so hatte er doch bis zuletzt die stolze und großmütige Haltung bewahrt, zu der sein Wahn von Macht und Größe ihn verpflichtete, durch die er die Fürsten, die als triumphierende zu ihm traten, fast zu Beschämten machte. Der unnahbarste Herrscher von allen, der Tod, trat auf seine Seite.

Für diejenigen, die Sickingen geliebt und verehrt und von seinen Taten Entscheidendes erwartet hatten, war sein Fall eine schmerzliche Erschütterung. Der Tapfere und Bescheidene, der Aufrechte und Hilfsbreite war nicht mehr, die feste Wand, an die sie sich gelehnt hatten, war gebrochen; aber sie fühlten daneben, daß auch für Deutschland eine Hoffnung verloren war. Der Weg zur Reichsreform, den viele bedeutende Geister für den wünschenswerten gehalten hatten, mußte aufgegeben werden; für Ritter und Städte kam die Stunde nicht wieder.

Hutten ging, nachdem er sich von Sickingen getrennt hatte, bitteren Erfahrungen entgegen. Zwar empfand er in Basel sogleich, daß er in einem freien Lande war; der Rat und ausgezeichnete Gelehrte begrüßten den humanistischen Ritter, obwohl er gebannt und verfolgt war, ehrenvoll. Der aber, an dessen Teilnahme ihm besonders gelegen war und auf dessen Teilnahme er besonders glaubte rechnen zu dürfen, Erasmus, peinlich berührt durch die Anwesenheit des kranken Flüchtlings, ließ ihn ersuchen, von einem Besuch abzusehen. Hutten war leidenschaftlich entrüstet. Was sich an Groll bereits in ihm angesammelt hatte darüber, daß Erasmus, der wie kaum ein

anderer Luther vorgearbeitet hatte, sich der katholischen Kirche wieder näherte, um, wie Hutten meinte, sich die Gunst des Papstes und katholischer Fürsten zu erhalten, brauste bei dieser Kränkung auf. Daß Erasmus aus Feigheit und Eigennutz, so sah Hutten es an, seine Überzeugung verriet, das erhob den Rächer persönlicher Beschimpfung zu einem Rächer allgemeiner Ehre. Einem Unglücklichen, Flüchtigen, ganz Hilfslosen die Tür zu verschließen, das war eine Handlung, deren Kleinlichkeit ihm Ekel einflößte. Nach der Gewohnheit der Zeit wurde der Streit, der sich daraus entspann, öffentlich, den heftigen Angriff Huttens wehrte Erasmus durch eine gehässige Erwiderung ab. Er konnte manches zu seiner Verteidigung sagen. Auch er hatte hohe Ziele gehabt: eine reinere Religion, veredelte Sitten, den Geist bereichernde Kenntnisse. Dafür hatte er gearbeitet und dazu einen guten Grund gelegt. Warum sollte er Luther beipflichten, der aus seiner Arbeit Nutzen zog – denn er, Erasmus, hatte ja die Geister vorbereitet – und ihm nun das Ziel verrückte. Die Sitten, die er verfeinern wollte, wurden durch gegenseitiges Beschimpfen vergröbert, an die Stelle des kirchlichen Aberglaubens trat der lutherische, der Erasmus schlimmer schien, weil der alte äußerlicher und infolgedessen leichter abzuschütteln war, und die Wissenschaften, die er aus dem Gestrüpp der Scholastik herausgearbeitet hatte, wurden durch theologisches Gezänk von neuem verschüttet. Hutten sah es anders; er sah den Befreier, der sich selbst die Ketten wieder anlegte, weil sie von Gold waren, die behutsame, vorsichtig abwägende Art des Erasmus in einer großen Angelegenheit war ihm widerwärtig, ihm, der wie kaum ein anderer Deutscher etwas vom Adlerrauschen der Freiheit in seinem Wort und Wesen aufgefangen hat.
Wie Hutten voraussagte, hat die Kirche dem Erasmus seine Halbheit nicht gedankt, sondern ihn fast mehr gehaßt als Luther. Einen offenen Feind kann man achten, mit einem, der sich hinter der Maske des Freundes verbirgt, ist keine Versöhnung möglich. Seine eigentlichen Gesinnungsgenossen aber ließ sein Übergang zur Kirche seine schöne Frühzeit fast vergessen. Mag man immer die Tragik im Schicksal des Erasmus verstehen, das ihn von seiner eigenen Vergangenheit trennte

und von denen, die ihn am glühendsten verehrt hatten; liebenswerter erscheint uns der verlassene Hutten und erscheint uns Zwingli, der dem kranken und bettelarmen Verfolgten die hilfreiche Hand bot. Denn nach Zürich ging Hutten, nachdem der Rat von Mühlhausen, obwohl selbst lutherfreundlich, ihn nicht mehr vor der Wut der Katholiken schützen zu können glaubte. Trotz der Verdächtigungen des Erasmus nahm sich Zwingli werktätig des Flüchtlings an. Zunächst wurde ein Versuch gemacht, den Schwerkranken zu heilen. Es fügte sich günstig, daß der Abt von Pfäfers ein Freund der Reformation und ein warmherziger Mann war, der Hutten aufs freundlichste aufnahm, damit er die Heilkraft der dortigen berühmten Bäder versuche. Der außergewöhnlich regnerische Sommer jedoch kältete die Quellen so aus, daß es nötig wurde, den Gebrauch auf eine bessere Zeit zu verschieben. Eine neue Aussicht auf Genesung eröffnete ein Freund Zwinglis, der Pfarrer Hans Schnegg: verborgen auf der Insel Ufenau im Zürichsee sollte sich Hutten seiner Behandlung unterziehen. Dort, unter der Pflege eines wohlwollenden Mannes, möchte man hoffen, daß der Kranke noch einige freundliche Sommertage erlebt habe. Vielleicht war ihm die Begegnung mit dem kräftigen Zwingli, zu dem er im Grunde besser stimmte als zu Luther, der einzige helle Ausblick inmitten des Zusammenbruchs seiner Hoffnungen. An einem der letzten Tage des August oder der ersten des September starb er. Er hinterließ nichts, so erzählte Zwingli, als seine Feder. In Wahrheit hinterließ er außerdem noch einen unausgesprochenen Auftrag. Als er in Mühlhausen die Nachricht von Sickingens Ende erfahren hatte, verfaßte er eine Schrift gegen die Fürsten, die ihn besiegt hatten, und schickte sie einem Freunde zur Veröffentlichung. Dieser, Eoban Hesse, ein guter, treuer Mann, hätte sich des Auftrags kaum entledigt, da er inzwischen in den Dienst des Landgrafen von Hessen getreten war; vielleicht aber ist die Schrift gar nicht in seine Hände gelangt. Sie ist verloren und nie wieder aufgefunden, nur den Titel kennen wir, den er ihr gab: über Jahrhunderte hinweg sucht Hutten den Erben, der mit seiner Feder die leeren Seiten ausfülle, über die er die Anschrift setzte: *In tyrannos.*

In einem Hutten zugeschriebenen Gespräch, »Der neue Karsthans« betitelt, treten Sickingen und ein Bauer auf. Der Bauer beklagt sich über die Quälereien der Pfaffen und meint, wenn sie, die Bauern, nur einen Hauptmann hätten, würden sie schon etwas ausrichten können. Sickingen antwortet verständnisvoll, aber doch ausweichend. Wenn man sich vorstellt, wie lange schon auf eine bevorstehende Erhebung des armen Mannes hingewiesen wurde, wie natürlich es war, daß der allgemeine Drang nach Umwälzung auch die Bauern ergriff, daß sie bei der Verteilung der geistlichen Güter, von der so viel gesprochen wurde, ihren Anteil verlangten, und was für eine Macht die unzufriedene, mit Recht unzufriedene Masse dem verleihen konnte, der sie vertrat und anführte, so wundert man sich, daß Revolutionäre sich dieser Macht nicht bedienten. Das besondere Verhältnis aller übrigen Stände zu den Bauern erklärt das. Man verachtete sie, weil es üblich war, aber man verachtete sie auch, weil man sie sonst nicht in der Weise hätte ausbeuten können, wie es geschah. Die Verachtung mußte den Grund liefern, warum man sie als Knechte aller für alle arbeiten ließ; weil sie zur Sklaverei geboren, nicht viel mehr als Tiere waren, hatte man das Recht, sie zu benützen, wie man Tiere benützt. Mit diesen Menschen in der Tiefe sich einzulassen, bedeutete eine Selbsterniedrigung, vor der es den höheren Ständen graute; man kann glauben, daß es Sickingen Ernst war, als er jede derartige Absicht leugnete. Bedenken mochte er auch, daß die Abgaben der untertänigen Bauen die hauptsächlichen Einkünfte der Ritter bildeten und daß man sie schwerlich gegen einen Teil ihrer Herren aufreizen konnte, ohne die Stellung aller Herren ins Wanken zu bringen. Die Vereinigung von Rittern, Städten und Bauern, fast des gesamten Volkes, gegen Klerus und Fürsten kam nicht zustande, Sickingens Erhebung blieb das Abenteuer eines einzelnen, das so recht die Zerfahrenheit und Ziellosigkeit des Ritterstandes verriet.

Das Reichsregiment, das durch den Einfluß des Kurfürsten von

Sachsen der lutherischen Richtung geneigt war, bereute, Sickingen geächtet zu haben, als seine Gegner die Fehde mit viel größerer Macht fortsetzten. Die Mahnung, den Handel vor das Kammergericht zu bringen, beachteten sie so wenig, wie Sickingen getan hatte; auf dem Reichstage zu Nürnberg im Jahre 1524, ein Jahr nach Sickingens Fall, bewirkten sie, vereint mit der Mehrzahl der übrigen Stände, daß das Regiment gestürzt wurde. Um ein ständisches Regiment hatten die Fürsten erst mit Maximilian I., dann mit Karl V. gerungen, nun sie durchgesetzt hatten, daß es eingerichtet wurde, weigerten sie sich, ihm zu gehorchen, genauso wie sie es dem Kaiser gegenüber taten. Deutlich zeigte sich, daß die Fürsten überhaupt niemand über sich haben wollten. Friedrich der Weise, der seit so langer Zeit sich um ein Reichsregiment bemüht hatte, gebrechlich wie er ohnehin geworden war, verließ in düsterer Stimmung den Reichstag. Die Reichsreform hatte eine Stärkung der Zentralgewalt durchführen sollen, die einen wollten sie kaiserlich, die anderen ständisch: nach unendlichen Kämpfen war das Ergebnis, daß es überhaupt keine Zentralgewalt mehr gab, wenigstens solange der Kaiser nicht in Deutschland war. Einige Wochen nach dem Schluß des Reichstages brachen in Franken und auf dem Schwarzwald die ersten Bauernaufstände aus. Zwischen diesen beiden Ereignissen war wohl kein bewußter, aber doch ein Zusammenhang unterirdischer Strömungen. Ein kaiserlicher Rat, der den Kurfürsten von Sachsen von der Beurlaubung des Regiments brieflich in Kenntnis setzte, fügte hinzu: »Reim dich, Bundschuh! ... Wir Deutschen samt dem ganzen Reich sind ohne einen Hirten; also, lieber frommer Kurfürst, kommt es auf unser Prophezei ... Gott, unser Erlediger, komm uns zu Hilf, es ist große Zeit!« Nach dem Scheitern der ständischen Reformversuche durch die Stände selbst drängte sich noch einmal die andere Lösung vor, die des Kaisers Macht stärken wollte, diesmal getragen durch die Bauern und einen Teil der Städte. Der arme Mann in Stadt und Land erhob sich, schwerfällige Massen, doch nicht ohne Ordnung und Recht.

Niemals wird sich genau bestimmen lassen, wie eigentlich im Reich die Lage der Bauern um die Jahrhundertwende war. Sie war in verschiedenen Gegenden verschieden und war an manchen Orten günstig; aber sie gab doch Anlaß zu größter Unzufriedenheit und war stellenweise unerträglich. Wie bei den Fürsten die Neigung zu Zusammenfassung und Ausdehnung ihrer Rechte bestand, so bei jeder Herrschaft die Neigung, ihre untertänigen Bauern mehr auszunützen als früher. Gewisse Abgaben waren herkömmlich – es wurde mehr als üblich verlangt; eine Anzahl von Tagen mußte der Bauer unentgeltlich für die Herrschaft arbeiten, man nannte es fronen – man vermehrte die Zahl. Unter Umständen blieb den Bauern nicht Zeit genug, um ihr eigenes Gut zu bewirtschaften, von dem sie doch Abgaben leisten mußten. Die Art der Abgaben war zum Teil sehr drückend, so der Todfall, der die Familie gerade in einem ohnehin schwierigen Augenblick belastete; keinen Schritt konnte der Bauer tun, ohne aufs empfindlichste an seine Gebundenheit erinnert zu werden. Dadurch, daß die Gerichtsbarkeit von der Herrschaft ausgeübt wurde, konnte sie durch beliebige Strafen jede Unbotmäßigkeit, jeden noch so gerechtfertigten Widerstand unterdrücken und rächen. Die Beschränkung der Freizügigkeit machte ein Ausweichen unmöglich. Erbitternd war es auch, daß die Fürsten vielfach den Gemeindebesitz an Wald oder Weide einzogen, und zwar ohne Entschädigung unter dem Titel ihrer fürstlichen Gewalt. Als man in späteren Jahrhunderten der Bauernbefreiung nähertrat, hielt man Entschädigung der Herren für selbstverständlich, mit der die Bauern belastet wurden.

Allgemeine Umstände trugen dazu bei, die Lage der Bauern zu verschlechtern: die vielen Kriege, die bei der Art der damaligen Kriegsführung hauptsächlich das offene Land trafen und viele Gebiete gänzlich verwüsteten, andererseits der zunehmende Luxus der höheren Stände, der natürlich auch im Bauern den Wunsch, besser und reichlicher zu leben, erregte. Wieviel Ursache der arme Mann zur Klage hatte, beweist am besten, daß die Fürsten und Herren in beständiger Sorge vor Bauernaufständen waren. Daß es unmöglich sei, dem armen Mann noch mehr aufzuladen, daß er unter unerträglichen Lasten seufze, sagten sie oft; merkwürdigerweise machten sie trotzdem niemals Anstalt, seine Lage zu verbessern, sondern taten wohl gar das Gegenteil. Zu erklären ist das damit, daß sie alle mehr oder weniger vom Elend der Bauern lebten, also, wenn nicht eine unbestimmbare und unabsehbare Revolution eintreten sollte, dies Elend als Rechtsgrundlage festhalten mußten; dann aber auch mit der Art der Menschen, in den gewohnten Verhältnissen beharren zu wollen, selbst wenn sie voraussehen, daß sie zum Unheil führen müssen.

Seit der Mitte des 15. Jahrhunderts fanden alle paar Jahre irgendwo im Reich Bauernaufstände statt, die bald unterdrückt und blutig gerächt wurden, bis zum Jahre 1514 etwa zwölf, fast alle im Süden. Man pflegte sie Bundschuh zu nennen nach dem Bauernschuh, den sie, zuerst im Elsaß, als Abzeichen in der Fahne führten. Nach dem Sturz des Reichsregiments, im Frühjahr, erhoben sich die Stadt Forchheim gegen den Bischof von Bamberg, die Bauern von St. Blasien gegen den Abt, ihren Herrn. Jene verlangte hauptsächlich die Freiheit, in Wald und Wasser zu jagen und zu fischen, diese weigerten sich, Abgaben, insbesondere den Todfall, zu leisten. Im allgemeinen war die geistliche Herrschaft drückender als die weltliche. Ein besonders bösartiger Bauernschinder war der Abt von Kempten, dessen Untertanen sich im Januar 1525 erhoben. Inzwischen waren schon das Elsaß, Allgäu, Klettgau und Hegau, an die Schweiz grenzende Gebiete, in Aufruhr. Die Aufständischen begingen keine Gewalttätigkeiten, aber sie weigerten sich, länger Dienste und Abgaben zu leisten, eben das, was die Herren am empfindlichsten traf. Unter den Anführern der verschiedenen Haufen waren Geistliche, die schon vorher zum Luthertum geneigt hatten und sich nun offen dazu bekannten. Durch diese bekam die Bewegung allmählich einen religiösen Charakter, der den Erhebungen bis 1514 ganz ferngelegen hatte. Es lag nah, daß zwei revolutionäre Strömungen ineinanderflossen, wie ja auch die ritterschaftliche Revolution sich wie von selbst mit der lutherischen vereinigt hatte; es lag um so näher, als die Bauern es mit denselben Bischöfen und Äbten zu tun hatten, gegen die Luther mit so heftigen Beschimpfungen focht, und als die christliche Liebe und die christliche Freiheit, wovon so viel die Rede war, der Behandlung durchaus zu widersprechen schien, die dem Bauer zuteil wurde. Als der Schwäbische Bund, erschreckt durch das Ausmaß der Erhebung, sich zu Verhandlungen bereit erklärte, sagte Ulrich Schmid, Anführer des Baldringer Haufens – so genannt nach einem Dorf in der Nähe von Ulm –, er wünsche, daß nicht nach menschlichem, sondern nach göttlichem Recht geurteilt werde. Unter den gelehrten und frommen Männern, die er als Schiedsrichter vorschlug, war auch Luther. Es konnte nicht anders sein, als daß unter Tausenden von Bauern viele waren, die am liebsten sofort Gewalt gebraucht hätten; wieviel Erbitterung und Rache mochte aufgehäuft sein, wieviel Begierde, auf Kosten verhaßter Gegner sich gute Tage zu machen! Vielleicht wäre die wilde Ungeduld zugleich Klugheit gewesen, denn in diesem Augenblick waren die Bauern ihren Gegnern, die ihre Kraft noch nicht gesammelt, noch keinen Plan gefaßt hatten, überlegen. Allein der Geist der Ordnung und Billigkeit siegte, namentlich durch Ulrich Schmid und Christoph Schappeler, so daß man sich einig wurde, mit den Herren in Liebe und Freundschaft zu verhandeln. In Memmingen, der wohlhabenden oberschwäbischen Stadt, kamen fünfzig Bauernführer, mit einem Ehrentrunk empfangen, zusammen, um sich über Gewalt oder Vertrag und über ein Programm, das ihre Forderungen enthielte, zu einigen. Sie bildeten das Parlament, das die sogenannte Christliche Vereinigung, mehrere Haufen, die sich untereinander verständigt hatten, vertrat. Wahrscheinlich entstanden um die Mitte März 1525 in Memmingen die berühmt gewordenen 12 Artikel, die von den meisten Bauernhaufen angenommen wurden. Für ihren Verfasser wird Christoph Schappeler von St. Gallen gehalten, der in Memmingen Prediger war und sich der Bauern warm und aufrichtig annahm. Die 12 Artikel sollten, das war die Meinung, in ganz Deutschland Gesetz werden, wenn die vierzehn gelehrten und frommen Männer, die man wählen wollte, sie der Heiligen Schrift gemäß gefunden hätten. In einer Vorrede wurde der Vorwurf zurückgewiesen, daß das Evangelium schuld am Aufruhr der Bauern sei. Das Evangelium, das eitel Liebe predige, könne keinen Aufruhr verursachen, überhaupt aber seien die Bauern keine Aufrührer, da sie nur beanspruchten, gemäß dem Evangelium zu leben. Folgendes ist in Kürze der Inhalt der

12 Artikel: Die Gemeinde wählt den Pfarrer selbst. Der große Zehnter soll gezahlt werden, soll aber zum Unterhalt des Pfarrers dienen; was übrig ist, soll an Bedürftige ausgeliehen werden. Der kleine Zehnter soll nicht mehr gegeben werden. Die Leibeigenschaft wird aufgehoben. Mehrere Artikel betreffen das Jagdrecht, die Verhütung des Wildschadens, die Nutzung des Waldes, das Abtun des Todfalls, die schweren Strafen, die Vermehrung der Dienste. Die Allmenden, die der Gemeinde gehörigen Wiesen und Äcker, die zum Teil die Fürsten sich angeeignet hatten, sollen, wenn sie nicht rechtlich erkauft sind, zurückgegeben werden. Schließlich soll alles nach der Heiligen Schrift geordnet werden.

Die Mäßigung, die die Bauern in den 12 Artikeln sich auferlegten, ist bewundernswert. Wie die Humanisten und die Lutheraner wollten auch sie zu den Quellen zurückkehren. Beim alten Recht wollten sie bleiben, die unbilligen, ungerechtfertigten Neuerungen lehnten sie ab. Wenn der Rat von Venedig auf die Nachricht hin, daß die lutherischen Bauern im Reich ihren Herren die schuldigen Abgaben nicht mehr leisten wollten, bemerkte, sie täten wie ihre Herren, die dem Papst auch nicht zahlen wollten, was sie ihm schuldeten, so hatte er mit dieser witzigen Wendung recht, ja die lutherischen Fürsten entzogen der Kirche weit mehr, als die Bauern ihren Herren entziehen wollten. Auch der Papst hatte seine Ansprüche vermehrt, hatte höhere Annaten und Palliengelder verlangt, als ihm zustanden, wie die Betroffenen meinten: bald zahlten sie ihm überhaupt keine mehr. Allgemein war die Forderung, daß kein Geld mehr nach Rom fließe, obwohl diese Leistungen seit Jahrhunderten zu Recht bestanden. Luther wie Hutten entrüsteten sich über die Sklaverei, in der die Deutschen vom Papst gehalten würden, nicht nur erlaubt, sondern rühmlich fanden sie es, sie abzuschütteln. Zu den Verhältnissen der Urkirche zurückkehren, war nach Luther eine Umkehr, deren Berechtigung gar nicht in Frage stand; auch die Bauern wollten zu der Freiheit zurückkehren, die der deutsche Bauer in der Frühzeit des Mittelalters besessen und die sich in einzelnen Gegenden, in Tirol, der Schweiz, in Niederdeutschland erhalten hatte. Indessen was half es ihnen, daß sie ebensoviel Recht hatten wie

andere? Einzig darauf kam es an, ob sie die Kraft hätten, das, was sie für ihr Recht hielten, zu erobern.
Zum eigentlichen Mittelpunkt der Bewegung wurde aber doch nicht Oberschwaben, sondern Franken, das Gebiet, wo im letzten Viertel des 15. Jahrhunderts der Pfeifer von Niklashausen mit seiner Botschaft von der Gleichheit und Brüderlichkeit die Menge bezaubert und sein junges Leben hatte lassen müssen. Hier, wo an der Spitze des sogenannten schwarzen Haufens der Ritter Florian Geyer, ein militärisch kundiger und charaktervoller Mann, stand, mußte sich das ganze Land, Adel und Städte, den Bauern unterwerfen, nur die Burg hoch über der Stadt Würzburg behielt eine bischöfliche Besatzung; der Bischof selbst entfloh. Von Franken aus wurde in Heilbronn, das sich gleichfalls hatte anschließen müssen, ein Bauernrat eingesetzt, der die Revolution leiten und ihr ein Ziel setzen sollte. Sämtliche Haufen sollten in ihm vertreten sein. Durch ihn wurde die Bauernbewegung, die mit vereinzelten Aufständen, fast zufällig, begonnen hatte, zu einer einheitlichen, planvollen Macht, der es nicht nur darauf ankam, der Bauernschaft Erleichterungen zu verschaffen und sie von der Hörigkeit zu befreien, sondern die es unternahm, die langersehnte Reichsreform durchzuführen, in die die Reformation des Bauernstandes eingegliedert werden sollte. Der bedeutendste Kopf des Bauernrates war Wendel Hipler, früher hohenlohischer Kanzler, der sich mit seinem Grafen entzweit hatte; beratend stand ihm der kurmainzische Amtmann von Miltenberg, Friedrich Weigand, zur Seite. Die von ihnen ausgearbeitete Reformation nahm den Grundgedanken des einstigen Cusanischen Vorschlags auf: Stärkung der kaiserlichen Gewalt und Begründung von Landgerichten, übrigens erinnerte sie an die sogenannte Reformation des Kaisers Siegmund aus dem Jahre 1476 und ähnliche seitdem entstandene, zugunsten des armen Mannes verfaßte Reformschriften. Es versteht sich, daß die sozialen Forderungen der 12 Artikel auch hier erschienen, dazu Wegfall der Zölle, Gleichheit von Münze, Maß und Gewicht, Aufhebung der großen Handelsgesellschaften. Nur dem Kaiser sollte gesteuert werden. Die Einziehung der geistlichen Güter sollte das Geld zur Besoldung der Geistlichen und zur Armen-

versorgung liefern. Weder Geistliche noch Juristen sollten fürstliche Räte werden können, Juristen auch nicht in den Gerichten sitzen. Dagegen, und das war besonders wichtig, sollten die Bauern sowohl im Reichsregiment wie im Kammergericht und in unteren Gerichten, in den städtischen und ländlichen Räten vertreten sein. Nur durch Anteil an der politischen Macht könnten die Bauern, glaubte man, ihren sozialen Gewinn befestigen. Das Verbot der Bündnisse von Fürsten, die bisher einzig das Bündnisrecht besessen und dadurch einen so gewaltigen Vorteil vor den übrigen Ständen gehabt hatten, sollte der Stärkung der kaiserlichen Gewalt und dem Landfrieden dienen.
Der Reformationsentwurf bedeutete zwar eine Umwälzung der bestehenden Verhältnisse, aber er war nicht eigentlich radikal und ging nicht darauf aus, wie Leonhard von Eck sagte und wie wohl das Gerücht verbreitete, den gesamten Adel bis auf den Kaiser auszurotten. Als Ausrottung mochten immerhin den Fürsten die starke Beschränkung ihrer Souveränität und dem Adel die Aufhebung der Leibeigenschaft erscheinen.
Wie berechtigt uns die Wünsche der Bauern und wie gemäßigt ihre Forderungen vorkommen mögen, die Herrschenden von damals standen der Schicht, von deren Arbeit sie lebten, ebenso grundsätzlich taub und verhärtet gegenüber wie später die Bourgeoisie den Arbeitern. Der bayrische Kanzler Leonhard von Eck hielt die Bauern kaum für Menschen, jedenfalls für Menschen niederer Art, denen gegenüber alle Regeln in bezug auf den Nächsten keine Geltung haben. Eine Regung der Menschlichkeit gegenüber den Bauern wäre ihm nie gekommen und ärgerte ihn, wenn er sie bei andern wahrnahm; daß Erzherzog Ferdinand einen Vertrag mit ihnen abschließen wollte, fand er empörend. Wer den Bauern vertraut, zieht sich einen Feind, war seine Regel. »Sind elende Bauern, wenn man ihnen einmal nachgibt, so hört das Geläuf nicht auf, wollen alle gern frei sein.« Die so sehr berechtigte Klage der Bauern über die Wildschäden gab ihm und dem Herzog Wilhelm zu Scherzen Anlaß. Der Herzog nämlich war ein Liebhaber der Jagd, Eck des Angelns. Er wolle den Bauern, sagte der Herzog, wohl das Wasser zum Fischen freigeben, aber nicht die Wälder zum Jagen, worauf Eck erwiderte, das könne er nicht leiden, die

Gewässer müßten gebannt bleiben, aber das Wildpret, das möge seinetwegen frei werden. Er ließ sich nicht ausreden, daß der Bauern eigentliche Absicht sei, alles gemein zu machen. »Ich habe mit meinen natürlichen und leiblichen Geschwistern nicht gern geteilt, ich geschweige der Fremden und Bauern«, oder: »Ich möchte auch leiden, daß die Fugger die brüderliche Lieb mit mir hielten und teilten«, scherzte er. Es machte ihn zornig, daß nicht sofort mit den Bauern aufgeräumt wurde. Mit den Bauern müsse man handeln, als wäre der Türke im Lande, war seine Meinung. Am besten bekämpfe man sie mit fremden Leuten, Stradioten oder Böhmen; es war zu fürchten, daß die Landsknechte, die ja selbst Bauernsöhne waren, sich weigern würden, mit der erforderten Grausamkeit gegen die Bauern zu wüten. Wenn die Bauern verhandeln wollten, sollte man so tun, als wolle man darauf eingehen, bis das Kriegsvolk beieinander sei, und dann sie überfallen. Herzog Wilhelm war mit seinem Kanzler einer Meinung; aber als die Salzburger Bauern sich gegen ihren Erzbischof erhoben und überhaupt die geistliche Herrschaft, da sie Lutheraner waren, ablehnten, wollte er die Gelegenheit nützen, Bayern durch die Erwerbung Salzburgs abzurunden und die aufständischen Bauern fragen, ob er ihnen als Herr genehm sei. Eck dachte fürstlicher und verhinderte diese Entgleisung. Salzburg solle der Herzog bekommen, aber nicht mit Hilfe der Bauern, sondern, war sein Rat, dadurch, daß man einem der Brüder des Herzogs, Ernst, Bischof zu Passau, das Erzbistum verschaffe.

Wenn auch nicht alle Fürsten und Herren so unmenschlich dachten wie Eck, wenn sogar einige im ersten Schrecken und auch im Gefühl ihrer Schuld zu einiger Nachgiebigkeit bereit waren, so überwog doch der innere Widerstand gegen die Forderungen, und man tat triebmäßig, was Eck als Kriegslist geraten hatte, die Bauern hinzuhalten, bis Soldaten genug auf die Beine gebracht wären, um sie zu überwältigen. Inzwischen breitete sich der Aufstand rasch aus wie ein Feuer in einem morschen Holzhause. Auch Niederdeutschland, wo es anfangs ganz still gewesen war, wurde ergriffen, ganz Deutschland stand in Flammen, und die Gefahr eines völligen Zusammenbruchs schien vorhanden.

Bei den friedlichen Verhandlungen, die zuerst eine gutartige Entwicklung, einen billigen Ausgleich zwischen den Parteien verhießen, war es nicht geblieben. Den ersten kriegerischen Ausbruch veranlaßte der vertriebene Herzog Ulrich von Württemberg, der, immer nach Gelegenheit spähend, wie er die Rückkehr in sein Land erzwingen könnte, den Aufstand der Bauern zu benützen gedachte. Sein despotisches Regiment hatte ihn früher verhaßt gemacht; wenn er sich jetzt mit den Bauern verbündete, persönlich als Bauer sich gebärdete, war das insofern nicht ganz unaufrichtig, als seine Gegner hauptsächlich die sogenannte Ehrbarkeit in den Städten waren, der höhere bürgerliche Stand, der die Freiheit des Landes gegen herzogliche Übergriffe verteidigte. Es war für ihn nützlich, sich zunächst einmal auf die Bauern zu stützen. Mit den Bauern allein jedoch konnte er nichts ausrichten: er rechnete auf Hilfsgelder von Frankreich und Hilfstruppen der schweizerischen Eidgenossen. Die große Schlacht von Pavia, in der Franz I. gefangen und durch die Frankreich für die nächste Zeit lahmgelegt wurde, bedeutete auch für Herzog Ulrich die Niederlage. Der Wandel des Glücks veranlaßte die schweizerischen Orte, ihre Untertanen zurückzurufen; es schien im Augenblick nicht zulässig, Karl V., der nach Ulrichs Vertreibung Württemberg an sich genommen hatte, zu reizen. Der Herzog soll Tränen vergossen haben, als die Schweizer abzogen; es blieb ihm nichts übrig, als sich wieder auf dem Hohen Twiel einzuspinnen.
Bald darauf brach der eigentliche Aufruhr los. Gereizt durch die Tücke des von Bayern gelenkten Schwäbischen Bundes, der von Anfang an nicht die Absicht gehabt hatte, auf die Forderungen der Bauern einzugehen, und nur verhandelte, um Zeit zu gewinnen, gingen die Bauern zu Tätlichkeiten über. Dazu mußte es ohnehin kommen, schon weil die vielen bewaffneten Bauern, die das Land nicht bestellten, sich ernähren mußten und weil sie durch meuterisch wilde Elemente gedrängt wurden. Burgen und Klöster wurden erstürmt, geplündert, verbrannt, der Haß auf die Geistlichkeit tobte sich aus. Da einmal der Anfang gemacht war, riß Unordnung und Zerstörungslust ein. Immerhin vergriffen sich die aufgeregten Horden mit

wenigen Ausnahmen nicht an Menschen. Eine kurze Zeit lang schien der Anblick der rasch um sich greifenden Feuersbrunst die Herren zu lähmen. Manche von den kleinen, so der Graf von Wertheim und die Grafen von Hohenlohe, traten dem Bauernbunde bei, auch einige Städte unter dem Druck der ärmeren Bevölkerung. Fast in allen Städten sympathisierten die unteren Schichten mit den Bauern, so daß der Vorwurf ausgesprochen werden konnte, die Städte hätten den Aufruhr angezettelt, um das Reich in eine föderative und demokratische Republik zu verwandeln. In diesem Augenblick, wo die Gefahr groß schien, Anfang Mai, ließ Luther seiner ersten Ermahnung an die Bauern eine zweite Schrift folgen, in der er die Obrigkeit anspornte, zum Schwert zu greifen und die Aufrührer zu bestrafen.

Vielleicht wäre es für die Bauern besser gewesen, wenn die 12 Artikel nicht so dicht mit Bibelstellen durchsetzt gewesen wären, wie es die Verfasser für gut befunden hatten. Die Bibel, das neugeschenkte Buch, nach Zeugnissen zu durchsuchen und diese anzuführen, als sei damit etwas unwidersprechlich erhärtet und entschieden, war zu einer Gepflogenheit geworden, der alle Stände sich hingaben. Man benützte sie als Arsenal, das Waffen lieferte, so wie die Humanisten Cicero und Livius ausschrieben. Etwa im Sachsenspiegel zu suchen, was im Reich Rechtens oder Gewohnheit sei, fiel niemandem ein. Luthers scharfer Verstand sah sofort, daß die Bauern einen Fehler gemacht hatten, indem sie versprachen, sich aus der Heiligen Schrift weisen zu lassen. Er konnte nun die Aussprüche gegen sie geltend machen, die unbedingte Unterwerfung unter die Obrigkeit verlangten, und ferner, daß Christus und die Apostel das Untertänigkeitsverhältnis überhaupt nicht berührten, daß sie einzig der Seele Heil und Freiheit bringen wollten. Er stellte sich auf den Standpunkt, daß die Forderungen der Bauern Rechtsgelehrte angingen, nicht ihn. Gegen alles das läßt sich manches einwenden. Es ist wahr, daß Christus nicht versucht hat, die Sklaverei aufzuheben; aber widersprach nicht schon die Forderung der Brüderlichkeit der Sklaverei, namentlich der Art, wie sie in Deutschland vielerorts gehandhabt wurde? Ließ Christus sie bestehen, so war es doch tatsächlich keine Sklaverei mehr, wenn der Herr sich wie ein liebender Bruder zu seinem Sklaven stellte. Ferner: diente man dem Seelenheil der Fürsten und Herren, wenn man, indem man ihre Untertanen zu sklavischer Unterwürfigkeit anhielt und jeden Widerstand ausschaltete, mochten sie so bösartig und lasterhaft sein wie sie wollten, fast gewaltsam in ihren Lastern bestärkte? Nur ein Prophet, der die Fürsten beherrschte und dauernd zum Guten zwang, konnte eine solche Art der Menschenbildung einigermaßen verantworten. Das Verhältnis zur Obrigkeit hatte aber bei den Germanen gar nicht den Charakter sklavischer Untertänigkeit; es war üblich, daß dem Herrn nicht gehuldigt wurde, bevor er gelobt hatte, die Freiheiten der Untertanen zu halten, zuweilen hatten die Untertanen sogar das Recht, sich einen anderen Herrn zu wählen, wenn ihre Privilegien verletzt waren. Im allgemeinen hatte man so viel Freiheit, wie man sich erkämpfen konnte; nur dadurch war es möglich geworden, daß die Handwerker in den Städten teils zur Mitregierung, teils zur Herrschaft gekommen waren. Gerade daß es nicht eine starr verteilte Herrschaft und Untertänigkeit gab, sondern ein Aufundabwogen der Beziehungen nach dem Maßstab der jeweiligen Kraft oder Einsicht und der Verhältnisse gab dem mittelalterlichen Reich den eigentümlichen Charakter schöner Lebendigkeit und bildsamer Fülle. Wieviel größer wäre Luther an diesem Platze gewesen, wenn er, wie Albertus Magnus in Köln getan hatte, sich vermittelnd zwischen Fürsten und Volk gestellt und einen Ausgleich zuwege gebracht hätte! Wenn einer, so hätte er es vermocht, bei dem außerordentlichen prophetischen Einfluß, den er damals hatte. Ohne Rechtsgelehrter zu sein, hätte er das gekonnt; urteilte er doch sonst über alle menschlichen Verhältnisse, und handelte es sich doch gar nicht um römisches Recht, das erst hätte studiert werden müssen. Allein Luther hatte sich bereits für die Partei der Fürsten entschieden, denen er den Schutz seiner Lehre verdankte. Seine Sorge galt viel mehr der ferneren Erhaltung dieser Lehre, die er gleichstellte mit der Wahrheit, als der Lage der Bauern; daß man allgemein ihm die Schuld gab, er habe mit seiner Auflehnung gegen den Papst und seiner Bekämpfung der katholischen Fürsten die Revolution eingeleitet, daß man die Revolution der Bauern einbezog in die seinige, stimmte ihn zornig gegen die Bauern, ohne daß er sich das eingestand. Um diesen Vorwurf zu entkräften, betonte er sein Verdienst um die Stärkung des Ansehens der Obrigkeit, was mit der tyrannischen Seite seines Wesens zusammenstimmte. Seine Herrschsucht und Rechthaberei grenzte zuweilen an das Satanische. Allerdings hielt er in dem Sendschreiben, mit dem er das Ansinnen der Bauern, Schiedsrichter in ihrer Sache zu sein, beantwortete, den Fürsten und Herren ihr Unrecht streng vor, wie er denn aus seiner Verachtung der Fürsten, ihrer Roheit, Verderbtheit, Sittenlosigkeit, Grausamkeit nie ein Hehl gemacht hat; aber um so peinlicher berührt es, daß er das Volk solchen Wüterichen auslieferte. Die dann folgende Anrede an die Bauern ist viel eindringlicher, viel eingehender setzt er ihnen ihr Unrecht auseinander, man vergißt darüber, daß er auch jenen ins Gewissen geredet hat, und gewinnt den überzeugenden Eindruck, daß er es mit den Fürsten hält. Vollends war das der Fall, als bald nachdem er sein Sendschreiben veröffentlicht hatte, Gewalttätigkeiten von den Bauern begangen wurden und in Thüringen sein verhaßter Gegner, Thomas Münzer, an die Spitze trat und zu rücksichtsloser Anwendung von Gewalt aufforderte. Thomas Münzer hatte mehr Mitgefühl für die Leiden des armen Mannes als Luther, der so viel seelische Qualen erlitt, daß er äußere Entbehrungen gering einschätzte, und wer wollte es nicht begreifen, daß die grenzenlose Selbstsucht der herrschenden und besitzenden Klassen einen, der den Schutz der Armen und Rechtlosen übernommen hatte, zu Haß und Rache entflammte? Hat jemals gutes Zureden die Herrschenden und Besitzenden dazu vermocht, auf einen Teil ihres Besitzes zu verzichten? Mit gütlichen Vorstellungen war es bereits vergeblich versucht worden, nun predigte Münzer in Mühlhausen Gewalt und Blutvergießen. Von da an sah Luther in den Bauern nur noch Mörder, Räuber, Banditen, die man niederschlagen müsse wie tolle Hunde. Das alte Reich mit allen Wunderwerken seiner Kultur schien in Barbarei versinken zu sollen.

Die Fürsten bedurften der Ermahnung zur Schärfe nicht. Hatten sie anfangs ratlos gezögert und sich sogar zu Zugeständnissen bereit erklärt, so ließen sie nun, nachdem die Bauern sich ins Unrecht gesetzt hatten, ihrer Wut die Zügel schießen. Das Werkzeug zur Unterdrückung von Unruhen war seit Jahren der Schwäbische Bund, in dem Bayern den Ausschlag gab. Es war für den Ausgang des Bauernkriegs von großer Wichtigkeit, daß es den Bauern nicht gelang, den Aufstand nach Bayern hinüberzuspielen. An der Spitze des Herzogtums standen damals die Brüder Wilhelm und Ludwig, der eigentliche Regent war ihr Kanzler Leonhard von Eck, dessen Skrupellosigkeit beinah etwas Imposantes hat. Er kannte keinen anderen Standpunkt als das Wohl Bayerns, das heißt das Wohl der Regierung, mit dem sein und der Herzöge persönliches Wohl untrennbar verbunden war. Gott, Papst, Kaiser, Reich, Gewissen, alles das kam für ihn nur insoweit in Betracht, als es sich für Bayern, ihn und die Herzöge ausnützen ließ. Die lutherische Bewegung war ihm zuerst nicht unwillkommen; er machte Wilhelm darauf aufmerksam, daß sie benützt werden könne, um vom Papst allerlei Rechte zu ertrotzen, auf die der Staat Wert legte, was auch gelang. Während er mit dem Kaiser und mit Erzherzog Ferdinand in höflichen Formen verkehrte, tat er alles, um ihnen entgegenzuwirken, wie denn Wilhelm die böhmische Krone an sich zu bringen suchte. In bezug auf den Bauernaufstand stimmte er von Anfang an für Niederwerfung mit den Waffen ohne irgendwelche Zugeständnisse. Anführer der Truppen des Schwäbischen Bundes, der die hauptsächliche Arbeit leistete, war der Truchseß Georg von Waldburg; er führte seine Aufgabe, Deutschland zu beruhigen, rasch und sachlich durch, ein Mann von soldatischer Härte, ohne besonders bösartig und grausam zu sein. Nachdem es einmal zum Kriege gekommen war, erwies sich die Gefahr als nicht so groß, wie sie sich dargestellt hatte. Es fehlte den Bauern namentlich an tüchtigen militärischen Führern. Götz von Berlichingen trat halb gezwungen auf ihre Seite und machte sich aus dem Staube, sobald sich die Gelegenheit bot. Der fränkische Ritter Geyer von Geyersberg setzte sich ganz für sie ein und kämpfte für sie bis zum Tode; aber er konnte sie nicht davon abbringen, die Burg von Würzburg erstürmen zu wollen, woran sie sich verbluteten; auch war er nur das Haupt

eines Haufens. Einige Ritter, die bei Sickingens letzter Fehde ihre Güter verloren hatten, so Sickingens Sohn Hans und Hartmut von Kronberg, waren zu wenige und vielleicht auch nicht geschickt genug, um etwas Wesentliches auszurichten. Unter den bäuerlichen Führern waren tüchtige Leute, den Massen aber nicht geistig überlegen, die Prädikanten hatten keine militärische Erfahrung und konnten, von Ort zu Ort gehetzt, keinen dauernden und allgemeinen Einfluß gewinnen. Merkwürdig ist die Tatsache, daß die Bauern in den vielen Schlachten des Bauernkrieges nicht nur besiegt, sondern sogleich in die Flucht geschlagen wurden, kaum Widerstand versuchten. Denkt man daran, daß im 14. Jahrhundert zu Fuß kämpfende Bauern große Ritterheere vernichteten, so ist ihre klägliche Haltung im 16. Jahrhundert erstaunlich. Dabei war der einzelne Bauer nicht kraftlos und mutlos; waren doch die gefürchteten Landsknechte Bauern. Ihre Unzulänglichkeit muß wohl an der mangelnden Führung gelegen haben; auch standen sie nicht schwerfälligen Rittern, sondern geschulten, zweckmäßig ausgerüsteten Truppen gegenüber.
Nach dem Blutvergießen der Schlacht begann das Blutvergießen der Rache. Nach der Schätzung der Zeit sind im ganzen 130 000 Bauern umgekommen; rechnet man die Opfer der vorangegangenen kleineren Aufstände dazu, so wird die Zahl erheblich größer. Der Profos des Schwäbischen Bundes rühmte sich, mit eigener Hand 1 200 Personen vom Leben zum Tode gebracht zu haben. Glücklich zu preisen waren die, welche in der Schlacht gefallen waren, die anderen wurden ausgesuchten Martern unterworfen. Markgraf Kasimir ließ einem Teil der schuldig Befundenen die Augen ausstechen und erlaubte nicht, die Wunden zu verbinden, so daß viele daran starben. Die menschliche Bestialität tritt nie schamloser hervor, als wenn Menschen, die sich brutaler Herrschaft entziehen wollten, ihr wieder unterworfen worden sind. Es ist unrichtig, die Roheit der Zeit als Erklärung und Entschuldigung anzuführen: die Gebildeten verurteilten die Grausamkeit der Sieger durchaus, so daß sie Luther seine Schrift zum Vorwurf machten, in der er die Losung gegeben hatte, die Bauern ohne Gnade niederzumachen. Nicht nur seine katholischen Gegner ergriffen die

Gelegenheit, ihn zu tadeln, auch seine Freunde blickten entsetzt auf diesen Dämon, der so edles Licht ausstrahlen konnte und plötzlich Dreck und Steine und rasendes Feuer spie. Luther hatte die Eigenschaft, im Zorn, überhaupt in der Erregung, die Heftigkeit seiner Empfindung unmittelbar auf Papier zu bringen. Hernach sah er wohl etwaige Übereilung und Übertreibung ein, aber er war zu rechthaberisch, um sein Unrecht einzugestehen, besonders wenn es ihm andere vorwarfen. Er versteifte sich dann immer mehr und häufte neues Unrecht auf das alte in der Meinung, sich dadurch unangreifbar zu machen. Als ein Mansfelder Freund, der Kanzler Caspar Müller, sich über Luthers Verhalten gegen die Bauern durchaus nicht beruhigen konnte, verantwortete er sich in einer Weise, die Hartnäckigkeit und unehrliche Sophistik zur Unbarmherzigkeit fügte. Auf den Vorwurf, die Bauern hätten nicht gemordet, er aber wolle, daß sie umgebracht würden, entgegnete er, sie würden gemordet haben, wenn sie gesiegt hätten. Ihn zu rechtfertigen, mußte die willkürliche Annahme dienen, bösartige Untertanen, denen es nur zu gut gegangen sei, hätten sich in räuberischer Absicht gegen ihre fromme Obrigkeit erhoben; wie anders es in Wirklichkeit war, wußte jeder und wußte Luther genau. Einem sächsischen Herrn von Einsiedel, der sein Gewissen wegen der Frondienste, die er seinen Bauern zumutete, bedrückt fühlte, redete er im Verein mit Melanchthon die Bedenken aus. Melanchthon übertraf Luther noch an Schärfe; seine Ansicht war, für ein so ungezogenes Volk wie die Deutschen sei Leibeigenschaft eher zu milde, jedenfalls müsse die Obrigkeit ihre Strafgewalt strenger handhaben.
Luthers Wendung gegen die Bauern konnte nicht hindern, daß die Katholiken ihm Schuld gaben, sie aufgehetzt zu haben; und wenn das auch nicht seine Absicht gewesen war, so mochte doch seine geringschätzige Art, von den Fürsten zu sprechen, die nichts könnten als fressen und saufen und den armen Mann schinden, die Gott aber bald vom Stuhle stürzen werde, nicht ohne Einfluß auf die Unzufriedenen gewesen sein. Für seine Stellung zu den Deutschen bedeutete der Bauernkrieg einen Einschnitt: er war seitdem fest an die Fürsten gebunden, von einem Teil seines Volkes, namentlich von den Bauern, ge-

trennt. Sie mußten sich dem Zwang unterwerfen; aber sie hatten kein Vertrauen mehr zu dem, auf den sie gehofft und der sie ihren Bedrückern aufgeopfert hatte; viele haßten ihn.
Um öffentlich kundzutun, wie gleichgültig ihm die gegen ihn gerichteten Angriffe wären, heiratete er mitten im Wüten des Krieges und der Rache Katharina von Bora, eine Nonne, die mit mehreren anderen das Kloster verlassen und sich unter seinen Schutz gestellt hatte. Auch die ihm wohlwollten, begriffen nicht, wie er ein Fest feiern mochte, während Deutschland trauerte; es war, als wolle er zeigen, daß er nicht zu dem trauernden Volk, sondern zu den feiernden Siegern gehöre. Selbst in der Leichenpredigt, die er seinem verstorbenen Kurfürsten hielt, gedachte er mit harten Worten der aufständischen Bauern und daß Gott den gemeinen Pöbel nicht wolle siegen lassen, sondern Gnade und Gaben der Obrigkeit verleihe.
Kurfürst Friedrich, ein Sohn des Friedens, ein stilles Haupt, wie Luther ihn nannte, hatte freilich Gnade und Gaben empfangen. »Vielleicht hat man den armen Leuten Ursache zu solchem Aufruhr gegeben«, sagte er, als er zuerst von dem Ausbruch der Bewegung hörte. Kurz vor seinem Tode, er starb am 5. Mai 1525 auf seinem Schloß zu Lochau, empfahl er seinem Bruder und Nachfolger, Gnade gegen die Bauern zu üben, die zu seinem großen Leidwesen sich auch in Sachsen erhoben hatten. Er hatte das Gotteswort in seinem ganzen schlichten, allverständlichen Sinn, der Liebe zum Nächsten, in sich aufgenommen, weil es die Sprache seines Herzens war. In seiner stillen Art hatte er sich für das, was er als Wahrheit erkannt hatte, eingesetzt, obwohl er, gerade weil er fromm war, sich nicht leicht aus den ehrwürdigen Formen der Kirche löste. Die einsichtigen Bauernführer empfanden seinen Tod als schweren Verlust; es war keiner unter den Fürsten, der so viel guten Willen und Gerechtigkeitssinn und zugleich so viel Ansehen hatte, daß er in diesem schweren Streit hätte vermitteln können. Der am meisten dazu berufen war, der Kaiser, und dessen Macht gerade jetzt so gestiegen war, daß er etwas hätte ausrichten können, war in Spanien und mit ganz anderen Dingen beschäftigt. Einer Überlieferung nach habe Gattinara, sein Kanzler, ihm geraten, sich mit Hilfe der Bauern zum Herrn

in Deutschland zu machen. Die Heilbronner Reichsreform wollte ihm das zuwenden, was er, wie er selbst in Worms gesagt hatte, erstrebte; aber sosehr es ihm ernst war, Herr im Reich zu werden, so fern lag es ihm, sich dabei auf die unteren Volksschichten zu stützen.

Gleich nach dem Bauernkriege verfaßte der Ritter Hans von Schwarzenberg, ein bedeutender, evangelisch gesinnter Mann, der lange im Dienst des Bischofs von Bamberg gestanden hatte, eine für den Reichstag bestimmte Eingabe, in der er, da die geistlichen Güter keinen Nutzen mehr stifteten, eine allgemeine Säkularisation in Vorschlag brachte. Nicht die unteren Stände, sagte er mit Anspielung auf die Ereignisse des Bauernkrieges, sollten die Güter an sich reißen, sondern die Obrigkeiten, Kaiser und Reich, sollten die Einziehung in die Hand nehmen. Aus dem Kirchengut sollten die ihrer Einkünfte beraubten Geistlichen entschädigt, die Pfarrer besoldet werden, es sollten Schulen gegründet werden und Stifte für adlige Mädchen, denen es freistehen sollte auszutreten, wenn sie heiraten wollten. Vor allem sollte ein Heer errichtet werden, in dem der Ritteradel verwendet würde, das dem Kaiser eine vorher noch nie erhörte Macht zu verleihen geeignet sei. Noch einmal erschien das Programm Huttens, von einem Standesgenossen aufgenommen. Wäre es dem Reichstag eingereicht worden, was nicht wahrscheinlich ist, würden es die Fürsten abgelehnt haben. Nach dem Scheitern der ritterlichen und der bäuerlich-städtischen Revolutionsversuche standen dem Kaiser im Kampf mit den Fürsten um die Reichsreform nur noch seine Persönlichkeit und die Hilfsquellen seiner außerdeutschen Besitzungen zu Gebote.

PAVIA

Während Karl den Reichstag zu Worms abhielt, eroberte Cortez ihm Mexiko, während er im Winter 1525 sich in Spanien aufhielt, erfochten seine Feldherren den Sieg von Pavia. Es handelte sich um den Besitz von Mailand, vielleicht auch um den von Neapel, die beide Franz I. von Frankreich an sich bringen wollte. Die Kaiserlichen hatten sich in Pavia, der stärksten Festung des Herzogtums, festgesetzt, wurden aber bedrängt von einem auserlesenen französischen Heer, bei dem sich der König in Person befand und das eine, wie es schien, unangreifbare Stellung in einem ummauerten Park zwischen dem Tessin und der Stadt Pavia innehatte. Den gehofften Entsatz durch Lannoy, den Vizekönig von Neapel, glaubte dieser nicht unternehmen zu dürfen, weil ein zweites feindliches Heer sich Neapel näherte, das er nicht ungedeckt lassen dürfe. In dieser fast aussichtslosen Lage entschloß er sich dennoch, auf den Rat Pescaras den verwegenen Schritt zu wagen und die Franzosen vor Pavia anzugreifen. Das französische Heer war nicht nur an Zahl überlegen, sondern durch die Anwesenheit des Königs und des tapferen, ehrliebenden Adels begeistert, glaubte sich außerdem durch seine Stellung gesichert. Fast die Hälfte dieses Heeres bestand aus Deutschen und Schweizern. Die Deutschen trugen schwarzen Harnisch und schwarze Fahnen und wurden deshalb die Schwarze Bande genannt. Es waren darunter ein Herzog von Württemberg, ein Graf von Nassau, ein Graf von Lupfen, ein Augsburger Langenmantel, Sohn des Johann Langenmantel, der vierzehnmal Bürgermeister seiner Stadt gewesen, und viele andere von Adel; sie waren alle in des Kaisers Acht und Aberacht. Das kaiserliche Heer war zusammengesetzt aus Spaniern, Italienern und Deutschen und vorzüglich geführt durch Lannoy, Pescara und die deutschen Landsknechtshauptleute Georg von Frundsberg, Marx Sittich von Ems und Niklas von Salm. Unter ihnen ragte Georg von Frundsberg durch Charakter und Gesinnung hervor. Er war ein sehr großer und schwerer Mann, ein Vater seiner Landsknechte, die ihm seine Gerechtigkeit und Fürsorge mit opferwilliger Hingabe vergalten. Das Geschlecht der Frundsberg stammte aus der Gegend zwischen Innsbruck und Schwaz; ein Zweig zog nach Schwaben und erwarb dort die Burg Mindelheim. Schwaben lieferte die meisten Landsknechte; es gab noch immer Schwabenstreiche wie zu Barbarossas Zeit, wie denn ein Heerdegen in Ungarn, als er im Rausch von Türken überfallen wurde, neun tötete und den Ritterschlag, den Karl V. ihm erteilen wollte, ablehnte.

Die Ausrüstung der Landsknechte, für die sie selbst zu sorgen hatten, war oft mangelhaft; als einmal ein Venezianer über die nackten Landsknechte spottete, sagte Frundsberg, er habe wohl nackte Knaben, aber wenn sie einen Pokal Wein im Busen hätten, wären sie ihm lieber als die Venediger, die Harnisch bis auf die Füße trügen. Man versorgte die deutschen Soldaten mit Wein, solange es möglich war; die Spanier und Italiener waren eher einmal mit Wasser zufrieden. Frundsberg war dem Luthertum geneigt, ohne deshalb in der Treue zum Kaiser zu wanken. Er war ein Liebhaber der Musik und machte Gedichte; das Kriegshandwerk, das er so erfolgreich ausübte, verurteilte er »wegen Verderbung und Unterdrückung der armen unschuldigen Leute, des unordentlichen und teuflischen Lebens des Kriegsvolks und der Undankbarkeit der Fürsten«. Im Bauernkriege suchte er den Kampf zu vermeiden, indem er die Bauernführer zu friedlicher Verständigung überredete. Er bereicherte sich nicht im Dienste des Kaisers, sondern opferte sogar vom Seinigen, um die dauernde Geldnot zu überwinden. Frundsbergs 13000 Mann, ungefähr die Hälfte des Heeres, trugen sehr viel zu dem unverhofften, beispiellosen Siege bei, den die Kaiserlichen vor Pavia erstritten. Die Schwarze Bande wurde von ihm umschlossen und niedergemacht; nur wenige entrannen dem Tode und fielen zwei Jahre später. Es fiel der größte Teil des heroisch kämpfenden französischen Adels, und gefangen wurde der König, der mit äußerster Bravour den Zusammenbruch seiner Armee hatte aufhalten wollen.

Als dem jungen Kaiser in Madrid die Nachricht von dem überwältigenden Siege gebracht wurde, kniete er vor einem Madonnenbilde nieder und barg sein Hochgefühl im Gebet. Wie wenig Verständnis er auch für evangelische Frömmigkeit haben mochte, so war ihm doch eine Beziehung zum Lenker der Geschicke Bedürfnis; die Ergießung seines Herzens gegen Gott war nicht nur Gewohnheit. Wenn er den Ausdruck der Siegesfreude vornehm mäßigte und öffentliche Feiern verbot, weil sich das unter Christen nicht zieme, war er durchaus nicht mäßig in den Bedingungen, die er dem Überwundenen stellte. Fürsten, die abseits von der Schlacht sind, pochen oft mehr auf ihren Sieg als der Feldherr, der ihn erfocht. Karl glaubte, einen

Fehler zu begehen, wenn er ihn nicht aufs äußerste ausnützte: er verlangte von Franz nicht nur Verzicht auf Mailand und Neapel, sondern auch auf das gesamte Erbe Karls des Kühnen mit Einschluß des ganz französischen Burgund. Ungeduldig, die Freiheit wiederzugewinnen, leistete Franz den Eid auf den harten Frieden, ohne sich dadurch gebunden zu fühlen. Scheinbar hatte Karl dadurch, daß Frankreich auf absehbare Zeit ausgeschaltet schien, eine Macht erlangt, die ihn zum Haupt des Abendlandes machte, verfügte er doch mit Spanien über die Schätze der Neuen Welt; in Wahrheit brachte die Stunde des größten Erfolges ihm vermehrte Gefahren. Jeder große Gewinn in der Politik bringt eine Korrektur mit sich, indem gegen die angeschwollene Macht die eifersüchtigen Nachbarn sich erheben und fast mechanisch das Gleichgewicht sich wiederherzustellen sucht. Der Papst, der schon Karls Kaiserwahl nur widerwillig zugelassen hatte, fühlte sich durch seinen Machtzuwachs in Italien bedroht und war sofort bereit, Franz seiner Eidesverpflichtung zu entbinden und ihn im Kriege zu unterstützen. Mailand, Venedig, Florenz, der König von England traten dem Bunde bei. Es zeigte sich, wie schwierig für Karl als Kaiser und Erzherzog von Österreich die Lage des Reiches in der Mitte von Europa war. Er war von Mächten umringt, die auf der Hut vor ihm waren, von denen zwei nach Ausdehnung trachtende, angriffslustige Feinde waren: Frankreich im Westen und die Türken im Osten. Aus der Eroberungssucht Frankreichs und dem Streit um das burgundische Erbe, das aus französischen und deutschen Gebieten zusammengeschmiedet war, entstand seit Maximilians Zeit ein nur zuweilen unterbrochener Krieg zwischen Frankreich und dem Kaiser, den das Reich dabei nur wenig und ungern unterstützte. Man gewöhnte sich im Reich, ihn als einen Krieg zwischen Frankreich und Österreich, zwischen Habsburg und Valois anzusehen. Die Stände, Fürsten und Städte waren kurzsichtig genug, dem Kaiser auch gegen die Türken nur zögernd beizustehen. Ein so kluger und tüchtiger Fürst wie Friedrich III. von der Pfalz machte es dem Kaiser zum Vorwurf, daß er sich mit Ungarn beladen und dadurch den Türken sich zum Feinde gemacht habe. Nach mittelalterlicher Weise wurde der Kampf

gegen die Türken als eine Angelegenheit des Papstes und der gesamten Christenheit betrachtet, und bei der allgemeinen Verstimmung gegen den Papst verhielt man sich ablehnend gegen den Krieg, der seine Sache war. Diese widersinnigen Verhältnisse verschärfte noch die lutherische Spaltung. Für die lutherischen Fürsten wurden Frankreich und die Türkei zu Errettern, die den Kaiser verhinderten, ihren Glauben zu unterdrücken; aber auch die katholischen sahen ihn nicht ungern außerhalb des Reiches beschäftigt; Bayern freute sich jeder Gelegenheit, ihn aus seiner Vormachtstellung zu verdrängen.
Karl, der Sieger von Pavia, war dem Luthertum furchtbar; der zugleich von Frankreich, Italien, England und der Türkei Bedrohte konnte im Reich nichts ausrichten. Denn Franz I. hatte sich nicht gescheut, als Gefangener in Madrid den Sultan Suleiman, den Feind der Christenheit, um seine Hilfe anzugehen. Auch ohne das hätte wohl Suleiman, tatkräftig und eroberungslustig wie er war, willens, seine Herrschaft über Europa auszudehnen, die günstige Gelegenheit benutzt: mit einem ungeheuren Heer rückte er im April 1526 gegen Ungarn vor. Auf dem Reichstage zu Speyer, der im Sommer 1526 eröffnet wurde, hoffte Ferdinand, Reichshilfe gegen den Erbfeind zu erlangen. Nachdem er zum Kaiser gewählt war, hatte Karl die österreichischen Lande seinem jüngeren Bruder überlassen, der äußerlich weniger anziehend und geistig weniger begabt, aber ein ebenso fleißiger und gewissenhafter Arbeiter und ein ebenso aufrichtiger Katholik war. Da der Kaiser durch die neuen Kriegsverwicklungen ferngehalten wurde, leitete er den Reichstag.
Im allgemeinen wagten die Stände sich damals die Möglichkeit einer dauernden Spaltung noch nicht einzugestehen. Einigkeit im Glauben war nach allgemeiner Meinung die notwendige Grundlage des Reiches; gerade der Reichstag war dazu da, aus den verschiedenen Interessen und Willensrichtungen der Stände einen einmütigen Reichswillen herauszubilden. Insgeheim hoffte jede Partei, die andere zu sich hinüberzuziehen, anstatt das auszusprechen, beredete jede die andere, etwas nachzugeben. Unter den katholischen Ständen waren namentlich die weltlichen, an der Spitze Herzog Georg von

Sachsen, der erbitterte Feind des Luthertums, durchaus bereit zur Abstellung von Mißbräuchen, wie sie längst in den hundert *Gravamina* vom Papst gefordert wurden. So saßen denn Kommissionen zusammen und berieten über eine Einigungsmöglichkeit durch Reform des Klerus; mit Empfehlung der Priesterehe und der Austeilung des Abendmahls in beiderlei Gestalt kamen die Katholiken den Evangelischen entgegen. Mitten in dieser verheißungsvollen Arbeit überraschte Ferdinand den Reichstag durch die Mitteilung, daß sein kaiserlicher Bruder fest auf der Ausführung des Wormser Edikts beharre, also auf der endgültigen Vernichtung der lutherischen Ketzerei. Schrekken auf der einen, Verlegenheit auf der anderen Seite verbreiteten sich; der Reichstag hätte sich aufgelöst, wenn nicht allen bald klargeworden wäre, daß weder Karl noch Ferdinand scharfe Beschlüsse durchzuführen augenblicklich imstande waren.

Hauptsächlich die Städte und der junge Landgraf von Hessen waren es, die durch die Entschlossenheit, mit der sie für ihre Überzeugung eintraten, einen für die Evangelischen vorteilhaften Ausgang bewirkten. Philipp, der Sohn der schönen und kampflustigen Anna von Mecklenburg, hatte schon auf dem Reichstage zu Worms, damals 17 Jahre alt, Interesse für die lutherische Lehre gezeigt und sich in Gedanken damit beschäftigt. Drei Jahre darauf begegnete er, als er zu einem Armbrustschießen nach Heidelberg ritt, Melanchthon, der von einem Ausfluge in die Heimat nach Wittenberg zurückkehrte, und begrüßte ihn mit einer scherzenden Anrede. Nachdem sie sich über die religiösen Fragen der Zeit unterhalten hatten, ersuchte Philipp den Professor, ihm eine schriftliche Erklärung der Grundgedanken von Luthers Lehre zuzustellen, und wurde durch die Abhandlung, die Melanchthon ihm zuschickte, vollständig gewonnen. Philipp war kein tiefsinniger, kaum ein nachdenklicher Mann, aber voll Verständnis und Interesse für alle Fragen des geistigen Lebens, und mit einem gesunden Verstande ging er gern und ohne Vorurteile auf die Probleme ein. Er vertiefte sich so in die Bibel und die Glaubensfragen, daß er es mit gelehrten Theologen aufnehmen konnte. Ihm kam es aber weniger auf die Lehre an als auf die praktischen

Folgerungen aus derselben; als tatkräftiger Mann und Fürst betrachtete er die Religion als erzieherische Macht, die ihre Wahrheit durch die Früchte erweist, die sie an den Menschen erzielt. Seine Liebenswürdigkeit, ja man darf sagen seine Größe, bestand darin, daß er mit einer Freiheit lebte und handelte, wie sie nur Menschen von angeborenem Adel und vollkommener Ehrlichkeit auch gegen sich selbst eigen ist, und daß er, in Deutschland eine Ausnahme, im Umgang mit Menschen nicht ihren Stand, nur ihre Sinnesart beachtete. Er war nicht frei von Fehlern, aber seine Unbefangenheit und Bereitwilligkeit, sie einzusehen und einzugestehen, fielen dagegen in die Waage. Er und der Kurfürst von Sachsen hatten ihre Prediger mitgebracht und ließen sie, da es in der Kirche nicht anging, in ihren Herbergen predigen. Am ersten Freitag seiner Anwesenheit ließ Philipp einen Ochsen schlachten und aß an offener Tafel Fleisch, damit jedermann sehe, daß er die Fasten nicht halte. Die Wichtigkeit der Städte für die Sache der Reformation einsehend, setzte er sich über die zwischen Fürsten und Städten herrschende Verstimmung hinweg und gewann ihr Vertrauen. Besonders der Vertreter Straßburgs, der berühmte Jakob Sturm von Sturmeck, kam ihm an Energie und Furchtlosigkeit gleich.

Aus der verfahrenen Lage, in die der Reichstag durch die Botschaft des Kaisers geraten war, fanden denn auch die Städte einen Ausweg. Sie erklärten sich außerstande, ihren Untertanen das Wormser Edikt aufzudrängen. Sie wiesen darauf hin, wie die Lage des Kaisers durch den Krieg mit dem Papst verändert sei, daß in absehbarer Zeit schwerlich ein Konzil zustande kommen werde, von welchem man doch die Abstellung der Mißbräuche erwarte. Deshalb, schlugen sie vor, möge man eine Botschaft an den Kaiser schicken und ihn bitten, ein freies Konzil in deutschen Landen anzuberaumen, einstweilen aber die Vollziehung des Wormser Edikts zu verschieben und die durch Versäumnis desselben verwirkten Strafen gnädig zu erlassen. Bis zum Konzil wollten sich die Stände so verhalten, wie sie es vor Gott und Kaiserlicher Majestät verantworten könnten. Da alle Kurien einverstanden waren, kam ein Reichstagsabschied in diesem Sinne zustande. Es war ein Ausweg, der der deut-

schen Bequemlichkeit und Saumseligkeit entsprach, er überhob sie einer augenblicklichen Entscheidung, die allerdings nur zerstörend hätte sein können. Immerhin war dieser Abschied ein Sieg für die Lutheraner; denn mehr konnten sie nicht erhoffen, als daß sie zunächst einmal unbehelligt die Reformation in ihrem Gebiet durchführen und neue Anhänger gewinnen konnten. Der Weg einer alle Stände gemeinsam verpflichtenden Losung war verlassen worden.
Zwei Tage nach der Beendigung des Reichstages wurde die furchtbare Schlacht bei Mohacz geschlagen, in welcher die Türken das ungarische Heer gänzlich besiegten und der junge König Ludwig, Schwager des Kaisers, fiel. Ein Teil der Ungarn wählte gemäß dem 1515 mit Maximilian geschlossenen Vertrage Ferdinand, den Mann der Schwester des kinderlos Verstorbenen, ein anderer Teil den mächtigsten Vasallen der ungarischen Krone, Johann Zápolya, Woiwoden von Siebenbürgen, der stets bereit war, sich durch Anschluß an die Türkei gegen Österreich zu stärken. Während die Türken unabwendbar dem Reiche näherrückten, bekriegten sich Kaiser und Papst, die Häupter der Christenheit.
Im Spätherbst 1526 führte Frundsberg unter größten Schwierigkeiten und nachdem er die Juwelen seiner Frau versetzt hatte, um Geld zu schaffen, seine Landsknechte über die Alpen. Das Gerücht ging, er habe einen goldenen Strick bei sich, um den Papst daran aufzuhängen; sicherlich gönnte er dem hinterlistigen Feinde seines Kaisers eine gründliche Strafe. Zwischen Parma und Piacenza vereinigte er seine Rotten mit einem spanisch-italienischen Heer unter dem berüchtigten Connetable von Bourbon, dem mit seinem König entzweiten französischen Vasallen; sie waren bereit, in den Kirchenstaat einzufallen. Im Schrecken darüber schloß Clemens VII. einen Waffenstillstand ab, der aber nicht nach dem Sinn der wie immer unbezahlten Soldaten war. Der Papst erklärte sich bereit, eine gewisse Summe zu ihrer Befriedigung zu geben, aber nicht soviel, wie verlangt wurde. Eine Meuterei entstand, die nicht einmal das persönliche Dazwischentreten Frundbergs stillen konnte: als die Empörer die Spieße auf ihren Vater richteten, brach er, vom Schlage getroffen, zusammen. Ein Jahr lang versuchten die

Ärzte des Herzogs von Ferrara vergeblich ihre Kunst an ihm, er verlangte heim und kam rechtzeitig in Mindelheim an, um dort zu sterben. Doppelt erbittert über den Verlust, der die aufgeregten Soldaten jäh ernüchtert hatte, zog das deutsch-spanische Heer über den Apennin und erstürmte die Ewige Stadt am 6. Mai. Da der Papst, in Erwartung französischer Hilfe, sich auch jetzt noch weigerte, die zur Entschädigung der Truppen verlangte Summe zu zahlen, begann die Plünderung. Zwei Wochen lang verheerte ein ausgelassenes, wütendes Kriegsvolk mit Raub und Mord die üppige Herrin des Abendlandes. Die Deutschen waren dabei, obwohl Lutheraner und erpicht auf Essen und Trinken wie auf Geld, das sie rasch wieder verspielten, weniger grausam als die katholischen Italiener und Spanier. Mit dem heidnisch übermütigen, glanzvollen, Göttern sich gleichsetzenden Rom war es für immer aus. Eine Epoche schwindelnd hoch gesteigerter Kultur war zu Ende. Die Humanisten trauerten; daß Melanchthon in die Klage über den Fall der großen Mutter einstimmte, die Gesetze, Wissenschaften und Künste der Welt gegeben habe, zeigt, wie der doppelte Ursprung des geistigen Lebens in Deutschland bis in die Seelen der einzelnen sich verzweigte und nebeneinander herging oder miteinander verschmolz. Der Staatsmann Karl V. freute sich über die Bestrafung seines italienischen Gegners, als Kaiser und Katholik beklagte er das Unglück des Heiligen Vaters. Er stellte sogar die Festlichkeiten zur Geburt seines Sohnes Philipp ab, die um diese Zeit Spanien mit Jubel erfüllte.

DER ABENDMAHLSSTREIT

Hutten sagte einmal, es unterscheide ihn von anderen, daß der gemeine Schmerz ihm weher tue als ihnen und tiefer vielleicht zu Herzen gehe. Ähnlich sagte Zwingli: »Wo Haß ist, da hat man nicht Sorge füreinander; so ich nun dem bresthaften Regiment und gemeinem Nutz unter der Eidgenossenschaft gern zu Hilfe käme, ist das nicht ein Zeichen des Hasses, sondern der Liebe, die ich bei Gott all meiner Tage von Kindheit an so groß und stark gegen eine fromme Eidgenossenschaft gehabt habe, daß ich in meinen jungen Tagen deshalb fleißig in allerlei Künsten und Klugheit gewesen bin.« Eine Verwandtschaft der Anlage war es vielleicht, die Zwingli sich des sterbenden Flüchtlings so warmherzig annehmen ließ. Bei beiden war die Liebe zum Vaterland der stärkste Antrieb des Handelns. Obwohl er der Reformator seiner Heimat geworden ist, war Zwingli aus eigenem Geiste fruchtbar, nicht so sehr auf religiösem als auf politischem Gebiet. Seiner großen Begabung wegen, die sich früh zeigte, ließ sein Vater ihn studieren und Geistlicher werden. Er trieb die theologischen Studien gründlich als ein tüchtiger Mensch, der tut, was ihm obliegt, aber mit ausgesprochener Neigung die humanistischen. Mit den Humanisten teilte er die Bewunderung des Erasmus, dessen religiöse Haltung wurde sein Vorbild. Die Rückkehr zu den Quellen verlangte das Studium der Heiligen Schrift, besonders des Neuen Testamentes, das Erasmus aus dem griechischen Urtext übersetzt und gleichsam in die Reihe klassischer Schriften erhoben hatte. Aus ihm schöpfte Erasmus die Regeln schlichter Frömmigkeit und Milde, worin er das Wesen der Religion sah. Ein Gedicht des Erasmus, in dem er Jesus sich beklagen läßt, daß die Menschen nicht auf ihn allein hören und ihm allein nachfolgen, der der Brunnen alles Guten sei, machte besonderen Eindruck auf Zwingli. Er legte von nun an die Heilige Schrift allen seinen Predigten zugrunde.

Die Bibel und Christus, das waren auch für Luther die bestimmenden Eindrücke; aber sehr verschieden waren Ursprung und Art derselben bei Luther und bei Zwingli. Bei Luther war erschütterndes Erlebnis, was bei Zwingli erhellend und befreiend sich aus Studium und Nachdenken ergab. Groß war auch die Verschiedenheit der beiden Persönlichkeiten: um Zwinglis heitere Stirn wehte die Schneeluft seiner Berge, flammte das Blau des Himmels der Alpen; Luthers Stimme scheint bald aus einem feuchten Urwald, bald von den Sternen her zu dringen. Was Zwingli dachte und sagte, war klar, plastisch, abgeschlossen, hinter Luthers Worten tut sich eine unendliche Tiefe auf, in der sie langsam verströmen, indes ihr Klang zurückbleibt.

Beide waren sehr musikalisch; von Zwingli wird erzählt, daß er mit allen zu seiner Zeit üblichen Instrumenten – Laute, Harfe, Geige, Trummscheit, Hackbrett, Waldhorn – richtig umzugehen wußte, sowie er sie in die Hand bekam. Aber für Luther war die Musik eine göttliche Kunst, recht für den Gottesdienst geeignet, eine unmittelbare Verkündigung des göttlichen Wortes, während Zwingli die Orgel aus der Kirche verbannte. Auch Zwinglis Sprache hatte gestaltende Kraft und Anschaulichkeit, Luthers war dazu noch voll Melodie, Schmelz und Süßigkeit, sie war vor allen Dingen geladen mit magischer Gewalt. Luther war zugleich Saul und David, das wunderbare Kind, das dem düsteren Gebieter die tröstende Harfe spielt, und der schwermütige Tyrann, der den Speer nach dem Knaben schleudert. Zwingli war ein tapferer Kämpfer gegen äußere Mächte; innere Kämpfe kannte er kaum. Es waren Gegensätze des Lebens, in deren Streit er sich mischte, in denen er siegen oder untergehen konnte; keine unlösbaren, die die Brust zerfleischen, die ihr Schauplatz ist. Es war, als ob die beiden starken Persönlichkeiten, gleich alt, in manchem ähnlich und doch im Grunde entgegengesetzt, durch die große Entfernung hindurch abstoßend aufeinander wirkten.

Als Zwingli zuerst von Luthers Auftreten gegen den Papst hörte, nannte er ihn freilich bewundernd einen Elias. Luther reihte sich ein in die Schar der geistlichen Humanisten, die die Sache der Freiheit und Vernunft und echten Religiosität gegen Scholastik, Aberglauben, Verderbtheit führten. Zwingli war gerecht genug, dies, daß Luther der erste war, der sich offen gegen die päpstliche Zwingherrschaft und Glaubensverfälschung erhob, nie zu vergessen. Daneben aber war er von Eifersucht nicht frei, die ihn trieb, seine Unabhängigkeit zu betonen. Er hielt darauf, daß man wisse, er habe den evangelischen Grundsatz, den Glauben auf die Heilige Schrift zu gründen, selbständig, ohne Luthers Einfluß erfaßt und befolgt. Als er im Jahre 1518 an das Großmünster in Zürich berufen wurde, fing er an, das ganze Evangelium des Matthäus auf der Kanzel zu erklären, eine aufsehenerregende Neuheit. Ein zufälliger, alltäglicher Umstand gab im Jahre 1522 den Anlaß zur kirchlichen Umwälzung. Eine kleine Gesellschaft angesehener Züricher, unter ihnen Zwingli, fand sich an einem Freitag bei dem berühmten Buchdrucker Christoph Froschauer zusammen und wurde, da es Fastentag war, mit Küchlein bewirtet. Vielleicht war einer der Geladenen oder Froschauer selbst ein Liebhaber von Wurst, vielleicht wollten sie auch ihren freien Standpunkt zeigen, genug, der Gastgeber brachte eine Wurst herbei, zerschnitt und verteilte sie. Zwingli beteiligte sich nicht; hernach aber, als der Rat die Übertretung strafen wollte, verfaßte er eine Schrift über die christliche Freiheit, die den Umschwung einleitete.

Während Luther, allerdings unter der Hand von seinem Fürsten beschützt, sich allein mit seiner Person für das, was er lehrte, einsetzen mußte, ging Zwingli von Anfang an Hand in Hand mit der Züricher Regierung vor. Sie schlug den Untertanen gegenüber einen befehlshaberischen Ton an: »Wenn aber jemand weiterhin widerstreben und seine Lehre nicht mit der Heiligen Schrift beweisen würde, so werden wir gegen ihn nach unserem Gutfinden so scharf vorgehen, wie wir es lieber nicht tun möchten.« Als verstehe sich das von selbst, nahm die Regierung, und zwar mit Zwinglis Einverständnis, das Recht in Anspruch, den Glauben ihrer Untertanen zu bestimmen. Auch Luther unterstellte die Kirche der weltlichen Obrigkeit, aber er tat es aus Not, weil sie sich sonst überhaupt nicht hätte halten können, und nicht ohne quälendes Bedenken. Allerdings war Luther Untertan eines Fürsten, Zwingli der eines republikanischen Stadtrates, der annähernd als Vertretung der Gemeinde aufgefaßt werden konnte. Trotzdem blieb die Tatsache, daß die Kirche von einer weltlichen Regierung beherrscht wurde. In der Eidgenossenschaft war dieser Wechsel nicht so spürbar wie im Reich, weil die eidgenössische Regierung sich schon seit geraumer Zeit in vielen Dingen, besonders in den finanziellen, unabhängiger vom Papst gemacht hatte. Nach der vollständigen Loslösung wurde in den reformierten Kantonen das staatliche Wesen so mit dem kirchlichen verschmolzen, daß, ähnlich wie in England, Staatszugehörigkeit und Kirchlichkeit zu einem einheitlichen Patriotismus zusammenschmolz. Beide, Vaterlandsliebe und Religion, verstärkten sich gegenseitig, eher mehr noch die Religion die Vaterlandsliebe als umgekehrt. Sowohl Zwingli wie Luther hatten einen so mächtigen Einfluß auf die Regierung ihrer engeren Heimat, daß sie in ihrer nächsten Umgebung schädliche Übergriffe des weltlichen Regiments einigermaßen verhindern konnten; aber Luther blieb sich doch des häßlichen Widerspruches bewußt, in den er sich durch die Auslieferung der Kirche an die weltliche Regierung zu seiner Befreiertat setzte.

Daß Zwingli so einig mit der Regierung gehen konnte, kam auch daher, daß er als Politiker fühlte, man kann vielleicht sagen als Eidgenosse, dem das Wohl seines Landes in jeder Hinsicht am Herzen lag. Er wollte sein Volk ehrbar, gesund, tüchtig machen, durch Gottesfurcht der Gnade Gottes teilhaftig, blühend und glücklich. Vor allem war er zur Einsicht der Gefahr gekommen, die der Schweiz aus ihrer Teilnahme an den kriegerischen Verwicklungen der benachbarten Großmächte erwuchs, einer Gefahr, die den Bestand des ganzen Gemeinwesens und den moralischen Charakter der einzelnen bedrohte. Indem die verschiedenen Kantone verschiedenen Mächten Werbungen gestatteten, geschah es, daß Eidgenossen gegen Eidgenossen im Felde standen; die Annahme von Pensionen beförderte Bestechlichkeit und den Hang zu Luxus und mühelosem Genießen. Nachdrücklich bekämpfte er vom Standpunkt des Christen aus den Krieg überhaupt. Vielleicht sprach da der Einfluß des Erasmus mit, in dessen Augen der Krieg unchristlich, unsozial, unprofitabel, wider Vernunft und Natur war. Da die meisten Orte sich von Frankreich, der zahlungsfähigsten Macht, gewinnen ließen, bekämpfte Zwingli Frankreich. Wie gänzlich änderte sich das, als die altgläubig gebliebenen Orte der vorwärtsstrebenden reformatorischen Bewegung Halt geboten, ja sie zu unterdrücken suchten. Mit solcher Energie ging Zwingli zu kriegerischer Haltung über, daß man darin seine eigentliche Natur und sein Temperament zu erblicken glaubt. Sofort faßte er nicht nur ein engeres Bündnis mit den bedeutendsten eidgenössischen Orten Bern und Basel ins Auge, sondern auch mit den süddeutschen Städten, die das Evangelium bereits angenommen hatten oder dazu neigten, und scheute sich nicht, der zugewandten Stadt St. Gallen den Besitz des in ihrem Gebiet liegenden Klosters zu versprechen, ja sogar

den sogenannten gemeinen Herrschaften, an denen die katholischen Orte ebensoviel Anrecht hatten wie Zürich, Selbständigkeit und Gewinn an einzuziehenden geistlichen Gütern in Aussicht zu stellen. Noch bedenklicher war es, wenn er die Möglichkeit erwog, die aufständischen Tiroler durch lockende Versprechungen heranzuziehen. War das alles zunächst auch nur Entwurf, so war es doch ernst gemeint.
Als im Jahre 1528 Bern die Reformation einführte und eine engere Verbindung unter den Neugläubigen wirklich vorgenommen wurde, glaubten die fünf Orte, Luzern, Uri, Schwyz, Unterwalden und Zug, der Verstärkung ihrer Gegner eine ebensolche entgegensetzen zu müssen, und schlossen eine Vereinigung mit König Ferdinand. Dieser war sehr erbittert über den Anschluß der Stadt Konstanz an die reformierten Eidgenossen, die durch ihre Lage wichtig war und die er als österreichische Landstadt betrachtete. Ein Bund mit Österreich, durch dessen Bekämpfung sich einst gerade die fünf Orte unvergänglichen Ruhm erworben hatten, mußte bei ihnen selbst schwere Bedenken erregen, aber die Sorge um die Erhaltung ihrer Religion überwand sie. Die Glaubensgenossenschaft zeigte sich stärker als jede andere. »Hängen denn diejenigen«, schrieb Oekolampad an Zwingli, »die in Christus verbunden sind, nicht enger zusammen als die, die nur die Gewohnheit des Fleisches verbindet?« Der Spalt, der die Neugläubigen von den Altgläubigen trennte, ging mitten durch starke Gebilde, die historische Entwicklung, nationale und geographische Zusammengehörigkeit hatte entstehen lassen. Ein Teil der Eidgenossen fühlte sich durch Eidgenossen so bedroht, daß er mit dem Erbfeind Österreich sich verbündete, Zwingli dachte an die Möglichkeit eines Anschlusses an das vorher bekämpfte Frankreich. Das katholische Frankreich, auf welches sich auch die deutschen evangelischen Stände mit Vorliebe stützten, bildete einen merkwürdigen Fremdkörper in der Glaubensfront, neben dem zuweilen auch Bayern auftauchte. Im Reiche mischte sich der Streit über die Religion mit dem alten Kampf der Fürsten gegen die Zentralgewalt, der sie einst das Bündnis mit dem jetzt für einen Teil von ihnen zum Antichrist gewordenen Papst eingehen ließ.

In der Eidgenossenschaft war es Zwingli, von dem der Antrieb zum Kriege ausging. Er wollte die neue Lehre, sein Werk, über die ganze Eidgenossenschaft ausbreiten, damit sie dann wieder ein einziges Ganzes bilden könne; er wollte aber auch verhindern, daß Zürich durch ihn seiner Vormachtstellung verlustig gehe. Er fühlte sich eins mit Zürich, das er mit seinem Geist durchdrungen hatte. Pietät für die fünf Orte empfand er nicht, er sah in ihnen die Feinde, die unschädlich gemacht werden mußten. Als der Ammann von Glarus den bevorstehenden kriegerischen Einbruch der Evangelischen in das Gebiet der fünf Orte verhinderte, damit es zu keinem Blutvergießen zwischen Brüdern komme, sagte Zwingli zürnend zu ihm: »Gevatter Ammann, du wirst Gott Rechenschaft geben müssen. Jetzt, wo die Feinde eingerückt sind, geben sie gute Worte. Du glaubst ihnen und vermittelst. Hernach aber, wenn sie gerüstet sind, werden sie unser nicht schonen und wird auch niemand vermitteln.« Er wollte für seine Überzeugung mit dem Schwerte kämpfen; Luther, dem es an Mut nicht fehlte, lag es näher, für seinen Glauben leiden zu wollen. Lange hielt er an dem Grundsatz fest, daß der Christ zur Erhaltung seines Glaubens keine andere Waffe als das Wort gebrauchen solle. Wird der Christ von den Feinden seines Glaubens getötet, wohlan, so stirbt er dem Herrn: Der Herr wird andere auferwecken, das Blut der Märtyrer wird nicht umsonst geflossen sein. Die Kurfürsten Friedrich und Johann hatten für Luthers Gesinnung Verständnis; ganz anders war Landgraf Philipp geartet. Sein Gefühl drängte ihn zum Kampf; er setzte vom Gegner dasselbe voraus, und daß der umstrittene Gegenstand die Religion war, verstärkte die Kampfeslust, anstatt sie zu dämpfen. Gegen einzelne, die von seinem Glauben abwichen, war er viel milder, als seine Zeitgenossen für richtig und begreiflich hielten; Fürsten gegenüber war er der Fürst, der auf allen Gebieten seine Macht zu wahren und zu mehren hat. Wie in der Eidgenossenschaft, so gingen auch im Reich Gerüchte von Rüstungen und arglistigen Plänen der Gegner um. Beide Parteien versahen sich des Schlimmsten voneinander. Aufregenden Nachrichten Glauben schenkend, ließ sich der Landgraf zu einem Angriff auf die Bischöfe von Bamberg und Würzburg hinreißen; nachdem die Nachrichten als unbegründet erwiesen waren, verlangte und erhielt er von den hilflosen Bischöfen eine große Summe als Entschädigung für die von ihm aufgewendeten Kriegskosten. Ob nicht der Schatten Sickingens vor ihm aufstieg und ihn mahnte? War er nicht auch ein Landfriedensbrecher, als welchen er jenen bis in den Tod verfolgt hatte? Wie tief hatte die jagende Zeit die beiden frühen Freiheitskämpfer in die Vergessenheit des Grabes gleiten lassen! Es war nicht die Art des Landgrafen zurückzublicken. Ohne Bedenken ließ er sich Hilfsgelder von Frankreich zahlen, sah er sich nach Bundesgenossen um für den Fall, daß es zu einer kriegerischen Auseinandersetzung käme. Diese Kampfesfreudigkeit verband ihn mit Zwingli, der ihn als Theologe ganz besonders befriedigte und an staatsmännischer Begabung ihm ähnlich war, wenn man darunter die Fähigkeit verstehen will, mit Umsicht kühne Pläne zu entwerfen und vorzubereiten und für die Ausführung auf die Gunst des Glückes zu hoffen.

In die auf allen Seiten erhitzte Stimmung fiel der Reichstag zu Speyer. Schon als Ferdinand, um die Tagung zu leiten, ins Reich kam, besorgten die Städte, wo er unterwegs sich aufhielt, eine Überrumpelung. Kurz vorher hatten Straßburg und Basel die Messe abgeschafft; Erasmus verließ die Stadt, die ihm lieber als jede andere war, und begab sich nach Freiburg. Memmingen wurde wegen seiner evangelischen Haltung aus dem Schwäbischen Bunde ausgestoßen, Straßburg wurde aus dem gleichen Grunde sein Sitz im Reichsregiment abgesprochen. Die kaiserliche Proposition, mit der Ferdinand Mitte März 1529 den Reichstag eröffnete, forderte zuerst Hilfe gegen die Türken, dann in schroffer Weise Einhaltung des Wormser Edikts. So sicher fühlte sich die Krone, daß sie die dringend notwendige Türkenhilfe in Anspruch nahm, ohne den evangelischen Ständen Zugeständnisse zu machen. Der Kaiser, hieß es, habe jetzt, nachdem ein gutes Verhältnis zum Papst hergestellt sie, begründete Hoffnung, daß bald ein Konzil berufen werde, auf welchem die kirchlichen Dinge geordnet werden würden. Bis dahin sollten alle gewaltsamen Säkularisationen und Verleitung zum neuen Glauben unter Acht und Aberacht gestellt werden. Der Abschied des letzten Reichstages, wonach sich jeder

Stand in kirchlichen Angelegenheiten so verhalten solle, wie er es vor Gott und dem Kaiser verantworten könne, unter dessen Schild sich das Evangelium in den drei letzten Jahren hatte ausbreiten können, dieser Abschied wurde ausdrücklich aufgehoben. Ein Ausschuß, darüber zu beraten, wurde eingesetzt, in dem die Katholiken, wie auf dem Reichstage überhaupt, weit überwogen. Sie machten den Vorschlag, diejenigen Stände, die die Neuerung bereits eingeführt hätten, sollten bis zum Konzil dabei bleiben dürfen, doch sollten sie gehalten sein, die Messe in ihrem Gebiet zu dulden. Die Sekten, welche dem hochwürdigen Sakrament und wahren Fronleichnam und Blut Christi entgegen wären, sollten nirgendwo zugelassen sein. Damit waren die Zwinglianer und die Wiedertäufer gemeint. Es war ein Versuch, die evangelische Partei dadurch zu trennen, daß man der einen eine verhältnismäßige Duldung gewährte, die anderen gänzlich unterdrückte. Noch glückte der geschickte Zug nicht. Eine Minderheit von Fürsten und Städten verwarf das Bedenken des Ausschusses und erklärte, bei dem Reichstagsabschied von 1526 bleiben zu wollen. Die Altgläubigen meinten gesiegt zu haben, hatte sich doch eine Mehrheit von Städten, und auf diese Geldmächte wurde großes Gewicht gelegt, ihnen angeschlossen. Ferdinand war im Begriff, den Reichstag zu beendigen, indem er die Vorlage für verbindlich erklärte, da faßten angesichts der Gefahr einige evangelische Stände einen raschen Entschluß. Nach kurzer Beratung kehrten sie in den Saal zurück und überreichten eine schnell abgefaßte Protestation und Appellation gegen den Abschied, der ohne ihre Einwilligung versiegelt sei und sie deshalb nicht verpflichte. Einen ausführlichen Schriftsatz ließen sie folgen, in dem sie erklärten, daß sie, obwohl dem Kaiser unwandelbar ergeben, doch dem Abschied nicht gehorchen wollten, da der vorige durch einmütige Vereinigung und nicht durch Mehrheitsbeschluß zustande gekommen sei und deshalb auch nur durch einhellige Bewilligung aufgehoben werden könne, »zusamt dem«, so heißt es in dem Schriftstück, »daß auch ohne dies in den Sachen Gottes Ehre und unser Seelen Heil und Seligkeit belangend ein jeglicher für sich selbst vor Gott stehen und Rechenschaft geben muß, also daß sich des Orts keiner auf anderer, minderes oder mehreres, Machen oder Beschließen entschuldigen kann«.

Sie hätten sich mit der Berufung auf die rechtliche Unanfechtbarkeit des Speyerer Abschieds von 1526 begnügen können; aber sie fügten der weltlichen Begründung ihres Handelns die göttliche hinzu, weil sie von ihr aufrichtig erfüllt waren, aus ihr den Mut zu ihrer Tat schöpften. Man tut ihrem Andenken Unrecht, wenn man annimmt, daß auch der Vorteil, den die Reformation ihnen gebracht hatte, insbesondere durch die Einziehung der Kirchengüter, bei ihrem Entschluß ins Gewicht fiel und daß sie doch keine Heuchler waren. Einem Manne, der ein reiches Mädchen heiratet, darf man wohl glauben, daß er sie liebt, wenn er sie auch, im Fall sie arm gewesen wäre, nicht geheiratet hätte. Die Selbstsucht haftet dem Menschen so wesentlich an, daß auch seine Gefühle echter Hingebung und Opferwilligkeit nicht ganz frei von ihr sind. In diesem schicksalvollen Augenblick überwog sicherlich bei den Anhängern des Evangeliums die Frömmigkeit. Sie waren sich bewußt, daß sie von der Acht getroffen werden konnten, daß die Menge der Gegner sie wahrscheinlich überwältigen werde, daß sie auf ihren Untergang gefaßt sein mußten; aber sie wollten das lieber ertragen, als das Wort Gottes preisgeben. Ihre Herzen waren voll von dem Schall der großen Bibelworte, die sie zu lesen und zu hören gewohnt waren: Wer mich bekennt, den werde ich auch bekennen vor meinem himmlischen Vater. Solche Sprüche hatten mehr Wirklichkeit für sie als die Reichstagsabschiede. Die Protestation war unterzeichnet vom Kurfürsten Johann von Sachsen, dem Markgrafen Georg von Brandenburg-Bayreuth, dem Herzog Ernst von Braunschweig-Lüneburg, dem Landgrafen Philipp von Hessen, dem Fürsten Wolfgang von Anhalt. Dazu kamen 14 Städte, darunter Konstanz, Kempten, Lindau, Memmingen, Nördlingen, Nürnberg, Straßburg, Ulm. Neben dem Landgrafen Philipp waren der Städtemeister von Straßburg, Jakob Sturm, und der Vertreter Nürnbergs, Kren, am meisten für entschlossenes Handeln eingetreten.

Seit diesem Reichstag erhielten die Neugläubigen den rühmlichen Namen der Protestierenden oder Protestanten. Wenn

der Name Evangelische auf das Evangelium der Liebe und den Erlöser Christus hinwies, so zeigte der neue Name die stolze Gesinnung, die das Gewissen Gott, aber keinem menschlichen Zwange unterwirft. Die Unterzeichner der Protestation hatten öffentlich und ausdrücklich das entscheidende Merkmal des neuen Glaubens vorgewiesen, das Recht und die Pflicht ihres Glaubens ausgeübt, in jeder menschlichen Beziehung die Beziehung zu Gott vorzubehalten und die Folgen zu tragen.
Es kann in Erstaunen setzen, daß die Reformation mit dem kühnen Schritt der Protestierenden nicht durchaus einverstanden war. Menlanchthon, der sehr unter der Trennung der Nation und der Auflehnung gegen den Kaiser litt, war aufs schmerzlichste bewegt. Luther, der sich im Gegensatz zu Zwingli und seinen Anhängern wußte, mißbilligte dazu noch das gemeinsame Vorgehen mit diesen. Beide waren in Sorge vor neuen, unbedachten Schritten des feurigen Landgrafen.
Der Ausbruch des Krieges schien bevorzustehen. Man wußte, daß der Kaiser nach langer Abwesenheit ins Reich kommen wollte, befestigt in seiner Macht durch den Friedensschluß mit Frankreich und dem Papst; ohne Zweifel hatte er nun die Absicht, die Lutherei gründlich abzustellen. In aller Heimlichkeit verständigte sich Philipp schon in Speyer mit einigen Städten. Die Städte verfügten über Geld, über Geschütze und eine ausgesprochen evangelisch gesinnte Bevölkerung; sie auf seiner Seite zu haben, war ein bedeutender Vorteil. Der Landgraf sah ein, daß es vor allem notwendig war, den Gegensatz zwischen Luther und Zwingli auszugleichen, damit alle Evangelischen, namentlich alle Städte, zu einer Macht zusammengefaßt werden könnten. Neigte doch eine Anzahl gerade der mächtigen oberdeutschen Städte, wie der Landgraf selbst, zur Lehre Zwinglis.
In der Verwerfung der Messe als Opferhandlung stimmten Luther und Zwingli überein. Beide teilten das Abendmahl in beiderlei Gestalt aus, indem sie die Einsetzungsworte Christi nach dem Evangelium des Matthäus der Abendmahlsfeier zugrunde legten. Auch verwarfen sie beide die von der Kirche gelehrte Transsubstantiation, wonach unter dem Wort des Priesters das Brot sich in den Leib des Herrn verwandelt, so

daß nur die Akzidenzien als Farbe, Gestalt, Geschmack bleiben. Luther verwarf aber diese Lehre deshalb, weil er sie für gekünstelt und nicht durch die Einsetzungsworte gerechtfertigt fand, die eine Verwandlung überflüssig machen; Zwingli verwarf sie, weil er überhaupt nicht glaubte, daß irgendwelches Brot und Wein Fleisch und Blut Christi sein könnte, sondern das Abendmahl als eine Gedächtnisfeier ansah, wobei er sich auf die Worte Christi berief: »Solches tut zu meinem Gedächtnis.« Gelegentlich hat er es mit der Gedächtnisfeier der Glarner für die Schlacht bei Näfels verglichen. Es zeigte sich bei dieser Gelegenheit, daß eine Menge Menschen, auch Priester, an die Identität von Brot und Wein mit dem Fleisch und Blut Christi niemals ernstlich geglaubt hatten. Zwingli sprach die Meinung vieler aus, wenn er sagte, daß hier ein Wunder vorliegen würde, das dem Verstande widerstrebe und dessen Zweck nicht ersichtlich sei. Als er nach dem Beispiel eines nordischen Theologen das Wort »ist« in den Einsetzungsworten durch das Wort »bedeutet« ersetzte, traf er das, was allen einleuchtete. Es fehlt in der Bibel nicht an Beispielen figürlicher Rede, wo etwa Christus sich den Weinstock oder die Rebe oder das Brot des Lebens nennt, die Zwingli zugunsten seiner Ansicht anführen konnte. Luther flößte diese Auffassung Schrecken ein. An diesem Punkte wurde es deutlich, wie die Religiosität sich verändert hatte, so daß auch gute und fromme Leute den Unterschied von Religion und Sittenlehre oder Religion und Philosophie nicht begriffen. Mit dem Aberglauben und dem sinnlosen Wunderglauben, der sich in die alte Kirche eingeschlichen hatte, wollten sie das Wunder überhaupt, das Übermenschliche und Unbegreifliche abschaffen. Was Luther entsetzte, war nicht nur, daß man Christi Worte nicht einfach gläubig hinnahm, wie sie gesprochen waren, daß man sich sträubte, Wunder zu glauben, es war das, daß man die Religion zu einem Gedankenwerk machen wollte, daß man die Wirklichkeit Gottes und sein Einswerden mit dem ganzen körperlich-geistigen Menschen und die Verwandlung des ganzen Menschen in göttliches Wesen leugnete. Dies war der Punkt, wo sich jenseitige Wirklichkeit zur diesseitigen herabließ; wer nicht glauben konnte, daß göttliches Wort als Fleisch und Blut im Brot und Wein den

Menschen zur Vergebung der Sünde speise, der konnte auch nicht glauben, daß das göttliche Wort zur Vergebung der Sünde in Christus Fleisch geworden und zur Erde herabgestiegen sei. Glaubte Zwingli überhaupt, daß Christus Gott ist? Glaubte er an einen anderen Gott als das absolute Sein, das übrigblieb, nachdem von allem Sinnlichen abgesehen war?

Luther war fest entschlossen, seine Auffassung vom Abendmahl nicht preiszugeben. Er haßte Zwingli, der unter dem Schein evangelischer Frömmigkeit seine freigeisterische Lehre verbreitete. Er zählte ihn den Wiedertäufern zu, die überall verfolgt und hingerichtet wurden, weil auch er, so meinte Luther, alles auf seinen Geist abstelle und von dem geoffenbarten Gott nichts halte. Andererseits dachte er doch auch so praktisch, daß er den Landgrafen nicht gern verstimmen wollte, und wiederum wußte er, daß es ihm schwer wurde, dem gesellig Liebenswürdigen, im persönlichen Umgang hart zu bleiben. Als die Einladung des Landgrafen, an einem Religionsgespräch zur Ausgleichung der Verschiedenheiten in der evangelischen Lehre teilzunehmen, an ihn gelangte, wäre es ihm lieb gewesen, wenn der Kurfürst ihm die Reise verboten hätte. Anders Zwingli, der dem Landgrafen sofort antwortete, er werde kommen, selbst wenn der Züricher Rat aus Sorge um seine Person ihm die Reise verbieten sollte. Er dachte hauptsächlich daran, daß er mit dem Landgrafen und anderen evangelischen Staatsmännern seine kriegerischen Pläne ausarbeiten könnte, freute sich auch wohl darauf, den Landgrafen persönlich kennenzulernen, der ihm mit so unbefangener Wärme entgegengekommen war. Luther war gequält von dem Streit menschlicher Rücksichtnahme und der göttlichen Wahrheit, die auf Erden zu verkündigen sein Auftrag war. Wie Gideon die Sonne stillstehen hieß, damit die Schlacht gewonnen werden könne, wollte er den mächtigen Strom der Zeit, der der Gottesferne zustrebte, aufhalten und die Erkenntnis des lebendigen Gottes wieder anfachen.

Es war eine ansehnliche Gesellschaft, die Philipp im Herbst 1529 auf seinem Schloß in Marburg über der schlanken, seiner Ahnfrau, der heiligen Elisabeth, geweihten Kirche versammelt hatte, so eifrig und achtlos seiner selbst um seine Gäste besorgt, daß Luther später sagte, er sei wie ein Stallknecht einhergegangen, so daß ihm niemand den Fürsten hätte ansehen können. »Und ging doch«, setzt er herzlich hinzu, »mit großen, hohen Gedanken um.« Von Sachsen waren die Theologen Luther, Melanchthon und Justus Jonas gekommen; Zürich und die oberdeutschen Städte hatten auch Staatsmänner mitgeschickt, da es für sie sich gleichzeitig um ein etwaiges politisches Bündnis handelte. Die Straßburger Theologen Butzer und Hedio begleitete Jakob Sturm, von Basel kam der allerseits geliebte und bewunderte Oekolampad, von Philipps Theologen waren der Franzose Lambert und Schnepf anwesend. Der Landgraf hatte es Luther weislich verschwiegen, daß Zwingli selbst erscheinen würde: man durfte also wohl besorgt sein, wie die Begegnung verlaufen würde. Indessen waren die Herren doch so an Förmlichkeiten gewöhnt, daß sich alles zunächst glatt abwickelte; man machte sich gegenseitig Besuche und sagte sich Artigkeiten. Am 1. Oktober morgens um 6 Uhr begannen die Sitzungen, und zwar nahm man zuerst die weniger heiklen Gegenstände vor. Zwingli war in der hohen Stimmung des Siegers: die fünf Orte hatten sich unterworfen, hatten die Urkunde des österreichischen Bündnisses ausgeliefert, hatten sogar versprochen, Lästerungen des Evangeliums in ihrem Gebiet nicht zu erlauben. Wenn der günstige Augenblick erfaßt würde, hoffte er, daß der Widerstand der Altgläubigen auch im Reich und vielleicht sogar jenseits des Reiches, in Frankreich, zusammenbrechen würde. Luther war überrascht, daß sich Zwingli in bezug auf die Dreieinigkeit und die Gottheit Christi zufriedenstellend vernehmen ließ. Wie alle diejenigen, die das Ethische für das Wesentliche in der Religion ansehen, das Sakral-Mystische für etwas Zufälliges, historisch Bedingtes, war er duldsam in den dogmatischen Fragen. Einzig in der Abendmahlsfrage war er hartnäckig, denn er hatte sich eingehend damit beschäftigt und glaubte, daß Luther in einem schädlichen, häßlichen, beinah komischen Aberglauben befangen sei, den man dem Gebildeten nicht zumuten, zu dem man das Volk nicht verleiten dürfe.

Es ist bekannt, daß Luther während einer Sitzung die Tischdecke zurückschlug und mit Kreide die Worte »Hoc est corpus meum« auf die Tischplatte schrieb. Das Wort »ist« setzte er wie einen unübersteiglichen Block in die Verhandlungen, um damit jede Verständigung unmöglich zu machen, so daß den Zuhörern, denn es führten immer nur zwei das Gespräch, das aussichtslose Hämmern auf den Worten »ist« und »bedeutet« schließlich langweilig wurde. Zwingli selbst war überzeugt, Luther in die Enge getrieben und überwunden zu haben, was dieser nur aus Hochmut und Eigensinn nicht zugeben wolle. In Wahrheit war Luthers Genialität in der Auffassung des Göttlichen Zwingli unendlich überlegen. Gerade die große Schrift über die Abendmahlsfeier, die 1527 erschien, gewährt einen Einblick in die Großartigkeit seines anschauenden Denkens und die ganze Unzulänglichkeit von Zwinglis Betrachtung der Frage. Zwinglis Verachtung des Standpunktes der Gegner, als wären sie nicht besser als Menschenfresser, weil sie Christi Fleisch verzehren wollten, verrät eine grobmaterielle Auffassung, die Luther fernlag. Seine Begründung, Christus könne nicht im Brot und Wein sein, weil er zur Rechten Gottes sitze, war so kindisch, daß die hinzugesetzten philosophischen Schnörkel sie nicht diskussionsfähiger machten. Die Abschnitte in Luthers Schrift, wo er solche Unterstellungen zurückweist, gehören zu den herrlichsten Phantasien über das Wesen des Göttlichen, die er in Worte gefaßt hat. Er sah die ewige Kraft wirken über allen Geschöpfen und in allen Geschöpfen von den Sternen zu seinen Häupten bis zum Kraut zu seinen Füßen, er sah sie aufglühen in der menschlichen Sehnsucht, ihr zu begegnen, er war sich ihrer unendlichen Ferne, Unbegreiflichkeit und Unzulänglichkeit bewußt und fühlte sie in der Nähe seines Herzens. In seinen Worten spiegelte sich das Geheimnis der Trinität, des Einzelnen in seiner Beziehung zum Ganzen, das zugleich Person und All und die Einheit von beiden ist. Was Zwingli dem entgegenzusetzen hatte, war trocken und eng, aber es war verständig und kam der Fassungskraft der Menschen entgegen. Seine scharfe Trennung des Menschlichen und Göttlichen in Christus, auf die er sich berief, bedeutete im Grunde ein Beiseiteschieben des Göttlichen, worauf der Mensch Christus übrigblieb. Nur als Mensch konnte er dem

Menschen Lehrer und Vorbild sein, und das war, worauf es Zwingli ankam.
Zu seinem Kummer mußte sich der Landgraf überzeugen, daß es unmöglich war, das Abendmahl betreffend, eine Formel zu finden, auf die die beiden Reformatoren sich hätten einigen können. Um aber doch eine Frucht des Gesprächs zu gewinnen, setzte er es durch, daß ein Verzeichnis aller Punkte zusammengestellt wurde, in denen die anwesenden Geistlichen übereinstimmten; es waren alle mit Ausnahme des Abendmahls. Luther war nicht zufrieden damit; denn er empfand, daß der wesentliche Unterschied in seiner und Zwinglis Auffassung sich ebensowohl auf die anderen Punkte bezog, wenn auch Zwingli sich darin teils nachgiebig zeigte, teils in einem gewohnten Geleise sich bewegend, die Verschiedenheit nicht bemerkte. Luther faßte den Eindruck, der sich ihm aufgedrängt hatte, in die Worte: »Ihr habt einen anderen Geist als wir.« Um dieses anderen Geistes willen glaubte er, Zwingli nicht als Bruder betrachten zu dürfen. Einen bitteren Beigeschmack hatte die Scheidung dadurch, daß die Reichsgewalt den Anhängern Luthers bis zu einem gewissen Grade Duldung gewährte, die Zwinglis als offenbare Ketzer verwarf. Indem Luther von sich aus eine Trennung vollzog, schien er aus dem Urteil der Altgläubigen Vorteil ziehen zu wollen, schien er einen Teil der evangelischen Brüder zu verleugnen, um sich bei den Feinden beider, den Anhängern des Antichrists, beliebt zu machen. Seine Feinde konnten sagen, er habe ja auch die Bauern preisgegeben, um selbst ungefährdet zu bleiben. Melanchthon waren berechnende Gedanken nicht ganz fern.

DIE WIEDERTÄUFER

Während Zwingli in der Abendmahlslehre sich von Luther trennte und den hohen Wert, den Luther diesem Sakrament beilegte, für eine päpstlich rückständige Gewohnheit hielt, in der Luther steckengeblieben sei, stimmte er in bezug auf die

Taufe mit ihm überein. Im Grunde freilich war auch sie für ihn kein Sakrament, sondern ein Abzeichen; aber er ließ das auf sich beruhen. Nun bildete sich eine evangelische Sekte, die die Taufe kleiner Kinder für sinnlos hielt; denn in der Schrift heiße es: wer da glaubet und getauft wird, wird selig werden, neugeborene Kinder aber nicht glauben könnten. Außerdem werde in der Heiligen Schrift, der Quelle des evangelischen Glaubens, die Taufe nur an Erwachsenen, nicht an Kindern vollzogen. Den Reformatoren, die durch diese Bemerkungen in Verlegenheit gesetzt werden mußten, kam Luther mit einer tiefsinnigen Behauptung zu Hilfe. Wenn Glauben Empfänglichkeit für das Göttliche sei, sagte er, warum dann kleine Kinder nicht sollten glauben können? Vielleicht hätten sie mehr Glauben als die Erwachsenen. Ferner legte er Gewicht auf die Paten des Kindes, die mit ihrem Glauben für den seinigen einträten. Hier bewährte sich sein Gedanke vom mystischen Körper der Kirche. Wie er überzeugt war von der Wirkung des Gebetes für andere und, wenn er an schwermütigen Stimmungen litt, seinen Freunden vorwarf, daß sie nicht für ihn beteten, meinte er auch, daß der Glaube der Paten etwa mangelnde Glaubensfähigkeit des Kindes ausgleichen könne. Zwingli begnügte sich damit, daß die Taufe der Christen an die Stelle der israelitischen Beschneidung getreten sei, die man an Kindern vollzogen habe. Immerhin, da die Taufe zur Zeit Christi und der Apostel in der Tat an Erwachsenen vollzogen wurde, hätte ein Festhalten daran Evangelischen nicht als unleidliche Ketzerei zugerechnet werden sollen. Wenn die Wiedertäufer von Katholiken und Protestanten als der Abschaum der Menschen verworfen und verfolgt wurden, wenn unter dem Namen der Wiedertäufer alles zusammengefaßt wurde, was den Bau der Gesellschaft zerstört, so kann das nicht wohl durch den Gebrauch der Erwachsenentaufe erklärt werden. Etwas Unverständliches bleibt wohl in dem zahlreichen Auftauchen der Wiedertäufer bei Beginn der Reformation wie in der Abscheu, die sie erregten. Zum Teil ließen sich die Wiedertäufer auf eine Sekte zurückführen, die in der vorreformatorischen Zeit sich den Vorschriften der katholischen Kirche äußerlich fügten, in ihrem Denken und Handeln aber an das Evangelium hielten und durch die Nachfolge des Erlösers, soweit das der schwachen Kraft des Menschen möglich ist, das Heil zu erlangen suchten. Man nannte sie Evangelische und neuerdings Alt-Evangelische. Es war eine Richtung, die sich an Meister Eckhardt, Suso und Tauler und an die »Brüder vom gemeinsamen Leben« anschloß, aber auch mit waldensischen und hussitischen Elementen vermischt war. Staupitz lebte in diesem Gedankenkreise und hatte auch Luther dafür gewonnen. Die im Dunkel und unter steten Gefahren lebenden Waldenser wurden zusammengefaßt durch wandernde Apostel, die durch Handauflegung geweiht wurden und von denen man glaubte, daß sie auf diese Art mit der ältesten christlichen Zeit verknüpft seien. In manchen Sekten unterschied man drei Gruppen von Gläubigen: Anfangende, Wachsende und Vollendete, eben die Apostel. Diese durften nichts besitzen und waren auf die allerbescheidenste Lebenshaltung verpflichtet. Die Befolgung der Gebote Christi und die Notlage, in der diese Sekten sich befanden, brachte es mit sich, daß sie nicht kämpfen wollten, sondern gelassene Ergebung in das Leiden für ihre Aufgabe hielten. Ihre großartige Haltung im Martyrium erregte selbst bei ihren Feinden Bewunderung. Sie bequemten sich äußerlich der Kirche an, weil sie sonst ja nicht hätten bestehen können; dabei gewöhnten sie sich daran, alle Gebräuche, auch die, welche mehr als Zeremonien waren, für nebensächlich zu halten. Für sie war das Neue Testament, auf das sie sich hauptsächlich bezogen, so einfach, daß ein Kind es verstehen konnte, was auch Luther zuweilen behauptete; denn sie beschäftigten sich mit dem Beispiel Christi und mit denjenigen seiner Worte, die brüderliche Liebe der Menschen untereinander oder Geduld im Leiden empfahlen. Daß sie Glaubenszwang verwarfen, versteht sich von selbst.

Was für eine Erschütterung mußte über diese Kreise kommen, als ihnen plötzlich durch das erfolgreiche Auftreten Luthers ein Weg ins Licht sich öffnete. Das Nächstliegende war für sie, sich an Luther anzuschließen; aber da ergab es sich bald, daß sie in wesentlichen Punkten nicht mit ihm übereinstimmten. Schon Staupitz hatte sich von Luther abgewandt, weil er die Lehre über das Leben stellte; seitdem hatte sich dieser Unterschied noch verschärft. Ihnen war das Dogmatische bei Luther zuwider, da viele von ihnen an eine Offenbarung Gottes außerhalb der Bibel, nämlich im Geiste, das sogenannte innere Wort glaubten, Luther dagegen wollte von diesen persönlichen Offenbarungen, die nur zu oft bares Gefasel waren, nichts wissen und lehnte die Überwachung und den Zwang im täglichen Leben ab, den manche dieser verborgenen Heiligen untereinander ausübten. Immer waren viele ihrer Mitglieder Handwerker gewesen, wohlmeinende, etwas enge, manchmal stiere Leute, denen sich nun ähnlich geartete, die das Luthertum nicht befriedigte, anschlossen. Eine schriftliche Überlieferung hatten die alten Sekten nicht, eigentlich organisiert waren sie auch nicht, so kam es, daß sich große Verschiedenheiten unter ihnen herausbildeten. Weil sie fast alle nicht Kinder, sondern Erwachsene tauften, nannte man sie mit einem unrichtigen Ausdruck Wiedertäufer; aber diese Benennung bezeichnete allerlei Richtungen und Menschenarten. Einige wollten ein Gottesreich von lauter Gerechten errichten, aus dem jeder Sünder ausgeschieden werden sollte, bis er Buße getan hätte, einige verwarfen den Eid und erlaubten den Ihrigen nicht, das Schwert zu führen und ein obrigkeitliches Amt zu bekleiden, einige waren friedlich, wollten abseits von der Welt ein Leben wie die Urchristen führen, andere wollten die Gleichheit, die sie für ein Gebot Gottes hielten, mit Gewalt durchsetzen.

Für die vorreformatorischen, in der Verborgenheit lebenden Sekten hatte sich die Lage der Urchristen insofern wiederholt, als sie ihrer Meinung nach zwischen herrschenden Heiden oder Irrgläubigen lebten. Sie hatten natürlich keine pietätvolle Beziehung zur Obrigkeit, wenn sie auch offenen Widerstand nicht wagen konnten. Die Nichtachtung der Obrigkeit im Vergleich mit den Offenbarungen Gottes in der Schrift oder im eigenen Geiste lag daher diesen Kreisen nahe, und sie konnten, um sich zu rechtfertigen, auf manche Äußerungen Luthers in bezug auf katholische Obrigkeiten hinweisen. So kam es, daß der Verdacht aufrührerischen Wesens ihnen anhaftete. Melanchthon tadelte, daß sie einen Teil der bürgerlichen Pflichten, zum Beispiel die Eidesleistung, ablehnten; er meinte, das werde schließlich zum Aufruhr führen. Zwingli sagte in bezug auf ihre Forderung eines heiligmäßigen Lebens und ihre Abtrennung von der Welt, sie wollten das katholische Mönchswesen wieder einführen. »Sie haben es meist leicht«, sagte er, »der Freuden dieser Erde sich zu enthalten, da sie der Hefe des Volkes angehören. Könnten sie, wie sie wollten, sie würden Sardanapal und Heliogabal hinter sich lassen, jetzt aber machen sie aus ihrer Niedrigkeit sich einen Adel zurecht.« Es war ein liebloses Urteil, das manche traf, und die Erfahrung sollte zeigen, daß die strenge Enthaltsamkeit und gelobte Friedfertigkeit in zügellose Genußsucht und Gewalttätigkeit umschlagen konnte, aber es traf doch nicht alle; es waren, wie Butzer zugestand, echte Kinder Gottes darunter. Das Ausschlaggebende, das, was am meisten gegen sie aufbrachte, war die Gütergemeinschaft, die bei ihnen im Schwange war. Um eine eigentliche Gütergemeinschaft, so daß gar kein Privateigentum geduldet wäre, handelte es sich dabei nicht, sondern um einen begrenzten Verzicht auf das Eigentum zugunsten der Bedürftigen. Es ist die Art des Menschen, daß er durch nichts so verletzt werden kann, als wenn sein Eigentumsrecht angegriffen wird; er läßt im allgemeinen lieber sein Leben als seinen Besitz. Vielen war und ist die Religion und im besondern das Christentum deshalb teuer, weil Gott mit seinem Gebot: »Du sollst nicht stehlen« das Eigentum beglaubigt hat. Schon den Bauern hatte man nachgesagt, sie wollten die Gütergemeinschaft einführen, zum Teil im guten Glauben, zum Teil, um ihnen das Ärgste und Unverzeihlichste vorzuwerfen. Sowie die Wiedertäufer in den Ruf kamen, sie wollten mit den Reichen teilen, gab es keine Gnade mehr für sie. Freilich waren unter ihnen wirklich unruhige, verworrene, trübe Köpfe, die in der vorreformatorischen Zeit als eine im Dunkel versteckte Winkelsekte nicht gefährlich werden, die aber in der Öffentlichkeit sich als Unheilstifter, mindestens Ruhestörer erweisen konnten.

Es war nicht ganz leicht für die evangelischen Reformatoren, diese Sekten, die mit dem Christentum Ernst machen wollten, zu widerlegen, aber allmählich zogen sie Beweise aus ihrem System, um sie planvoll zurückzuweisen. In einer Schrift über göttliche und menschliche Gerechtigkeit erklärte Zwingli, daß nach der göttlichen Gerechtigkeit, die lauter und schön sei, der Christ allerdings, wenn man ihm den Rock nehme, auch den Mantel geben solle; weil aber viele Menschen Gott nicht liebten, ja nicht einmal an Gott glaubten, müsse um der Bösen willen die arme, mängelvolle menschliche Gerechtigkeit auf den Plan treten, die zwar, wenn man ihre Gebote halte, vor Gott nicht gerecht mache, aber doch von Gott geordnet sei. Der evangelische Prediger müsse zwar die göttliche Gerechtigkeit predigen, zugleich aber verlangen, daß man sich der menschlichen unterwerfe. Man kann auch sagen: die Christen sollten das Salz der Erde sein; aber man kann nicht von eitel Salz leben.

Ein Konflikt zwischen den wiedertäuferischen Sekten und den Reformatoren war unvermeidlich. Da sie sich anfänglich in der schweizerischen Eidgenossenschaft ansammelten, ließ Zwingli sich zunächst in Gespräche mit ihnen ein und veranstaltete dann auf ihren Wunsch eine Disputation im Großmünster, zu der ein großer Zulauf war. Indessen behaupteten die Wiedertäufer, daß Zwingli immerfort rede und sie nicht zu Worte kommen lasse, und bei der Art des Gegensatzes war es wohl so, daß sie nicht ganz unrecht hatten; warfen sie ihm doch vor, daß er die Kirche der Obrigkeit unterworfen habe. Nach der letzten großen Disputation nahm der Rat an, daß die Wiedertäufer besiegt seien, und verbot ihnen bei Strafe der Hinrichtung, im zürcherischen Gebiet die Wiedertaufe vorzunehmen. Da sich Felix Manz nicht unterwerfen wollte, wurde er im Jahre 1527 ertränkt; er war ein Freund Zwinglis gewesen. Es begann nun eine Verfolgung ohnegleichen, am schärfsten in den katholischen Ländern. Die meisten Fürsten gaben sich nicht die Mühe, in die Ansichten der Wiedertäufer einzudringen; daß sie von der Regel abwichen, daß man ihnen Auflehnung gegen die Obrigkeit nachsagte, genügte ihnen, um sie Verbrechern gleichzustellen. Nur wenige wußten die stillen, fleißigen Arbeiter, als die sie sich erwiesen, wenn man sie gewähren ließ, zu schätzen: in Mähren fanden sie Zuflucht und gediehen als willkommene Siedler. Überall sonst floß ihr Blut in Strömen: in Görz und Tirol wurden im Jahre 1531 tausend Hinrichtungen vollzogen. Immerhin befahl ein kaiserliches Mandat, die Bereuenden zu begnadigen, während der Herzog von Bayern entschied: wer widerruft, wird enthauptet, wer nicht widerruft, wird verbrannt. Nur wenige widerriefen. Wenn der Mut, für die Überzeugung zu sterben, den Menschen Wert gibt, so haben sie sich ein gutes Zeugnis ausgestellt. Sie gingen bewußt, aufrecht in den Tod, der oft durch Martern verschärft wurde.

In dieser schreckensvollen Zeit der Verfolgung schwand vollends dahin, was noch von alter Überlieferung und Ordnung in diesen Sekten gewesen war. Anstatt der durch Handauflegung berufenen Apostel traten Propheten auf, die durch das unmittelbare Wort des Herrn beauftragt zu sein behaupteten. Einer von ihnen war Melchior Hofmann, der sich eine Zeitlang in Straßburg aufhielt und von dem beredten und klugen Butzer in einer Disputation besiegt wurde. Schön sagte einer von den Täufern: »Meine Zunge könnte ihr bezwingen, Gott aber bezwingt mein Herz.« Mit Disputationen konnte vollends nichts ausgerichtet werden, wenn ein Teil nur die Heilige Schrift als Maßstab gelten ließ, der andere nicht. Das war auch der Fall bei dem Propheten Mathys, einem Bäcker aus Haarlem: Die Niederlande hatten von jeher Ketzer erzeugt, solche, die der römischen Kirche und ihren festen Formen und Lehren, ihrem Zeremoniell, ihrer Pracht und Weltlichkeit tiefsinnige Mystik, solche, die ihr praktische Verständigkeit und fromme Betätigung durch Wohltun entgegensetzten. Beides konnte zuweilen in schwärmerische Verstiegenheit umschlagen, besonders als die schonungslose Verfolgung die Gläubigkeit der Gequälten zum Fanatismus steigerte. Ausgewiesen und gehetzt fand Mathys mit seinen Anhängern eine Zuflucht in der westfälischen Stadt Münster, an deren schönen Dom sich alte Erinnerungen aus der Zeit des unter den Sachsen sich entfaltenden Christentums knüpfen. Es gelang den Täufern, den begabten Pfarrer Rottmann, der erst kürzlich das Evangelium in Münster eingeführt hatte, für ihre Ansichten zu gewinnen. Man ging ernstlich an die Bereitung des Gottesreiches, das zu dem bevorstehenden Ende der Zeiten überleiten sollte. Der Glaube, daß man am Ende der Zeit stehe, war damals verbreitet, auch Luther überkam er zuweilen; wenn schon die Umwälzung und Verstörung weit und breit dazu führte, um wieviel mehr mußte er sich derer bemächtigen, für die jeder Tag ein grauenvoller letzter sein konnte. Neben Mathys trat ein junger Mann, ein Schneider aus Leyden, Jan Bockelson, hervor, ein schöner, sehr begabter und kühner Mensch; beide, Mathys und Bockelson, waren durch ihre Sicherheit und ihren unerschütterlichen Mut geeignet, die Menschen und namentlich die Frauen hinzureißen. Ein Teil der münsterschen Einwohner widersetzte sich allerdings den Täufern, und eine Auseinandersetzung mit den Waffen stand bevor; da brachte der Bürgermeister, um Blutvergießen zu verhindern, eine Versöhnung zustande, wonach gegenseitige Duldung gewährleistet wurde. Als nun der Bischof von Münster, Franz von Wartenberg, sich in Bewegung setzte, um das Regiment in seiner Stadt an sich zu nehmen, bemächtigte sich Mathys der Regierung und besetzte den Rat sowie alle Ämter mit seinen Anhängern. Es waren außer einem einzigen Patrizier lauter Handwerker, jene Schicht also, die zur Sektenbildung und zu religiös gefärbtem Tugend- und Niedrigkeitszwange stets geneigt war. Bald darauf wurden im Interesse fester Zusammenfassung aller Kräfte diejenigen ausgewiesen, die sich nicht taufen lassen wollten. Trotzdem blieben an Widerstrebenden noch einige 100 Mann und 2000 Frauen zurück. Man rühmt das Geschick und die Umsicht der Regierenden, den Heroismus der gesamten Bevölkerung, dann, daß die belagerte Stadt beinah anderthalb Jahre lang, vom Februar 1534 bis zum Juni 1535, standhielt. Nachdem Mathys, bei einem Ausfall tapfer kämpfend, gefallen war, wurde Jan von Leyden sein Nachfolger. Er zog allen Besitz ein, um ihn gleichmäßig zu verteilen, und führte die Vielweiberei ein; alle Frauen mußten entweder heiraten oder sich in den Schutz eines Mannes begeben. Diese Maßregeln hingen mit den Bedürfnissen der Verteidigung zusammen, aber sie kamen auch den ausgelassenen Trieben vieler und Jan Bockelsons selbst entgegen. Die Feinde benutzten es, um die Täufer viehischen Lebens und der gottlosen Gütergemeinschaft zu bezichtigen. Den Belagerten nützte nicht nur, daß in den Truppen des Bischofs Unordnung herrschte und manche zu ihnen übergingen, sondern hauptsächlich, daß die angreifenden Stände sich nicht darüber einigen konnten, wie es mit der Stadt nach ihrer Unterwerfung gehalten werden sollte. Gemäß der Reichsverfassung mußten nämlich die benachbarten Kreise dem Bischof bei der Herstellung der Ordnung Hilfe leisten: die evangelischen wollten nicht, daß sie einem katholischen, die Städte nicht, daß sie einem Fürsten ausgeliefert würde. In der Verlegenheit wurden Vermittlungsversuche gemacht; sie scheiterten aber an Johanns unbeugsamer Weigerung, sich mit den Papisten zu vertragen. Endlich bequemten sich die Kreise zur Hilfeleistung, und da das nichts fruchtete, bequemte sich auch das Reich; aber doch brachte erst Verrat die unglückselige Stadt zu Fall. Nach dem Aufstand in Münster, der eine so lange, kostspielige Rüstung nötig gemacht hatte, nach den Ausschreitungen, die alle verketzernden Anklagen rechtfertigten, war der Haß auf die Wiedertäufer noch ärger als zuvor. Der einzige Fürst, der sich weigerte, ein Todesurteil an ihnen zu vollstrecken, war Philipp von Hessen; wenn Sektierer in seinem Lande gefangen wurden, bemühte er sich persönlich oder durch seine Geistlichen, sie durch gütliches Zureden für die Kirche zu gewinnen. Luther hatte anfänglich Mitleid mit den Verfolgten und hielt mit endgültigem Urteil zurück, weil er nicht genügend Bescheid über sie wisse, verstand sich aber schließlich doch zur Billigung von Hinrichtungen. Die Probleme indessen, die die Täufer anrührten, haben ihn zeitlebens beschäftigt. Schon im Jahre 1526 schrieb er: »Diejenigen, die mit Ernst Christen wollen sein und das Evangelium mit Hand und Mund bekennen, müßten mit Namen sich einzeichnen und abgesondert von dem allerlei Volk in einem Haus allein sich versammeln, zum Gebet, zum Lesen, zum Taufen, die Sakramente zu empfangen und andere christliche Werke zu üben. In dieser Ordnung könnte man die, so sie sich nicht christlich hielten, kennen, strafen, bessern, ausstoßen oder in Bann tun. Hier könnte man auch ein gemeines Almosen der Christen auflegen, das williglich gegeben und unter die Armen ausgeteilt würde.« Es waren täuferische Ideen, die ihn da bewegten, Erinnerungen vielleicht auch an die Alt-Evangelischen und ihren Führer Staupitz. Immer wieder hat er sich gefragt, ob es nicht möglich sei, Menschen, denen es mit der Nachfolge Christi Ernst sei, in kleinen Kreisen zusammenzufassen, wo seine Gebote eher verwirklicht werden könnten, als es innerhalb seiner Kirche möglich war. Wenn er gelegentlich ausgesprochen hat, daß es eine dreifache Kirche geben sollte, eine für die Einfältigen, Kinder und Bauern, eine für die werdenden Christen und eine für die Vollendeten, wo die Kuppel fällt, um den offenen Himmel einströmen zu lassen, so muß man an die bei Ketzern und Mystikern geltende Stufenreihe denken.

FRAUEN

Melanchthon, der ein sehr reizbares Gemüt hatte und an trüben Stimmungen litt, war einstmals besonders niedergedrückt und geneigt, an aller Welt zu verzweifeln. Da geschah es, daß er im Hause eines Freundes dessen Frau sah, wie sie, am Herde mit der Zubereitung des Essens beschäftigt, ein kleines Kind auf dem Arme trug und ein etwas größeres, das ihr am Kleide hing, das Vaterunser lehrte. Als ihm so vor Augen stand, was für Mühe von der Frau täglich getragen, was für Arbeit täglich geleistet wird, wie mitten durch die rohen und bösartigen Leidenschaften des Lebens ein Strom von wirkender Güte von ihr ausgeht, löste sich das Gewicht von seiner Brust, er sah zuversichtlicher in die Zukunft. Er mochte das Gefühl haben, welches ein nordischer Dichter in den Ausspruch gefaßt hat: »Die Frauen sind die Stützen der Gesellschaft.« Man hätte sie bewundern können, wenn sie nur die schweren Aufgaben des täglichen Lebens, die gerade auf ihnen, den zarten, lasteten, freudig, ihrer eigenen Bequemlichkeit nicht achtend, auf sich genommen hätten; aber sie beteiligten sich auch mit ganzer Seele an den Kämpfen der Zeit. Die dramatischen, besonders die religiös gefärbten Epochen sind der Entfaltung der Frau günstig; denn die Frau, die weniger als der Mann gewöhnt ist, für den Erwerb zu sorgen, die alle Gefühlswerte höher schätzt als der Mann, deren Erleben sich zum großen Teil auf der Ebene der Phantasie abspielt, gibt sich im allgemeinen ihren Überzeugungen rückhaltloser hin als der Mann, vor allem, wenn sie sich auf das Göttliche beziehen. Wie alle Menschen, die ihre Kraft weniger aus einem starken, gesunden Körper als aus seelischen Quellen ziehen, scheint sie ihr in Kämpfen eher zu wachsen als sich zu erschöpfen, weicht sie vor keiner Anstrengung, keinem Opfer zurück. Das gilt besonders von der deutschen Frau, deren geistiges Leben, wieviel Ausnahmen es auch geben mag, zum Religiösen neigt.

An der humanistischen Bewegung hat die deutsche Frau sich nicht beteiligt, wenn es auch einzelne Frauen gab, die Latein lernten und die alten Schriftsteller lasen, aber Fragen über ciceronianischen oder taciteischen Stil oder ob dieser oder jener Text der echte sei, interessierten sie wenig. Den Glauben aber verstanden sie, hier entschieden sie sich mit Leidenschaft und Sicherheit. So waren sie in den Anfängen des Christentums gewesen, so unter den Mystikern, Waldensern und anderen Ketzern. In den Ketzerprozessen wurden Frauen wie Männer verhört, gefoltert, verbrannt. Ein schönes Mädchen aus Holland, Hille Feiken, kam zur Zeit des Münsterschen Aufruhrs in das Lager des Bischofs, um wie Judith erst zu verführen, dann zu töten; stolz und unbeugsam ertrug sie die Qualen, die ihr angetan wurden. Frauen lasen die Bibel weniger wie die Männer, die sich mit dem Auslegen schwer verständlicher Stellen abgaben, sondern um sich von dem Strom des Glaubens durchrauschen und erschüttern zu lassen.

Die damaligen Umstände brachten es mit sich, daß die meisten Reformatoren früh heirateten; denn das war nicht nur eine persönliche Angelegenheit, sondern eine grundsätzliche Kundgebung geben die Altgläubigen. Manche von ihnen, wie zum Beispiel Martin Butzer und sein Freund Fazius, waren im Anfang ihrer Laufbahn stellenlos und mittellos. Die außerordentliche Sparsamkeit, zu der sie gezwungen waren, belastete am meisten die Frau, die mit den geringsten Mitteln einen Haushalt führen und Kinder aufziehen sollte. Besserte sich die Stellung des Mannes, wurde ihre Aufgabe nicht leichter. Die Reformatoren, die, wie Zwingli es ausdrückt, eine Art Tribunen sein sollten neben den Stadträten oder neben den Fürsten, waren in verantwortungsvoller und ausgesetzter Lage. Sie waren Botschafter der göttlichen Majestät und hatten als Vertreter einer solchen Macht großes Ansehn, aber auch schwere Pflichten. Männer, wie Luther oder wie Martin Butzer in Straßburg, machten ein großes Haus, hatten viel Gäste, darunter Vertriebene, die unterstützt werden mußten. Nach Straßburg flohen viel Franzosen, besonders seit die hugenottische Bewegung zunahm; wenn es möglich war, beschäftigte sie der Rat, einstweilen nahmen die Geistlichen auf, soviel sie konnten. Luthers Familie war dauernd durch Flüchtlinge, Schützlinge, Freunde vermehrt. Die Frau mußte dafür aufkommen, daß alle behaust und bewirtet wurden. Daneben wurden sie zu den sozialen Einrichtungen herangezogen, die die Stadträte unter dem Einfluß der Reformation ins Leben riefen. Aus übriggebliebenen Briefen geht hervor, daß sie ein erwünschtes Element der regen Geselligkeit waren, die die Häuser der Reformation belebte. In jener erregten Zeit, wo täglich Neues, Bedrohliches oder Günstiges sich begab, erhofft oder gefürchtet wurde, kamen die Menschen gern zusammen und beredeten ihre Interessen. Wenn Seuchen ausbrachen, was nicht selten der Fall war, durften die Pfarrer nicht fliehen, sondern sie blieben, predigten und trösteten; den Frauen fiel die Pflege der Kranken zu. Von den vielen Kindern, die sie zur Welt gebracht, gepflegt und erzogen hatten, starben fast immer einige. Das war so, es mußte erlitten werden; aber es wird sich schmerzhaft, oft vielleicht unheilbar in die Seele der Mutter eingegraben haben, wenn sie es auch verschwieg. Im Jahre 1531 starb, allgemein betrauert, der Baseler Reformator Oekolampad und gleichzeitig die Frau seines Herzensfreundes Wolfgang Capito in Straßburg. Die Freunde waren in Sorge, wie Capito, der ohnehin zu Schwermut neigte, den doppelten Verlust ertragen würde. Martin Butzer, der keinen Ledigen, Mann oder Frau, sehen konnte, ohne ihn zur Heirat zu überreden, glaubte, daß nur eine Frau die Wunde heilen könne, und wandte sich vorsichtig an die Schwester des Ambrosius Blaurer, des Reformators von Konstanz. Daß diese, wie es scheint, eine ebenso kluge wie durch weiblichen Reiz anziehende Frau, unverheiratet war, beunruhigte Butzer ohnehin; aber sie leitete eine Diakonissinnenanstalt und wollte das sowenig aufgeben wie ihre Studien, besonders das der Heiligen Schrift. Bei der Witwe Oekolampads jedoch, Wiltrudis Rosenblatt, einer Patrizierin, fand Butzer Gehör: sie wurde Capitos zweite Frau. Zehn Jahre später raffte eine Pest in Straßburg wieder einen Mann und eine Frau aus dem Kreise der Reformatoren hin, Capito und Butzers Frau. Butzer verlor außerdem drei Kinder. Es ergab sich wohl von selbst, daß die beiden Verwitweten sich heirateten. Butzer war damals 50 Jahre alt, ein Mann von schöner Erscheinung; sie, der zwei Männer durch eine Seuche entrissen waren, stellt man sich gern als ein holdes, warmes Geschöpf vor, das sich bereitwillig immer wieder dem so schönen und reichen Leben hingab. Sie brachte Töchter aus zwei Ehen mit, denen Butzer ein treuer, zärtlicher Vater war, froh, sein Talent, Ehen zu stiften, an ihnen ausüben zu können.

Luthers Frau, Katharine von Bora, scheint nicht eben schön gewesen zu sein; aber ein Zug von Humor, den auf einem ihrer Bilder der Freund des Hauses, Lukas Cranach, festgehalten hat, spricht an und lockt an, als finde man da einen Freund, dessen täglicher Umgang wohltue. In allen Briefen Luthers fühlt man, wie dieser Humor auf beiden Seiten die eheliche Beziehung, die so oft durch den Zwang des allzu nahen, allzu häufigen Beieinanderseins leidet, wie Sonnenschein oder Räucherwerk entgiftete und entbitterte. Sie war eine praktische Natur, umsichtig und tätig, wie sie das in dem großen Haushalt und bei der großartigen Unbekümmertheit ihres Mannes wohl gebrauchen konnte. Luther machte ihr einmal Versprechungen, wenn sie in einem bestimmten Zeitraum die ganze Bibel durchläse; hat sie es getan, so gewiß nicht zum Vergnügen. Daß die Innigkeit des Verhältnisses mit den Jahren zunahm, ehrt beide. In seinem Testament hat Luther mit ergreifenden Worten bezeugt, mit welcher Hingebung sie ihm gedient habe; wie verwöhnte Männer zu tun pflegen, stellte er sie in seinen Briefen gern als seine Tyrannin hin. Es war eine Tyrannei, bei der er sich wohl fühlte und die ihn entlastete, weil die Frau ihm in praktischen Dingen überlegen war.

Eine sehr anziehende, durch die Unmittelbarkeit ihres Empfindens und Urteilens ausgezeichnete Frau war eine andere Katharina, Gattin des Mathaeus Zell, der nicht der bedeutendste, aber der volkstümlichste Pfarrer Straßburgs war. Beide stimmten darin überein, daß sie sich wenig für die theologischen Streitfragen interessierten, die die protestantische Welt auseinanderrissen, sondern durch hilfreiche Nächstenliebe ihr Christentum bewiesen. Sie waren dadurch geeignet, für gewisse Seiten des Täufertums Verständnis zu haben, wirkten überhaupt der Verfolgungssucht entgegen und nahmen sich Verfolgter an. Selten betätigten sich Frauen schriftstellerisch und agitatorisch wie die bekannte Argula von Staufen, die mit zehn Jahren, lange vor Luthers Auftreten, die Bibel gelesen hatte und im Jahre 1524 sich für einen jungen Magister einsetzte, der wegen seines evangelischen Bekenntnisses von der Universität Ingolstadt zum Widerruf und Einsperrung in ein Kloster verurteilt war. Ursula Weydin, Schöffin zu Eisenberg, verfaßte eine Streitschrift in evangelischem Sinne gegen das Buch eines Abtes von Pegau.

Dadurch, daß die Natur das Los der Frau weitgehend bestimmt, ist das der fürstlichen Frau von dem der bürgerlichen in vielen Dingen nicht wesentlich verschieden und war es besonders damals nicht: hingen sie doch alle von der Willkür des Mannes ab, litten sie doch alle gleich durch Geburt und Verlust von Kindern, durch die Gebrechlichkeit ihres Körpers, der ärztliche Kunst noch so wenig zu Hilfe kam. Durch Zurücksetzung oder gar Anfeindung von seiten des Mannes hatten fürstliche Frauen oft viel zu leiden; doch gab es auch solche, die auf dem Gebiete freier Liebesbeziehungen sehr ausgelassen waren. Als eine solche galt Elisabeth von Rochlitz, die früh Witwe wurde. Sie führte einen regen Briefwechsel nach allen Seiten, hatte immer viele Fäden in der Hand und fühlte sich desto wohler, je wirrer und toller es in der Welt zuging. Ihre Mutter war die schöne, kluge und tatkräftige Landgräfin Anna von Hessen, die als Witwe und Vormünderin ihres Sohnes Philipp mit bewunderungswertem, diplomatischem Geschick zwischen den unbotmäßigen Ständen und den sächsischen Nachbarn die Herrschaft behauptete. Wie sie die verschiedenen Anführer der ständischen Bewegung gegeneinander ausspielte, wie sie die Feindschaft der sächsischen Vettern benutzte, dann wieder den Kaiser umgarnte und ins Spiel mischte, auch kriegerischen Zusammenstoß nicht scheute, bewies eine außergewöhnliche

Selbstbeherrschung und Überlegenheit. Es hat etwas Tragisches, wie die selbständige, kühne Frau an dem allgemeinen weiblichen Schicksal zugrunde ging: nachdem sie sich, wie man ihr nachsagte, manche Freiheit gestattet hatte, heiratete sie, augenscheinlich aus Liebe, einen beträchtlich jüngeren Grafen von Solms, entfremdete sich dadurch ihren Sohn und mußte sich wegen der Mißheirat Zurücksetzungen gefallen lassen, die ihren Stolz verletzten. Nach dem frühen Tod ihres Mannes lebte sie noch einige Jahre ganz zurückgezogen, gebrochen in ihrem freudigen Tatendrange. Ihr strahlendes, zuversichtliches Wesen ist auf Philipp, ihren Sohn, übergegangen. Erst die Krankheit, dann der Tod des Gatten waren es, die Anna von Hessen Raum zur Entfaltung ihrer Persönlichkeit gaben. Häufiger mußten die Frauen sich behutsam dem rücksichtslosen Sichgehenlassen meist trunkliebender Männer anpassen und um ihre Würde, wohl gar um ihr Leben besorgt sein, wenn eine andere ihnen vorgezogen wurde. So flüchtete die bayrische Prinzessin Sabine vor dem Herzog Ulrich von Württemberg, der sich in die Frau des Hans von Hutten verliebt hatte, und Elisabeth von Brandenburg vor dem Kurfürsten Joachim, der eine Geliebte hatte und ihr außerdem wegen ihres Übertritts zum Luthertum zürnte. Oft hatten sich die jungen Prinzen nur widerwillig zu einer dem Vater vorteilhaft erscheinenden Ehe bequemt und begegneten der aufgezwungenen Gattin von vornherein mit Abneigung.

Von Kindheit auf wurden die Mädchen von ihren Müttern, die Bescheid wußten, zur Fügsamkeit und zum klugen Verhalten gegen den künftigen Gatten erzogen. Sie waren wohl von starrem fürstlichem Standeshochmut erfüllt, aber sie wußten, daß der Ehemann als Mann und als Fürst ein doppeltes Übergewicht hatte. Es versteht sich, daß bei aller Unterwürfigkeit die Frau, sei es durch Klugheit und Schönheit, sei es durch Unliebenswürdigkeit, Launenhaftigkeit und Verdrehtheit, ihren Gatten nicht wenig plagen konnte, besonders wenn aus Gründen der Politik auf den Schwiegervater Rücksicht zu nehmen war. Die Regel indessen war doch, daß die Frau sich zu bescheiden hatte. Landgraf Wilhelm von Hessen, der Sohn Philipps, schrieb seinem Schwager, dem Pfalzgrafen Ludwig, indem er ihm riet, rechtzeitig seine Frau durch ein Testament zu versorgen, es sei ja billig, »daß die armen, hilflosen Leutlein, die uns alle Nacht an der Seite liegen und so viel Kümmernis und Schmerz um unseretwillen leiden mußten, auch beizeiten bedacht werden«. Arm und hilflos, so konnte man die Frau wohl nennen, ob sie auf dem Thron oder in der Hütte lebte. Was Bartholomaeus Zastrow von der »ungeschlachten« Ehe seiner »schönen, freundlichen, getreuen und frommen« Schwester Katharine erzählt, die ihr so viel Leiden brachte, daß die eigenen Eltern ihren Tod mehr wünschten als fürchteten, war nicht ungewöhnlich; Melanchthon erlebte ähnliches mit seiner geliebten Tochter Anna. Während jetzt die Frauen im Durchschnitt ein höheres Alter als die Männer erreichen, starben damals die Frauen früh, durch die große Zahl der Geburten erschöpft. Oft war es die dritte Frau, die den bedeutend älteren Mann überlebte.

Man könnte denken, daß die Frau, die darauf hingewiesen war, da sie so wenig Rechte besaß, sich auf Schleichwegen ein bißchen Glück zu erlisten, zu einem ränkesüchtigen, gefallsüchtigen, unaufrichtigen Wesen sich entwickelt hätte; aber es ist glücklicherweise so, daß neben dem oft schielenden menschlichen Recht auch das göttlich-natürliche wie die Sonne durchbricht und sich alles unterwirft, daß in den vielfach verschlungenen menschlichen Beziehungen neben der Selbstsucht, die zertritt und zerreißt, auch schöne und edle Antriebe walten. Die dankbare Liebe der Söhne und Töchter konnte die Frau für viele Leiden entschädigen, der Sohn konnte ihr sogar zum Beschützer und Rächer werden. Das liebliche Jugendgesicht, das sich über seine Wiege beugte, sah der Herangewachsene selten noch, da es schon früh den Schmelz und die weiche Rundung verlor, aber ihr Geist, ihr frommes Wort, ihr fürstlicher Sinn blieben unvergessen. Auch die Achtung und Liebe des Mannes wurde zuweilen erworben, zuweilen verband herzliche Neigung und Treue die Eheleute ihr Leben lang.

Alle Beschwerden, aber auch allen Reichtum eines Frauenlebens, wie es in allen Ständen gelebt werden konnte, malen uns die Briefe der Kurfürstin Maria von der Pfalz, Tochter des Markgrafen Casimir von Brandenburg. Sie gewann ihren Gatten Friedrich, Sohn des Pfalzgrafen von Simmern, für das

Luthertum und ertrug mit ihm die Entbehrungen, denen sie durch die Ungnade seines katholisch gebliebenen Vaters ausgesetzt waren. Als nach 13 Jahren, 1559, die Kurlinie mit Ottheinrich ausstarb, wurde Friedrich Kurfürst. Er hat in der Geschichte den Beinamen des Frommen erhalten, und sicherlich war sein Bekenntnis tiefste Überzeugung. Inzwischen war Maria, nachdem sie elf Kinder geboren hatte, eine gebrechliche, von allerlei Leiden heimgesuchte Frau geworden, denen sie tapfer widerstand, soweit es möglich war. Ob ihr wohl oder weh war, begleitete sie ihren Mann auf die Jagd, weil er es liebte, sie immer an seiner Seite zu haben. Wenn ihre verheirateten Töchter Kinder bekamen, ließ sie es sich nicht nehmen, sie zu pflegen; sie reiste hin, erfreute die Enkelkinder durch mitgebrachtes Spielzeug und betreute sie. In der feinsten und liebevollsten Weise suchte sie ihren unglücklichen Schwiegersohn, Johann Friedrich den Mittleren, den der Wunsch, seinem verhaßten Vetter August die Kur wieder abzugewinnen, in verhängnisvolle Unternehmungen verstrickte, durch verständige Warnungen zu retten. Solange sie bei den Töchtern war, fühlte sich Friedrich verwaist, einer Turteltaube gleich, die ihren Gesellen verloren hat, wie er selbst sagte, und erwartete ungeduldig ihre Rückkehr. Einen großen Schmerz tat er ihr an, als er vom Luthertum, in dem sie aufgewachsen war, zum Kalvinismus überging; allein die Innigkeit des ehelichen Verhältnisses konnte selbst dadurch nicht getrübt werden. Als sie mit 48 Jahren ihren Leiden erlag und Friedrich nun für immer von ihr verlassen war, schrieb er seinem Schwiegersohn, daß er seines bestens Freundes, mit dem er in diesem mühseligen zeitlichen Leben mehr als 30 Jahre in aller herzlichen Liebe und Freundschaft zugebracht, beraubt sei. Eine schönere Grabschrift hätte ihrem heldenmütigen Herzen nicht gesetzt werden können. Wenn Friedrich trotzdem bald wieder heiratete, er wählte eine gleichfalls kürzlich verwitwete Frau, mit der er noch sieben Jahre zusammen lebte, so war das ein Beweis, wie glücklich ihn die Ehe gemacht hatte. Fast immer heirateten die Fürsten nach dem Tode der Frau sehr rasch wieder, zuweilen, um damit eine neue politische Kombination zu bekräftigen, doch aber auch, weil sie in dem harten wilden Leben der Zeit den einen süßen Klang, die holde Gegenwart einer Frau, nicht missen mochten.

Einem edlen Fruchtbaum gleich war Juliane von Nassau, Tochter Bothos des Glückseligen von Stolberg; im Frühling wiegt er die rosige Blüte in lauen Lüften, im Sommer ist er schwer von reifenden Früchten, und im Herbst umtanzen ihn jubelnde Kinder, und die Landleute pilgern zu dem schätzespendenden verehrungsvoll wie zu einem Heiligtum. Mit 17 Jahren heiratete sie einen Grafen von Nassau, dem sie fünf Kinder gebar, und nach dessen frühem Tode den verwitweten Grafen Wilhelm von Nassau-Dillenburg, der dem jungen Hanauer Paare ein väterlicher Freund und Berater gewesen war. Er gehörte einem vornehmen, sehr alten Geschlecht an, das sich im 12. Jahrhundert nach dem Schlosse Nassau zu benennen angefangen hatte und aus dem einst ein Kaiser hervorgegangen war. Von ihrem zweiten Manne hatte Juliane zwölf Kinder, sieben Töchter und fünf Söhne, deren ältester einer der bedeutendsten Fürsten jener und aller Zeit war, Wilhelm von Oranien. Ihr Erbe und Einfluß war es wohl, daß alle Geschwister, namentlich die Söhne, die Standhaftigkeit und Opferwilligkeit besaßen, sich dem großen, zuerst aussichtslosen Werk der Befreiung der Niederlande zu widmen. Die stete, gleichmäßige Wirksamkeit ihrer Liebe und Sorgfalt, ihres sittlichen Ernstes, womit sie Kinder und Schwiegerkinder umfaßte, verband die Geschwister untereinander und an die Ehre Gottes und die Ehre des Hauses. Ohne daß sie besonders geistvoll oder unternehmend gewesen wäre, bildete sie den Mittelpunkt der Familie, dem sich alle beugten. Sie erlebte den Tod dreier Söhne, darunter ihres Lieblings Ludwig, in den Schlachten gegen Spanien und die bitteren Sorgen und Kämpfe des Oraniers unter Schmerzen, aber immer ihrem Glauben und ihren Pflichten treu und eine Stütze für andere. Sie hatte zu ihren Lebzeiten 160 unmittelbare Nachkommen. Von ihren Töchtern hatte eine zehn, eine fünfzehn, je zwei vierzehn Kinder. Das waren damals keine außergewöhnlich hohen Zahlen; aber nicht oft waren so viele Kinder einer Mutter so begabt und lebenskräftig wie die Julianes.

Eine verehrte katholische Fürstin war die Erzherzogin Maria,

Stammesmutter der jüngeren habsburgischen Linie, die nach dem Erlöschen der älteren an die Spitze des Hauses trat. Sie war eine Wittelsbacherin und regierte mit fester, etwas harter, bayrisch-bäuerlicher Hand ihren weicheren Mann und ihre unbändigen Kinder. Es war nicht ihre Schuld, wenn etwas von der gelockerten, spielerischen Art der letzten Habsburger auf ihren Sohn Ferdinand überging; aber daß der katholische Glaube in Österreich nicht unterging, war überwiegend ihr Verdienst. Ganz anders waren die Habsburgerinnen, die Schwestern Karls V., deren Tatkraft durch den diesem Hause eigentümlichen Tropfen Rausch und Duft durchsüßt war. Karls Lieblingsschwester war Eleonore; einem Engländer erschien sie in Brüssel, als sie nicht mehr jung war, in einem faltenreichen Batistkleide mit Stickereien anmutig wie eine weiße Taube. Trotz seiner brüderlichen Liebe trennte er sie von dem schönen Pfalzgrafen Friedrich, der seinem Anspruch für sie nicht genügte. Nach vielen Jahren treuen Dienens wurde er durch die Hand einer Nichte der einst Geliebten entschädigt, während Eleonore Königin von Portugal und dann Königin von Frankreich werden mußte. Maria und Isabella hatten eine ausgesprochene Neigung für das Luthertum. Isabella war in sehr unglücklicher Ehe mit dem König von Dänemark verheiratet, Marias liebenswürdiger Gatte, der König von Ungarn, fiel jung in der Schlacht bei Mohacz. Sie heiratete nicht wieder, wurde nach dem Tode Margaretens, der Tante Karls V., die kluge, einsichtsvolle Regentin der Niederlande. Wenn Karl ihr einmal schrieb, gelte es einen Kampf anstatt mit Waffen mit dem Verstande zu führen, so sei sie der beste Kapitän, tat er ihr eigentlich unrecht: sie war eine kühne, unermüdliche Reiterin und Jägerin und führte auch persönlich Kriegszüge an. Wie seiner Frau in Spanien, wenn er abwesend war, überließ Karl seiner Schwester die Regierungsgeschäfte mit unbedingtem Vertrauen.

Wenn uns in der Reformationszeit auf protestantischer Seite mehr interessante Frauen begegnen als auf katholischer, liegt das zum Teil daran, daß die im Vordergrunde der Zeit stehenden Männer, die Geistlichen, auf protestantischer Seite sich verheirateten, auf katholischer natürlich nicht; besonders aber daran, daß bei einer angreifenden, von neuen Ideen und Plänen erfüllten Partei mehr Kraft und Leben zu sein pflegt als bei den Beharrenden. Übrigens aber standen die katholischen Frauen unter denselben Bedingungen wie die protestantischen und haben sich in schwieriger Lage, zum Beispiel als Nonnen, überzeugungstreu und charaktervoll erwiesen. Viele Frauenklöster erzwangen durch unbeugsamen Widerstand eine längere Dauer, als den reformierten Gebietsherren bequem war. Am bekanntesten unter den aufrechten Klosterfrauen ist durch ihre Denkwürdigkeiten Charitas Pirkheimer geworden, Äbtissin eines Nürnberger Klosters. Sie war humanistisch gebildet, verstand Lateinisch und wechselte Briefe mit ihrem berühmten Bruder und seinen Freunden, deren Interesse sie teilte. Als der Nürnberger Rat die Reformation annahm und die Aufhebung der Klöster der Bevölkerung eine nützliche, notwendige Maßregel zu sein schien, weigerte sich Charitas Pirkheimer, sich und ihre Schützlinge dem Zwange zu unterwerfen, und wandte sich um Hilfe an den Pfleger, der die Rechte des Klosters im Rat zu vertreten hatte und sich jetzt zwischen der Pflicht seines Amtes und seiner Pflicht gegen Gott und den Staat in einer peinlichen Klemme fühlte. Man versuchte es mit Überredung durch einen protestantischen Prediger, der den Nonnen die evangelische Wahrheit erklären sollte. Sie hörten ihn an, und Charitas setzte ihn durch treffende Antworten und Einwendungen in Verlegenheit. Drei gewissenhafte, wohlwollende Personen, der Pfleger, der Pfarrer und die Äbtissin, in einen unlösbaren Konflikt verwickelt, bemühten sich verzweifelt, ihrer Aufgabe in anständiger Weise zu genügen. Die Frau tat es, als Angegriffene, als Schwächere und im Recht, in der stolzesten Haltung. Auf Bitten des Pflegers ließ sie sich schließlich auf ein Gespräch mit Melanchthon ein, mit dem sie sich leicht verständigte, die humanistisch gebildete Frau mit dem Humanisten. Er gestand zu, man könne im Kloster ebensogut selig werden wie in der Welt, und es sei unrecht, Leute mit Gewalt aus dem Kloster zu werfen. Sie schieden in Freundschaft.

Wenn im Reformationszeitalter die Frauen Gelegenheit hatten, in Kampf und Opfer sich hervorzutun, so kann man doch sagen, daß Reformation und Humanismus in ihren Folgen die

Frau eher herabgedrückt als gehoben haben. Daß es für die Protestanten nur noch männliche Götter, keine Göttin mehr gab, daß sie sich nicht mehr an die große Fürbitterin Maria wenden konnten, entzog dem weiblichen Geschlecht einen Glanz und eine Würde. Durch ihre Männer beleidigte und gefährdete Frauen, besonders Fürstinnen, hatten bei der Kirche nicht selten Schutz gefunden: der Hofprediger hatte nur schlotternde Ermahnungen für den Schuldigen und wendige Trostesworte für die Gekränkte. Die scharfe Gegenüberstellung von Obrigkeit und Untertanen, von Herrenrecht und rechtloser Untertänigkeit machte sich auch in den Beziehungen der Frauen zu den Männern geltend. Die deutsche Frau versäumte mehr und mehr, ihrer Demut und Opferfreudigkeit den Stolz beizumischen, ohne den jene Eigenschaften zu häßlicher, oft liebedienerischer Unterwürfigkeit herabsinken. Überhaupt fingen die Schwächeren an, wie die Bauern es schon immer gewesen waren, Verachtete zu werden. Es konnte geschehen, daß das, was man einst an den Frauen bewundert oder angestaunt hatte, ihre Phantasie, ihr Ahnungsvermögen, ihre Neigung zu volkstümlicher Heilkunde, sie der Verdächtigung und grausamsten Verfolgung aussetzte. Das Zeitalter des Großen Krieges, der Zerstörung und Barbarei, der Wissenschaft und des Absolutismus leiteten Hexenbrände ein.

ANFECHTUNGEN

Luther litt während seines ganzen Lebens an Angstzuständen, die so furchtbarer Art waren, daß er sie nur mit Tod und Hölle vergleichen konnte. »Alsdann weiß man nicht«, sagte er, »wo aus noch ein. Da ist kein Trost, weder von innen noch von außen, sondern alles ist ein Ankläger.« Wie in dunklen Novembernächten zuweilen von weit her ein Sturm aufgrollt, sich näher und näher wälzt und anschwillt, als wolle er die Lichter des Himmels auslöschen und die Erde entwurzeln, so stürmten zuzeiten schwarze Gedanken gegen Luthers Seele und drohten sie zu ersticken. Es waren nicht immer dieselben. Als er noch jung im Kloster war, waren es, soweit er sie äußern konnte, nichtige, grundlose, leicht zu widerlegende; die sich jetzt einstellten, entstiegen seinen Taten und seiner Erfahrung und waren nicht so leicht zu bestreiten. Konnte sie noch ein Lied auf der Laute beschwichtigen, eine Melodie voll Wohllaut? Was ihn jetzt bedrängte, das waren Tatsachen, man konnte das Auge von ihnen wegwenden, aber sie blieben stehen wie Felsblöcke. Oder es waren Stimmen, die von allen Seiten bald flüsterten, bald schrien; er konnte sich das Ohr verstopfen, aber er wußte, daß jedermann sie hörte und wiederholte. Wenn man Luther einen Vorwurf oder einen Einwand machte, wies er ihn ungeduldig zurück, er gab nie zu, daß er unrecht habe; aber er war wehrlos gegen die Anklagen, die er selbst gegen sich erhob. Vor den Stürmen, die er selbst gegen sich entfesselte, war kein Ausweichen möglich, sie warfen ihn nieder und löschten ihn aus. Als Luther anfing, das Evangelium zu verkündigen, glaubte er, alle würden davon bewegt werden, an allen würde das Wort des Herrn die Sinnesänderung von der Selbstsucht zur Liebe bewirken, der befreite Sklave der Kirche würde als Kind Gottes freudig die Gebote des himmlischen Vaters befolgen. Es kam ganz anders: die Befreiung wurde ausgenutzt, um das Leben desto unbändiger zu genießen. In allen Ständen nahm die Sittenlosigkeit und Genußsucht, die Gleichgültigkeit gegen das Jenseitige zu. Die Bauern waren nach dem Bauernkrieg ohnehin nicht geneigt, auf Luther zu hören, viele haßten ihn. Verarmt, wie sie waren, hatten sie keine Lust, mit ihrem Gelde Pfarrer zu erhalten, die ihnen Unterwerfung unter ihre unchristlichen Herren predigten. Luther sah das mit Schrecken. Im Papsttum war viel Aberglauben und viel Sünde im Schwange gewesen: unter dem Evangelium war des Aberglaubens nicht weniger und war der Sünde mehr geworden. Wenn die Altgläubigen solche Vorwürfe erhoben, konnte man es für Verleumdung halten; aber den Evangelischen selbst fiel es auf, wie das Laster sich breitmachte. Hans Sachs, der Luther anfangs freudig begrüßt hatte, klagte, daß die Lutheraner mit ihrem wüsten Leben die evangelische Lehre verächtlich machten. An Fasttagen Fleisch essen und das Heiraten der Mönche und Nonnen schien der Inbegriff der Religion zu werden. Melanchthon, Justus Jonas, Martin Butzer, überhaupt sämtliche Reformatoren jammerten untereinander über die zunehmende Ruchlosigkeit unter den Evangelischen. »Es wird der gemeine Mann so frech, roh und bärenwild«, schrieb Justus Jonas, »als wäre das Evangelium darum kommen, daß es losen Buben Raum und Freiheit zu ihren Lastern machen wollte.« Und Melanchthon: »Ich glaube, daß du nun zu Wittenberg besser siehst, welch ein tiefer Fall und Untergang allem Guten droht, wie groß der Haß der Menschen untereinander ist, wie sehr verachtet alle Ehrbarkeit, wie groß die Unwissenheit derer, welche der Kirche vorstehen, und vor allem, wie gottvergessen die Fürsten sind.« Ein Prediger in Ulm: »Die Herren und Obrigkeiten suchen jetzt gemeiniglich in ihrem ganzen Leben nichts anderes denn Wollust und Pracht, spielen, fressen und saufen von einer Mitternacht zur anderen ... Also ist auch der Bauer und der gemeine Mann ... Sie haben einen Bund mit der Hölle und dem Tode gemacht, sagen: wir wollen fressen und saufen und tun was uns gebührt, vielleicht sterben wir morgen und kommt der Dinge, die der Pfaff sagt, keines über uns.« Luther selbst war der erste wahrzunehmen, »daß die Leute jetzund geiziger, unbarmherziger, unzüchtiger, frecher und ärger sind denn je zuvor unter dem Papsttum«. Dem Kurfürsten schrieb er: »Da ist keine Furcht Gottes noch Zucht mehr, seit des Papstes Bann ist abgegangen, und tut jedermann, was er will.« – »Insgeheim«, sagt er an anderer Stelle, »sind Bürger und Bauern, Mann und Weib, Kind und Gesinde, Fürsten, Amtleute und Untertanen alle des Teufels.« In seiner nächsten Umgebung, in Wittenberg, erreichte die Frechheit des Lasters einen solchen Grad, daß Luther die ihm zur Heimat gewordene Stadt verlassen wollte. Es zeigte sich, daß das, was Luther als päpstliche Tyrannei und als Vergewaltigung der Natur zu brandmarken pflegte, eine wohltätige Schranke gewesen war, mit der die Weisheit von Jahrhunderten die Begierden der Menschen eindämmte oder umwandelte. Luther hatte geglaubt, die Liebe zu Gott würde hundertmal mehr Gutes wirken als der Gehorsam gegen die Kirche; aber trotz all seines Predigens achtete man den fernen unsichtbaren Gott bei weitem nicht so hoch wie die nahe, strafende Kirche. Als Ursache des sittlichen Niedergangs, der jedermann auffiel, betrachtete man allgemein, auch unter Luthers Anhängern, seine Lehre von der Unfreiheit des Willens und von der Seligkeit durch den Glauben allein ohne Werke. Viele Freunde von denen, die während der schönen Zeit des ersten freien Aufschwungs ihm zugejubelt hatten, waren irre an der Bewegung geworden und wandten sich allmählich ab: Crotus Rubeanus, der frische, unverzagte Kamerad, Pirkheimer, Ulrich Zasius, Beatus Rhenanus. Lohnte sich bei so viel täglicher Plage und Enttäuschung das Weiterleben ohne die treuen Begleiter der ersten Kämpfe? Ohne den geliebtesten, den edelsten, ohne Staupitz, der die Flamme des Glaubens in seinem Herzen entzündet hatte? Und wie, wenn sie recht hätten? Sie kamen einer nach dem andern, anklagend, drohend: Warum hast du dein Werk zerstört? Warum die gefährliche Lehre, daß der Mensch allein durch den Glauben selig werde? Daß die Werke zur Seligkeit nicht nur nichts nützen, sondern schädlich seien? Nun bleiben die Werke aus, die dem Papsttum reichlich zuströmten und vielerlei Gutes bewirkten. Es fehlte nie an Mitteln für die Spitäler, für die Schulen, für die Armen, zur Erhaltung von Geistlichen und Lehrern. Jetzt gibt niemand mehr. Warum nicht genießen, sich wohl sein lassen, die Begierden austoben, da Gott seine Gnade umsonst gibt, da er die guten Werke verachtet? Staupitz hatte geschrieben: »Sie teilen und scheiden jetzt die Werke vom Glauben, gleich als möchte man unvergleicht mit dem Leben Christi recht glauben. O List des Feindes, o Verleitung des Volkes! Derjenige glaubt gar nicht in Christum, der nicht tun will, wie Christus getan hat. – Der böse Geist gibt seinen fleischlichen Christen ein, man werde ohne die Werke gerechtfertigt, mit Anzeigung, als hätte es Paulus dermaßen gepredigt, wie ihm fälschlich und mit Unwahrheit wird aufgelegt. Paulus hat wohl wider die Werke des Gesetzes, die aus Furcht und nicht aus Liebe entspringen, in welche die Gleißner ihr Vertrauen gründen und des Menschen Heil in wichtige äußere Werke setzen, disputiert und gestritten und beschlossen, daß dieselbigen Werke nicht gut, nicht verdienstlich, sondern verdammlich seien; die Werke aber, die im Gehorsam der himmlischen Gebote, in Glauben und Liebe geschehen, hat er nie übel gedacht und von ihnen nichts denn das Beste geredet, ja sie zu der Seligkeit not und nütze verkündet.« Mein Freund und Vater, warum siehst du mich streng an? Habe ich nicht gewarnt und gesagt, aus dem Glauben fließen die Werke von selbst, und es sei kein rechter Glaube, der nicht Werke wirke? »Du hast es gesagt, als es zu spät war, du hast es mit halber Stimme gesagt, nachdem du mit lauter gesagt hattest, daß der Glaube allein ohne Werke selig mache. In der Verblendung deines Stolzes und Eigensinns hast du mich der Feigheit geziehen. Und stand ich nicht neben dir vor Cajetan? Habe ich nicht das Evangelium gepredigt, als du noch in den Banden der Kirche lagest? Ja tief, tief warst du in den Banden der Kirche verstrickt! Und jetzt verfolgst und verlästerst du alle die, die dasselbe glauben, was du damals so unbedingt, so hingegeben glaubtest, als Bösewichter und Teufel! Warst du denn damals böser, als du jetzt bist? Warum kannst du meinen Schatten nicht mehr ertragen, der ich dir lebend der teuerste aller Menschen war? Sieh die Welt an, wie sie früher war, und sieh an, was du aus ihr gemacht hast. Damals sangen Chöre von Mönchen und Nonnen vor dem ewigen Licht, die Bilder der Heiligen blickten tröstend auf die Betrübten, die Menschen auf dem Felde und das Vieh auf der Weide waren umfangen von der Gnade, die Erde war voll von der Anbetung Gottes. Und jetzt? Die Prediger zanken und verfluchen sich auf den Kanzeln, das Volk ist der Predigten müde, nachdem es Schimpfen und Lästern von seinen Hirten gelernt hat; es ist eine unheilige, dürre Welt geworden. Nur ein Stand hat bei dem Wechsel gewonnen: die Fürsten.« Blutige Schatten winden sich aus der Nacht! Münzer, Hubmaier und viele andere, zerrissen von der Folter, erschlagen, verbrannt, ertränkt. Was wollt ihr von mir? Habe ich euch zur Schlachtbank geführt? Warum habt ihr die Welt verwirrt mit unsinnigen Lehren? »War es unsinnig, daß wir die Kirche nicht dem weltlichen Regiment ausliefern wollten? Wäre es nicht besser, daß der römische Papst sie regierte, als daß die Fürsten es tun? Siehst du nicht, daß der Antichrist, da er aus der Kirche ausgetrieben ist, in den Staat schlüpft? Wie stimmt die Staatskirche zu deiner Lehre

vom allgemeinen Priestertum, vom Recht der Gemeinde, ihre Hirten selbst zu wählen? Ist es fein, daß die Säufer, die Wüteriche, die Hanswurste in das Wort Gottes hineinpfuschen, Predigern befehlen und ihre Untertanen heute Weiß und morgen Schwarz glauben lassen? Unseliger, wie willst du dich rechtfertigen, wenn Gott die Seele deines Volkes von dir fordert?«
Ich habe es nicht gewollt. Es ist Menschenlos, daß wir den Fuß setzen, wo wir Raum finden, wir gehen enge, steile Pfade und merken plötzlich, daß wir in eine Schlinge geraten sind. Und doch müssen wir weiter und müssen den Fuß immer mehr in die Schlinge verwickeln. Wer stand mir in meinem Kampfe bei? Nur Fürsten hatten den Willen dazu und die Macht. Ich sah wohl, um was es ihnen zu tun war: auch die besten wollten nicht nur das reine Wort Gottes, sondern ein gestärktes und bereichertes Fürstentum dazu. Sie wollen tafeln und jagen und schöne Frauen liebhaben, und Gott soll Segen dazu geben. Wo aber ist denn einer, dem ich die Kirche freudig übergeben könnte? Der Papst ein Wolf, die Fürsten Wölfe, das Volk eine Herde von Wölfen und Schafen. Wenn der Glaube leidet und die Völker leiden, ach, ich leide mehr als alle. Meine Feinde sagen, daß ich den Fürsten geschmeichelt habe, daß ich sie beschimpfe, solange sie dem Papst anhängen, und sie zu Göttern mache, wenn sie lutherisch werden. Muß denn nicht eine Ordnung sein? Muß nicht irgendwo Befehl und eine Macht sein, dem Befehl Gehorsam zu verschaffen?
»Mag das in weltlichen Dingen sein; aber im Glauben? Hast du nicht selbst gesagt, daß Gott den Glauben gibt? Daß der Glaube sich nicht zwingen läßt? Daß jeder mit seinem Glauben selbst vor Gott stehen muß? Kein Priester solle sich zwischen Gott und den Menschen drängen? Aber nun hast du die Fürsten dazwischengeschoben. Wenn heute ein Fürst deinen Katechismus aufrichtet, müssen seine Untertanen nach deinem Katechismus beten; wenn er morgen stirbt und sein Sohn den Thron besteigt, müssen sie deinen Katechismus auf den Kehricht werfen und nach einem anderen beten, den du verfluchst. Dahin ist es mit deiner neuen Lehre von der Obrigkeit und mit deiner Erkenntnis Gottes gekommen. Mögen alle Menschen Kinder Gottes sein, die Fürsten sind selbst Götter. Sie haben

es endlich durch dich erreicht, daß sie niemanden mehr über sich haben, nicht den Kaiser und nicht Gott. Von ihnen empfangen die Völker den Glauben; der Gott im Himmel ist ihnen ferner gerückt als jemals. Im Papsttum haben die versammelten Priester über den Glauben der Völker entschieden, jetzt entscheidet ein einziger Laie in den Stunden, wo er nicht betrunken ist. Du sagst, es muß eine Obrigkeit sein. Warum durftest du dich denn dem Papst widersetzen, der deine Obrigkeit war? Warum dürfen sich die Fürsten dem Kaiser widersetzen, der ihre Obrigkeit ist? Warum die Gemeinden den Bischöfen, die ihre Obrigkeit sind? Ist die Freiheit nur für dich und für das deutsche Volk die Knechtschaft? Als die Bauern den Kopf unter das Beil legen mußten, wandtest du dich ab und sagtest: ihnen geschieht recht.
Wiederum Schatten, Bauern, triefend von Blut und Schweiß, ausgestoßen, verlassen von Gott und den Menschen. Rohe einfältige Bauern; aber sind sie nicht auch Ebenbilder Gottes? Hattest du ihnen nicht eine bessere Zukunft verheißen?
Ist das nun das Glück und die Freiheit und der Reichtum des deutschen Volkes, die ihnen werden sollten, wenn die Herrschaft des Papstes gebrochen wäre? Wenn das Geld nicht mehr nach Rom und in die Ablaßkästen flösse? Nun fließt das Geld des Volkes in die Kisten der Fürsten, damit sie desto mehr fressen und saufen können. Der Adel zieht die Stiftungen ein, die seine Väter der Kirche machten zur Ehre Gottes und zur Unterstützung der Armen. Vielleicht werden einige Schulen davon gegründet; aber die Lehrer und die Geistlichen darben. Während die Fürsten ihre Schlösser mit unnützem Prunk füllen, verelenden die Bauern und verarmen die Städte. Aber Reichtum und Armut zusammen wird der Bürgerkrieg verschlingen. Denn wer aufmerksam horcht, vernimmt ein gedämpftes Klirren von Waffen und huschende Schritte von Knechten, die zu den Werbeplätzen eilen. Wenn der Türke den rechten Augenblick erspäht, wird er über den Trümmern des Reichs, das sich selbst zerfleischt, seine Herrschaft aufrichten. Niemals wäre Einigkeit so nötig gewesen wie jetzt. Im Osten ist ein Wall nach dem andern gefallen, die heidnische Flut wälzt sich heran.«
Habe ich denn Uneinigkeit gewollt? Habe ich das Reich aus-

einanderreißen wollen? War einer im Reich, der die Reform nicht wollte? Warum haben sie das Wort Gottes nicht vernommen?

»Das Wort Gottes! Deine, deine Worte hast du gewollt, daß sie hören! Du willst der einzige sein, der es recht verstanden hat. Viele sagen, Zwingli habe es besser verstanden. Sieh, wieder ein blutiger Schatten. Warum ergriffest du die Hand nicht, die er dir in Marburg bot? Mag sein, daß er hochmütig, überheblich, rechthaberisch war, warest du es nicht noch mehr? Er wünschte doch Frieden mit dir. Er war ein aufrechter Mann und ging für seinen Glauben in den Tod. War es christlich, über seinen Tod zu frohlocken? War es christlich, um der verschiedenen Auslegung eines Herrenwortes willen des Herrenwortes zu vergessen, das Liebe und Nachsicht gebietet? Bist du der einzige, der nicht irren kann?«

Ihr sagt, ich habe ein neues Papsttum aufgerichtet. Wenn ihr darunter versteht, daß ich die Gebote der Schrift für die Gemeinde auslege, so habt ihr recht. Ich nehme sie auf mein Gewissen, ich vertrete sie vor Gott. Es ist nicht meine Schuld, daß es so wenig wahre Christen gibt, daß so wenige den rechten Glauben haben, daß sie nur ihre eigene Albernheit und ihren Wahn in der Bibel suchen.

»Wenn das so ist, warum denn die Kirche zerstören, die die Last der Verantwortung trug? Der Glaube, den sie lehrte, war durch Jahrhunderte geheiligt und von vielen bestätigt, und Heilige haben in ihm gewirkt. Ist es recht, ein Volk von seiner Vergangenheit loszureißen?«

Es wäre Vermessenheit, alle die Schwerter benennen zu wollen, die Luther während seiner Anfechtungen sich selbst in die Brust stieß. Gewiß konnte er nicht alle unheilvollen Folgen der Spaltung voraussehen, und manches Übel, das sie einschloß, wurde ihm wohl nicht bewußt. Zuweilen fiel ihm ein, daß manches von dem, was er jetzt verfolgte und tadelte, einmal gut und angemessen gewesen war; vielleicht aber dachte er nie daran, daß auch ein Volk ein Gedächtnis hat wie der einzelne und daß es ein gefährlicher Eingriff ist, das Gedächtnis zu zerstören. Luther gewöhnte seine Anhänger daran, alles, was vor ihm gewesen war und geschehen war, in Bausch und Bogen

zu verwerfen. Die Protestanten fingen gleichsam von vorn an, protestierten gegen ihre ganze so reiche, so stolze Vergangenheit. Für die Protestanten versank das Reich und verschwand der Reichsgedanke, weil er mit dem Papsttum verknüpft war, vom Reich und der Vergangenheit abgeschnürt, wurden die Untertanen in die kleinen Fürstentümer gebannt, wo ihre Anschauungen sich verengten und trübten. In diesen Bezirken lebten sie dumpf und geduldig hin, auf Befehl ihrer Fürsten in krampfhaften Patriotismus ausbrechend. Hatte Luther solche Menschen aus seinen Deutschen machen wollen? Nein, er hatte ein anderes Vorbild aufgestellt: den christlichen Ritter, Herrn der Sterne, furchtlos vor Tyrannen und Teufeln, freudig im Elend, freudig in der Fülle, Feind des Bösen, aus Liebe allen dienstfertig, allen hilfsbereit. Würde es solche Ritter geben in dem Obrigkeitsstaate, den er aufgerichtet hatte? Und er selbst? War er noch der den Sternen gebietende Heros? Er, das sanftlebende Fleisch zu Wittenberg! Während draußen seine Anhänger das Feuer verzehrte, weidete er sich an den vollen Krippen fürstlicher Beamtung. Als er verfolgt wurde, verbarg er sich im behaglichen Schlupfwinkel der Wartburg. Er hatte sich Gott entzogen; oder hatte Gott sein Opfer nicht gewollt? Würden die Namen seiner Feinde im Buche der Märtyrer leuchten, wenn kommende Geschlechter ihn als den dicken Papst von Wittenberg verfluchten? War er von Gott verworfen? Warum ließe er es sonst zu, daß der Teufel ihn mit solchen Anfechtungen marterte? Oder wie, wenn Gott der Teufel wäre, der Teufel Gott? Oder wenn es keinen Gott gäbe?
Luther hat selbst erzählt, daß die schwerste seiner Prüfungen war, wenn er Gott und Christus verlor und die Welt leer wurde. Die Schwungkraft des Glaubens, die ihn hoch erhoben, überschwenglich beseligt hatte, ließ nach, versiegte ganz. Es ist keinem Menschen gegeben, auf der Höhe des Gefühls sich immer zu erhalten, am wenigsten einem Menschen, der seine Kraft so maßlos verschwendete. Diese Stunden, wo sein Glaube erlosch, waren furchtbarer, als sich ausdenken läßt. Die Erde wurde zu einem Gräberfeld, zu einer Eiswüste. Das Leben verlor seinen Sinn, Luther war ein Betrüger. Für ein Phantom waren seine Anhänger in Flammen gestorben. Ja, selbst wenn Gott wäre,

was wäre er, wenn er auf einem so schwankenden Grunde ruhte, wie der Glaube ist? Nur wenige hatten Luthers Glauben, und selbst Luthers Glaube war nur fliegender Sand. Wäre es nicht besser, der Papst und seine Priester, eine unsterbliche Schar, gerüstet mit unanfechtbaren Dogmen, glaubten für alle, bürgten ihnen für das Dasein und das Wesen Gottes, den zu glauben sie selbst zu schwach sind? Wie ein Gewitter in immer heftigeren Schlägen sich entlädt, mit vernichtenden Blitzen trifft und dann die Donner schwächer rollen und in der Ferne verschweben, so erschöpfte sich auch die Qual der Anfechtungen. Zuweilen berührte das warme Wort eines Freundes und führte den Verzweifelten aus der Hölleneinsamkeit des leeren Raumes in den Kreis der Lebendigen zurück. Ein Tränenstrom beendete wohl den Anfall.

EINIGUNGSVERSUCHE

Als Karl V. im Frühling 1530 nach Deutschland kam, um nach neun Jahren zum ersten Male wieder einen Reichstag selbst zu leiten, kam er als Sieger. Mit Frankreich, England, Venedig hatte er Frieden geschlossen. Der Papst, Clemens VII., hatte den Gehaßten, dessen Truppen Rom verwüstet hatten, in Bologna, nicht ohne tiefe Seufzer auszustoßen, mit der Kaiserkrone gekrönt. Die Protestanten hatten Ursache, besorgt zu sein: der Kaiser hatte die Hände frei, um sie gewaltsam zu unterwerfen. Das Gerücht, das bei der Langsamkeit und Unsicherheit der Nachrichten sich nach Lust ergehen und mehr als heute wirken konnte, flüsterte von gewaltigen Rüstungen des Kaisers und seinen blutdürstigen Absichten; es schien angezeigt, sich zur Wehr zu setzen. Des jungen Landgrafen Kriegslust flammte auf; er hielt den Augenblick für gekommen, mit dem Schwerte zu protestieren. Darin verstand er sich gut mit Zwingli, der großartige, die ganze evangelische Welt ins Auge fassende Pläne ausgearbeitet hatte. Beide glaubten im Besitz der wahren Religion zu sein und wollten sie so weit wie möglich ausbreiten, wenn dadurch auch Brüder voneinandergerissen würden. Das religiöse Bewußtsein beherrschte mit solcher Energie die Gemüter, daß alle anderen Bindungen dagegen zurücktraten. Capito und Oekolampad, die angesehenen Reformatoren von Straßburg und Basel, waren der Ansicht, ein Bündnis unter religiös Gleichgesinnten gewähre stärkeren Schutz als jede politische Verbindung, und angesichts der Religionsgefahr hätten alle anderen Bünde zurückzutreten. Hatten doch auch die katholischen fünf Orte der Eidgenossenschaft sich nicht gescheut, ein Bündnis mit Österreich einzugehen, dessen Spitze sich gegen die evangelischen Eidgenossen kehrte. Philipp von Hessen und Zwingli richteten den Blick nicht nur auf die evangelischen Reichsstände, sondern auch darüber hinaus auf Dänemark und sogar auf Frankreich; Zwingli glaubte gern an das Gerücht, Franz I. neige, durch seine Schwester beeinflußt, zum Evangelium. Auflehnung gegen den Kaiser hatte für beide nichts Erschreckendes. Philipp, so warmherzig er war, wurde durch Regungen der Pietät nicht gehemmt; warf er doch die Gebeine seiner Ahne, der heiligen Elisabeth, nachdem er die Heiligenverehrung abgetan hatte, aus der Kirche heraus, wo sie ruhten. Zwingli vollends fühlte sich zwar als Deutscher, aber nicht als Reichsdeutscher. Die Eidgenossenschaft, in der Anhänglichkeit an den Kaiser entstanden, wurde widerkaiserlich, nachdem das Kaisertum wie ein erblicher Besitz an das Haus Österreich, den Erbfeind der Schweiz, gekommen war. Als nun gar die katholischen Orte mit Österreich die christliche Vereinigung geschlossen und dadurch die Entzweiung zwischen den Eidgenossen vollendet hatten, haßte Zwingli den Kaiser. Ganz anders fühlte Luther. Gerade von seinem überwiegend religiösen Standpunkt aus lehnte er gewaltsame Verbreitung des Glaubens ab, das Wort allein sollte kämpfen und wirken, wie er so oft gesagt hatte. Dann aber stand er ganz anders als Zwingli zu Kaiser und Reich. Auflehnung der Stände gegen den Kaiser, das Haupt des Reiches, hielt er für ein Unrecht, zu dem er nicht raten wollte. Nach seiner Auffassung von den Beziehungen im Reiche waren die Fürsten dem Kaiser ebenso unterworfen wie die Bürgermeister von Torgau dem Kurfürsten von Sachsen. Die Juristen und mehrere Geistliche widersprachen ihm, ohne ihn anderen Sinnes machen zu können, und Kurfürst Johann von Sachsen und Markgraf Georg von Brandenburg dachten wie er. Ihr Entschluß wurde bestimmend für die Haltung der evangelischen Partei; trotz Philipp von Hessen wurde auf gewaltsamen Widerstand verzichtet. Man beschloß, die Sache Gott anheimzustellen, vom Wort nicht zu lassen und für das Wort zu leiden, wenn es sein müsse, auch den Tod. Wieviel weltliche Interessen zu der unerschütterlichen Anhänglichkeit der Fürsten an das Evangelium beitragen mochten, sie waren in diesem bedeutenden Augenblick von aufrichtiger Frömmigkeit erfüllt. Sie waren ein kleines Häuflein gegenüber der Macht des Kaisers und der katholischen Stände, sie waren ersichtlich in Gefahr, der Kurfürst von Sachsen, der noch nicht vom Kaiser belehnt war, mußte damit rechnen, daß der Kaiser ihm die Kur nehmen und auf den katholischen Herzog Georg, seinen Vetter, übertragen würde; aber gerade er schätzte Gottes Gnade höher als irdischen Besitz und gab sich in Gottes Hand. »Es sind zwei Wege«, sagte er, »Gott verleugnen oder die Welt; denke ein jeder, welches am besten sei.« So ihr stille wäret, wäre euch geholfen; das war Luthers Lieblingsvers in den Psalmen. Etwas anderes kam hinzu, daß sie nämlich alle, besonders Luther, im Herzen auf die Milde des Kaisers hofften. Luther war empfänglich für den kindlichen Glauben an die mystische, friedenbringende Aufgabe des Kaisers, die seit Jahrhunderten im Volke fortlebte. Er sah Karl immer noch, wie er ihm in Worms erschienen war, als das Lamm unter Wölfen. Viele nahmen an, er werde vom Papst und dessen bösartigem Anhang zu Gewalttaten gedrängt, er persönlich sei milde nach der angeborenen Art des Hauses Österreich und komme mit versöhnlicher Gesinnung.

Karl war damals 30 Jahre alt, jung, aber ein fester, selbständiger Charakter, seiner ungeheuren Macht gewachsen. Er konnte haben, als hätte er nicht: er ließ sich naßregnen, um sein Barett zu schonen, aber er konnte kaiserliche Pracht entfalten, wenn sein Ansehen es erforderte; es war eine Aufgabe, der genügt wurde. Als er während des Schmalkaldischen Krieges bei Ingolstadt lagerte, ließ er sich unter dem heftigsten Bombardement durch den Feind von dem damals berühmten

Mathematiker Petrus Apiani – er hieß Bienewitz und stammte aus Meißen – ein astronomisches Instrument erklären. Einige Jahre zuvor hatte er den Gelehrten in den Adelsstand erhoben und zum Pfalzgrafen ernannt. Dem Mathematikprofessor war nicht wohl zumute, er hätte lieber einen sicheren Winkel gesucht; allein der großmütige Karl, so erzählt der Berichterstatter, stand ganz unerschrocken da und hörte aufmerksam zu, obwohl es so gefährlich zuging, daß eine vierpfündige Stückkugel mitten durch das kaiserliche Zelt flog. In jeder Lage eine stolze Haltung zu bewahren gehörte zum Kaisertum. Karl V. war ein durch und durch vornehmer Mensch. War es eine Folge der Erziehung oder das Bewußtsein seiner allen Menschen übergeordneten Stellung, er trat niemals prahlerisch, laut, aufdringlich auf, aber er ließ sich von keinem Auge schwach oder von Leidenschaft überwältigt sehen. Er liebte nur wenige Menschen, vor allen seine Schwestern und am meisten seine Frau, diese mit innigster Hingebung; im allgemeinen war er, wenn auch zurückhaltend, doch verbindlich und liebenswürdig, ja er wußte einen Ton vertraulicher Herzlichkeit anzuschlagen, wie die Deutschen es liebten. Ein Feinschmecker und nicht so mäßig, wie seine Ärzte es vorschrieben, war ihm doch die wüste Ausschweifung der deutschen Fürsten im Essen und Trinken widerwärtig, und er ließ das gelegentlich merken. Er stand zwischen ihnen wie ein Tierbändiger, der zufällig ohne Waffen zwischen Tiger und Panther geraten ist, darauf angewiesen, sie durch seine gelassene Haltung und seinen festen Blick zu beherrschen. Bis zu einem hohen Grade gelang ihm das; sein vornehmes Wesen und seine Selbstbeherrschung imponierten den Deutschen und wirkten stark auf sie, die zum größeren Teil ganz anders waren, naiv und roh, gewohnt, sich gehenzulassen, und die sich deshalb gegenseitig in ihren Schwächen durchaus durchschauten. Trotzdem er von Anfang an das Luthertum vollständig abgelehnt hatte, rühmten ihn gerade verschiedene Reformatoren, einige waren geradezu bezaubert von ihm. Melanchthon erschien er wie ein Heros des Altertums, den dazu noch Milde ziert. In der Tat war Karl nicht nur nicht grausam, sondern er zog, wenn es sich tun ließ, die gelinden Mittel den gewaltsamen vor; aber er war durch und durch

Kaiser und Staatsmann, und wenn seine politischen Zwecke sich nicht anders erreichen ließen, konnte er sehr hart sein. Da Einigkeit der Stände zur Bekämpfung der Türken notwendig war, hielt er es für seine Pflicht, Einigkeit zu erzwingen. Die Bekämpfung der Türken war die Aufgabe des Kaisers wie der Herren von Österreich, die Bekämpfung der Häresie hing unzertrennlich damit zusammen. Daß er gewaltsame Unterdrükkung der Ketzerei nicht verschmähte, sie wohl für die bequemste und sicherste Art hielt, zum Ziele zu kommen, bewies sein Verhalten in den Ländern, die ihm unmittelbar unterworfen waren oder seinen Standpunkt teilten, in den Niederlanden und in Spanien. Das war keine besondere Härte seinerseits, sondern geltendes Recht, das jetzt nur strenger ausgeübt wurde. Indessen, Karl war weder kleinlich noch eigensinnig; da im Reich die Verhältnisse anders lagen, schlug er hier andere Wege ein. Er war hier auf den guten Willen der Stände angewiesen, konnte nicht schlechtweg befehlen, was er natürlich lieber getan hätte. Nicht einmal auf die katholischen Stände konnte er unbedingt zählen, denen ihre Libertät fast ebenso heilig war wie ihr Glaube; vielleicht war ihm kein protestantischer Stand so feind wie die katholischen Bayernherzöge, die nicht nur nach Böhmen trachteten, sondern das Kaisertum gern an die Wittelsbacher gebracht hätten. Von dem Kurfürsten Albrecht von Mainz wußte man nie, ob er nicht doch heiraten und sein Bistum säkularisieren würde. So nahm denn sein gefürchteter Einzug ins Reich zuerst einen freundlichen Schein an. Sein Reichstagsausschreiben sagte, daß er mit Hilfe der Stände dahin wirken wolle, daß eine einige wahre Religion angenommen werde, damit, wie sie alle unter einem Christus lebten und stritten, sie auch alle in einer Gemeinschaft der Kirche lebten. Er erklärte sich bereit, die Meinungen der Stände anzuhören; die Protestanten sollten ein schriftliches Bekenntnis ihres Glaubens einreichen dürfen: Das war ein den Vertretern des Papstes höchst widerwärtiges Zugeständnis. Gleich nach der Eröffnung des Reichstages begannen freilich die Schwierigkeiten, indem der Kaiser wollte, daß alle Stände sich an der Fronleichnamsfeier beteiligten, was die evangelischen ablehnten; allein, man kam über den Gegensatz hinweg, und die Protestanten setzten

sogar durch, daß die religiöse Frage vor der Türkenhilfe behandelt würde und daß der Kaiser ihr mündliches Bekenntnis anzuhören einwilligte. Es war dies die berühmte *Confessio Augustana,* die von Melanchthon verfaßt war und die nun am 25. Juni in der etwa 200 Menschen fassenden bischöflichen Kapelle von dem kursächsischen Kanzler Bayer in deutscher Sprache vorgelesen wurde. Er sprach so laut, daß die unten im Schloßhof versammelte Menge den Wortlaut verstehen konnte. Während des zwei Stunden dauernden Vortrags herrschte vollkommene Stille, und der Kaiser hörte aufmerksam zu; da er nur seinen niederdeutschen Dialekt sprach, wird er wenig verstanden haben. Es war ein großer, für die Gemüter der Protestanten erschütternder Augenblick. Sie, deren Führer geächtet war, so daß er nicht in Augsburg anwesend sein konnte, hatten ihren verfemten Glauben vor Kaiser und Reich bekannt. Er war damit aus einer verdammten Winkelketzerei zu einer öffentlichen Tatsache geworden.
Gleichwohl, und obwohl das Bekenntnis auf manche Katholiken einen starken Eindruck gemacht hatte, war der Erfolg anders, als die Protestanten erwartet hatten. Der Kaiser ließ von mehreren katholischen Theologen, unter denen Eck, Luthers alter Feind, der Wortführer war, eine Erwiderung, die *Confutatio,* verfassen, die er zwar, da er sie zu grob fand, zu mildern befahl, die aber in der Sache gleichblieb, den unnachgiebigen Standpunkt vertrat und alles, was die *Augustana* aus der Heiligen Schrift erwiesen zu haben glaubte, als irrig bestritt. Daraufhin betrachtete der Kaiser die Neugläubigkeit als widerlegt und verlangte schlechthin Unterwerfung der Besiegten. Es war, da die Protestanten das entrüstet ablehnten, eine förmliche Entzweiung und Auflösung des Reichstages zu befürchten. Dahin wollten es aber der Kaiser und die Mehrzahl der katholischen Stände doch nicht kommen lassen; schon früher in Aussicht genommene Ausgleichsverhandlungen wurden eingeleitet, was besonders dem Kaiser angenehm war; er meinte, da Katholiken und Protestanten in wesentlichen Punkten des Glaubens übereinstimmten, müsse ein beide Teile einigendes Bekenntnis zu ermitteln sein. Ein Ausschuß wurde eingesetzt, in den von beiden Seiten je zwei Fürsten, zwei Ju-

risten und drei Theologen gewählt wurden. Unter den katholischen Theologen war der bedeutendste Eck, unter den evangelischen Melanchthon, der seinen Kurfürsten auf den Reichstag begleitet hatte. Die furchtbare Tragik der Glaubensspaltung offenbarte sich bei diesen Verhandlungen in der Seele Melanchthons, eines ihrer unglücklichsten Opfer. Der Humanist, der von Luthers beherrschendem Geiste in die Theologie hineingerissen war, der zwar von der Wahrheit des evangelischen Glaubens überzeugt, aber von Luthers Glaubensglut nicht beschwingt war, zitterte unter der Verantwortung, die ihm aufgeladen war.

Daß die Einheit des Glaubens erhalten werden müsse, darin waren alle einig; hatte doch ein Schisma stets für etwas überaus Verderbliches, ganz Unerträgliches gegolten. Auch dachten die Evangelischen nicht an Absonderung von der Kirche, sondern wollten die wahre katholische Kirche sein und wollten, daß die Katholiken das einsähen; diese konnten darin nur eine unerhörte Anmaßung und Auflehnung der Ketzer sehen. Während von Ausgleich und Vermittlung gesprochen wurde, dachte jede Partei im Grunde nur, wie sie die andere zu sich hinüberziehen könnte, ohne von ihrer Wahrheit das Geringste aufzugeben. Melanchthon dachte anders, er war wirklich bereit, um des Friedens willen nachzugeben.

Der Vater Melanchthons war ein Waffenschmied gewesen, dem Kaiser Maximilian aus Freude über einen von dem Meister verfertigten Harnisch ein Wappen verliehen hatte; einen Löwen, von dessen Tatzen die eine auf einem Hammer, die andere auf einem Amboß ruhte. Philipp, der Sohn, trat ungerüstet und nicht wie ein Löwe ins Leben. Er hatte einen schnellen und scharfen, aber nicht sehr in die Tiefe gehenden Verstand, er war zart und empfindlich und litt schmerzlich unter Angriffen, was nicht hinderte, daß er selbst erbarmungslos hart sein konnte. Durch seinen Oheim Reuchlin auf das Studium der Bibel hingewiesen, kannte und liebte er sie, er teilte die allgemeine Abneigung gegen die Mönche und soll einen der Dunkelmännerbriefe verfaßt haben; aber sich von der Kirche zu trennen wäre ihm deshalb nicht eingefallen. Als die herrische Freundschaft Luthers ihn an sich riß, gab er sich seinen Gedankengängen hin und faßte sie in den berühmt gewordenen *loci communes* zu einer Art von System zusammen. Seinem Verstande hatten Luthers Ideen durchaus eingeleuchtet, am Herzen lagen ihm aber nach wie vor die humanistischen Studien, wie er denn außergewöhnlich begabt für Sprachen war. Als die zerrüttenden Folgen der Reformation sich geltend machten, konnte Luther sich des göttlichen Willens getrösten, der ihn ergriffen hatte wie ein Sturm, unter den der Mensch sich zu beugen hat, falle die Welt auch in Trümmer; Melanchthon, der die göttliche Notwendigkeit nicht in sich fühlte, wog eines gegen das andere ab und kam zu einer Überlast von Unheil und Schädlichkeit auf seiten der Reformation. Das Grundübel sah er darin, daß die Leitung der Kirche dem Staate ausgeliefert worden war. Daraus, daß die bischöfliche Gewalt an die Landesherren überging, sah er eine Cäsaropapie entstehen, die er für verderblicher hielt als die Herrschaft des Papstes. Eine andere Möglichkeit als die Fürstenherrschaft sah er für die evangelische Kirche nicht; außer ihr gab es in seinen wie in Luthers Augen nur die Anarchie. Seit den Tumulten von Wittenberg und dem Bauernkriege hielten sie beide das deutsche Volk für unfähig zu irgendeiner Art von Selbstverwaltung, für eine einfältige, unbändige, nur unter strenger Zucht erträgliche Masse. Bereits machte sich bemerkbar, daß die protestantischen Pfarrer, seitdem der priesterliche Stand aufgehoben war, keine Achtung mehr beim Volke genossen. Schließlich schienen die Streitigkeiten innerhalb der neuen Kirche zu ihrer völligen Auflösung zu führen; Melanchthon sah keine andere Rettung als Anschluß an die alte. Schon in der *Augustana* hatte er das Gegensätzliche weniger betont als das Übereinstimmende; besonders heikle Punkte, wie den Primat des Papstes, wovon doch eigentlich alles abhing, hatte er ausgelassen. Luther nannte sie deshalb gutmütig, weil sein Philipp sie verfaßt hatte, die Leisetreterin. Da ihre Zurückhaltung von katholischer Seite nicht anerkannt worden war, glaubte Melanchthon ihnen noch mehr entgegenkommen zu müssen. Die Erhaltung der bischöflichen Gewalt wünschte er geradezu, aber er wollte sich sogar den Papst gefallen lassen; »wenn er schon der Antichrist ist, so können wir doch unter ihm leben, wie ehemals die Juden unter Pharao und unter Kaiphas«. Sogar das *sola fide*, worauf Luther, mit grimmigem Humor auftrumpfend, ausdrücklich bestanden hatte, daß der Glaube allein zur Seligkeit helfe, wollte er preisgeben. Damals schrieb ihm ein protestantisch gesinnter Venezianer vorwurfsvoll, er solle mehr Mut und Standhaftigkeit beweisen: »Wo es sich um die Wahrheit handelt, darfst du weder auf Kaiser noch auf Papst noch sonst einen Sterblichen Rücksicht nehmen, sondern allein auf den unsterblichen Gott ... Wisse, daß ganz Italien in ängstlicher Spannung dem Ausgange der Versammlung in Augsburg entgegensieht. Was dort beschlossen wird, das werden um des Ansehens des Kaisers willen alle anderen Länder gutheißen.« Melanchthon litt unsäglich; er wußte, daß Luther sein Verhalten mißbilligen werde, daß viele Glaubensgenossen ihn für einen Verräter und bestochen hielten, und er sah, daß er bei den Katholiken kein Verständnis fand und keinen Freund unter ihnen gewann. Je mehr er ihnen entgegenkam, desto rücksichtsloser beharrten sie auf völliger Unterwerfung. Nicht einmal die Priesterehe, die manche Katholiken für zulässig hielten, wollten sie zugestehen. An dieser Unnachgiebigkeit scheiterten die Verhandlungen. Die Evangelischen, auf das Schlimmste gefaßt, waren nur darauf bedacht, untereinander Einigkeit zu schaffen, damit sie dem Gegner eine möglichst starke Front entgegenstellen und den Vorwurf entkräften könnten, niemand wisse, was eigentlich die evangelische Wahrheit sei. Melanchthon nämlich, dem es darauf ankam, die alte Kirche zu gewinnen, hatte sich auf dem Reichstage von Anfang an von den Anhängern Zwinglis in auffallender Weise zurückgehalten; er hoffte dadurch, daß er sie als häretische Sekte ablehnte, als echter Katholik zu gelten. Er stellte die Zwinglianer auf eine Stufe mit den von allen Seiten verworfenen und verdammten Wiedertäufern. Diese Politik verdroß den Landgrafen von Hessen, der mit Zwingli befreundet war, und die oberdeutschen Städte, die ihm anhingen. Mit dem Scheitern der katholisch-evangelischen Verhandlungen war das Preisgeben der evangelischen Brüder vollends gerichtet.

Bei den Einigungsversuchen unter Lutheranern und Zwinglianern trat Martin Butzer in den Vordergrund. Martin Butzer,

der Ehestifter, eignete sich wie kein anderer dazu, Getrenntes sich näherzubringen. Er war nicht nur sehr gelehrt, sondern hatte sein Wissen stets bei der Hand und war nie um den passenden Ausdruck und die geschickte Formulierung verlegen. Es wird erzählt, daß er bei einem Religionsgespräch, während der Gegner seine Thesen aufstellte, Briefe an Freunde schrieb, dann, als der andere mit seinem Vortrage fertig war, den Inhalt desselben kurz zusammenfaßte, den Vorredner fragte, ob er den Sinn seiner Behauptungen richtig wiedergegeben habe, und als dieser bejaht hatte, ihn widerlegte. Er konnte an einem Tage mehr schreiben, als zwei Schreiber abschreiben konnten. Indessen ist es jetzt beschwerlich, seine langen Briefe und weitschweifigen Abhandlungen zu lesen, während jeder Satz Luthers blühend und packend ist wie einst. Auch in seinen unserem Interesse etwas entrückten Schriften blitzt seine lebendige Persönlichkeit, und durch ihre zeitlich gebundene Wahrheit leuchtet die ferne Klarheit der ewigen. Vor dem Zauberwort des großen Dichters verdorrt das flinke Wort des systematischen Kopfes zu Stroh. Der lebende Butzer jedoch war nicht nur ein redegewandter und überzeugungstreuer Mann, er erkannte auch bereitwillig die Überlegenheit Luthers an. Seit er zuerst in Heidelberg durch seine holdselige Rede hingerissen war, hat er nie in der Verehrung des Reformators gewankt, sich nie durch seine Härten, die gerade er vielfach erfuhr, irremachen lassen, sondern den beleidigten und entrüsteten Zwinglianern, deren Ansichten er teilte, immer wieder beizubringen versucht, daß man den Helden der Reformation, den Auserwählten Gottes, nehmen müsse, wie er sei, den Blick für seine Größe sich durch Empfindlichkeit nicht dürfe trüben lassen.
Noch während des Reichstages reiste Butzer mutig nach Koburg, um Luther für die Einigung zu gewinnen, und fand den vulkanischen Riesen zugänglicher als sonst. Allein zwischen Wolken und Vögeln hatte er wieder glückliche Tage, wo er träumte und dichtete, wenn auch die verjagten Dämonen zuweilen um so wütender zurückkehrten. Hier schrieb er den wundervollen Brief an den Kurfürsten Johann, dessen Herz, seinem Herrn Gott und seinem Herrn dem Kaiser gleich treu ergeben, doch nicht beiden dienen konnte; es war, als wolle er

ihn durch Musik trösten, deren er selbst, wenn er in Melancholie verfallen war, so sehr bedurfte, denn er schrieb Worte, wie man Akkorde auf der Harfe greift. Auch an Melanchthon schrieb er behutsam und liebevoll beruhigend, obwohl er mit seiner ängstlichen Nachgiebigkeit durchaus nicht einverstanden war. Zwingli hatte inzwischen unter der Einwirkung von Luthers Gedanken seine Auffassung vom Abendmahl gewandelt, so daß er die Anwesenheit von Christi Leib annahm; dieser Umschwung erleichterte die Verständigung mit Luther. Hoffnungsvoll eilte Butzer weiter; aber nun wies ihn Zwingli ab, der die Besonderheit seiner Meinung betont wissen wollte. Der Tod Zwinglis, der im folgenden Jahre in dem unglücklichen Kriege mit den katholischen Orten fiel, räumte das größte Hindernis der Einigung hinweg. Die süddeutschen Städte, die den Rückhalt an Zürich und Bern verloren hatten, suchten Anschluß an das Luthertum. Oekolampad, der mit Zwingli einig gewesen war, starb ein Jahr nach ihm an der Pest. Butzer, der theologische Führer des wichtigen Straßburg, auf den das Ansehen des Verstorbenen überging, war der Vorkämpfer einer Verständigung. Seinem unermüdlichen Wirken ist es hauptsächlich zu danken, daß im Jahre 1536 die Wittenberger Konkordie zustande kam. Seine Meinung, daß Luther, der Erwählte Gottes, als solcher vor allen anderen zu ehren und daß er gutmütig und leicht zu beeinflussen sei, wenn man ihm nur nicht widerspreche, trug den Sieg davon und bewog die süddeutschen Theologen, ihn in Wittenberg aufzusuchen. Hier gab es erneute Schwierigkeiten; denn Luther, der sich brieflich zu allem bereit erklärt hatte, zog sich auf seinen alten Argwohn zurück, es sei den Süddeutschen doch nicht rechter Ernst mit der Annahme der realen Gegenwart Christi im Abendmahl. Schließlich drehte sich der Streit um die Frage, ob auch der Gottlose den Leib Christi empfange, was Butzer und seine Partei nicht zugeben wollten. Luther hatte nicht unrecht, wenn er dachte, daß ihre Vorstellung vom Abendmahl im Grunde immer noch sehr von der seinigen abweiche, daß sie an das Zusammenströmen des unsichtbaren Leibes mit dem sichtbaren Brot nicht glaubten; aber er überzeugte sich von ihrer Frömmigkeit und ihrem aufrichtigen guten Willen, auf seine Gedanken einzugehen, und ließ es dabei bewenden. Nach einer kurzen Beratung mit seinen Freunden verkündete er den harrenden Gästen, daß er sie als Brüder annehme. Alle diese Männer, die so schwer um ihren Glauben gerungen und so innig nach Verständigung sich gesehnt hatten, waren von dem Segen dieses Augenblicks überwältigt. Die Spaltung, die so viel Ärgernis gegeben hatte, war überwunden; auf Grund der Konkordie konnten die Neugläubigen sich zu gemeinsamer Verteidigung ihres Glaubens zusammenschließen, wenn sie deswegen sollten angegriffen werden. Sie ahnten nicht, daß in Straßburg bereits ein Mann, ein französischer Flüchtling, lebte, der eine neue protestantische Sekte gründen und dadurch eine viel folgenschwerere Spaltung hervorrufen sollte.

Wie ein dünner farbloser Faden ziehen sich Religionsgespräche zwischen den verschiedenen christlichen Parteien durch die folgenden Jahrzehnte. Jedes deutsche Land, das das Evangelium annahm, hatte seine Besonderheiten in der Lehre und in den Bräuchen und konnte nur unter mühseligen Weiterungen zu einer Art von Einigung mit den übrigen gebracht werden. Noch schwieriger, eigentlich aussichtslos waren die Verhandlungen zwischen Katholiken und Protestanten, obwohl dem versöhnlichen Melanchthon und dem Formulierungskünstler Butzer auf katholischer Seite zuweilen Männer gegenüberstanden, die, wie der edle Contarini, eine Verständigung von Herzen wünschten. In Hinsicht auf die Priesterehe und das Abendmahl in beiderlei Gestalt waren die Altgläubigen nachgiebig; aber schon die verschiedene Auffassung der Messe bildete ein unüberwindliches Hindernis. Karl V. begünstigte die Gespräche. Sie waren gewissermaßen Vorläufer des Konzils, das nach allgemeiner Aussage der Spaltung und allem Streit ein Ende machen sollte. Wenn man sich vertrug, wenn der Kaiser den gewaltsamen Eingriff zurückhielt, war es, weil man auf die gütliche Entscheidung des Konzils hoffte. Ob ein Konzil, das die Katholiken als solches anerkannten, frei sein konnte, wie die Protestanten forderten, daß es sein müsse, das wurde nach einem stillschweigenden Übereinkommen nicht untersucht. Auch das zeigt, wie schwer man sich entschloß, eine dauernde Trennung ins Auge zu fassen.

Während des Reichstags zu Augsburg träumte es einmal Melanchthon, der evangelische Prediger Aquila, derselbe, den Sickingen auf seiner Burg beherbergt hatte, sei in einen Sack gesteckt worden; da sei Luther gekommen und habe ihn befreit. Luther antwortete auf Melanchthons Bericht davon: »Solltest du etwas wider das Evangelium beschließen und den Adler in einen Sack stecken, kommen würde dann, ich zweifle nicht, Luther, um den Adler herrlich zu befreien.« Als er von den Zugeständnissen Melanchthons an die Katholiken durch erbitterte Freunde unterrichtet wurde, war er außer sich. »Ich berste vor Zorn und Entrüstung«, schrieb er dem getreuen Justus Jonas. »Meine Bitte ist, brecht die Unterhandlung ab und kehrt zurück. Sie haben unsere Konfession, und sie haben das Evangelium. Wollen sie es zulassen, mögen sie es tun, wollen sie es nicht, mögen sie hingehen, wo sie hingehören. Wird ein Krieg daraus, so werde er draus; wir haben genug gebeten und getan.« Es war ihm klar, daß eine Verständigung nicht möglich war, weil der Papst Unterordnung unter sein Regiment fordern würde und die Protestanten darin nicht einwilligen konnten, ohne ihren Grundgedanken, der sie unmittelbar unter Gott und die Heilige Schrift stellte, preiszugeben. So war seine Ansicht, daß man sich mit einer *pax politica* begnüge, das heißt, daß man gegenseitig Frieden halte und hinsichtlich des Glaubens beide Teile ihr Bekenntnis ausüben lasse. Dieser Wunsch sollte sich als eine Folge der Umstände erfüllen. Nachdem der Ausschuß, ohne etwas ausgerichtet zu haben, auseinandergegangen war, atmeten die Evangelischen auf, die mit wachsender Unruhe Melanchthons Verhalten verfolgt hatten. »So das wahr wird«, schrieb der Augsburger Arzt Gereon Sailer, »ist es um die christliche Freiheit geschehen.« Wieviel auch von seiten der Protestanten selbst gegen die christliche Freiheit gesündigt worden war, Freiheit war doch der Kern ihres Glaubens, und sie war in Gefahr, von listigen Vogelstellern im Garne gefangen zu werden. Luther schrieb dringende Briefe an den Kurfürsten und die Freunde, worin er jedes Zugeständnis ablehnte. Der Kaiser zwar wollte durchaus zu einem Ergebnis kommen und ließ neue Verhandlungen einleiten; aber sie endeten erfolglos. Es schien nun keinen anderen Ausweg mehr zu geben als Krieg, den von Anfang an gefürchteten. Da zeigte sich wieder, daß der Zusammenhang unter den Ständen doch noch größer war als die Abhängigkeit der katholischen Stände von Papst und Kaiser: sie wollten keinen Krieg in deutschen Landen. Einige Fürsten waren persönlich untereinander befreundet, so besonders der streng katholische Herzog Heinrich von Braunschweig mit Philipp von Hessen, die Kurfürsten von Mainz, Trier, Köln mit ihm und Sachsen. Trotzdem, da die Evangelischen von jetzt ab unnachgiebig einen »friedlichen Anstand«, die *pax politica*, verlangten, kam es zu einem Reichstagsabschied, der unbedingte Unterwerfung von ihnen forderte. Die protestantischen Fürsten und 16 Städte lehnten den Abschied ab, darunter Augsburg und Ulm, die sich durch Kaisertreue immer ausgezeichnet hatten und denen der Entschluß nicht leicht wurde. Es war, als hätten sie die Worte aus einem Brief Gereon Sailers vernommen und zu Herzen gezogen: »Die Wiedertäufer haben recht zu sagen, daß ein Christ nicht nur gelehrt sein soll, sondern standhaft.« Zum Äußersten entschlossen, versammelten sich die protestantischen Stände – es waren Sachsen, Hessen, Ansbach, Lüneburg, Anhalt, die Grafen von Mansfeld und mehrere Städte – in Schmalkalden, einem unter hessischer und hennebergischer Hoheit stehenden Städtchen, und schlossen einen Bund zur Verteidigung mit den Waffen, falls einer von ihnen mit den Waffen sollte angegriffen werden. Dabei war der Kaiser nicht ausgenommen, wie es sonst üblich war. Der Beschluß, Einheit in den Kirchenbräuchen herzustellen, was das Bestehen einer evangelischen Kirche noch deutlicher machen sollte, kam nicht zur Ausführung; nicht mit Unrecht wandte Memmingen ein, das sei eine papistische Sitte. Angesichts der augenscheinlichen Gefahr wünschte man möglichst viele Glaubensgenossen in den Schmalkaldischen Bund aufzunehmen; sogar der Beitritt der Schweizer wurde ins Auge gefaßt unter der Bedingung, daß Zwingli in der Auffassung des Abendmahls sich Luther anschlösse; da Zwingli das ablehnte, wurde nichts daraus. Indessen die niederdeutschen Städte Lübeck und Braunschweig, zwei reiche, kraftvolle Republiken, wurden Mitglieder, sogar die entfernten nordischen Städte Riga, Reval und Dorpat suchten Anschluß. Frankreich näherte sich den Verbündeten trotz seiner dem Kaiser gegebenen Versprechungen, und der Sultan rüstete sich, um den im Reich sich vorbereitenden Bürgerkrieg auszunützen. Ohne daß es ausgesprochen wurde, waren die Erbfeinde des Reiches, Frankreich und die Türken, Bundesgenossen der Protestanten im Reich. Wiederum drückte auf Karl die Zange Frankreich und Türkei. Die Protestanten hatten auf dem Reichstage erklärt, keine Türkenhilfe leisten zu wollen, bevor ihnen nicht Friede gewährleistet sei. So mußte er sich zum Nachgeben entschließen. In Nürnberg kam im Jahre 1532 ein Religionsfriede zustande, den auch die päpstlichen Abgesandten billigten; der heranrückenden Türkengefahr gegenüber kam dem Papst jetzt selbst die Augsburger Konfession annehmbar vor, und er erinnerte sich, daß die Lutheraner doch auch Christen seien. Der Kaiser erließ einen Befehl, daß bis zum Konzil oder, falls dies binnen Jahresfrist nicht zustande käme, bis zum nächsten Reichstage die Stände der Religion und anderer Gründe wegen einander nicht bekriegen, berauben, verfolgen, überziehen und belagern sollten. In einem besonderen Mandat versprach er dazu noch die Einstellung aller in den Religionssachen gegen die Protestanten anhängigen Prozesse. Sofort erntete Karl den Lohn für sein Einlenken; seit vielen Jahren war kein so starkes Heer gegen die Türken zusammengebracht, wie es jetzt geschah. Nürnberg stellte freiwillig doppelt soviel Truppen, als seine Veranschlagung vorschrieb, und in ähnlicher Weise beeiferten sich gerade die Evangelischen alle zu zeigen, daß, wenn sie Gott mehr gehorchten als dem Kaiser, sie doch dem Kaiser das Seine zu geben von Herzen bereit wären. Angesichts dieser großartigen Einigkeit und Bereitschaft des Reiches wagte Suleiman seinen so pomphaft angekündigten Angriff nicht und trat den Rückzug an, es kam nicht zur Schlacht, die die beiden habsburgischen Brüder, schon in Wien harrend, selbst anzuführen willens waren. Nicht mehr dies Kriegsglück, wohl aber den Religionsfrieden erlebte Kurfürst Johann noch; er starb kurze

Zeit, nachdem derselbe beschlossen war. Es war dem wahrhaft frommen und treuherzigen Fürsten vergönnt, in Frieden nicht nur mit Gott, sondern auch mit seinem Kaiser dahinzugehen und das Reich, für das sich kaum einer unter den Fürsten mit solchem Ernst verantwortlich gefühlt hatte, in einmütiger Wirksamkeit zu sehen, bevor er es verließ.

Als Luther sich entschloß, seinen Grundsatz, das Wort dürfe nicht mit den Waffen verteidigt werden und die Fürsten wären dem Kaiser zu unbedingtem Gehorsam verpflichtet, aufzugeben, war es, als sei eine Fessel von ihm abgefallen. In einer »Warnung an seine lieben Deutschen« sagte er, wenn es zum Kriege oder zum Aufruhr komme, wollte er seine Feder ruhen lassen und sich nicht im geringsten so dareinmischen, wie er im Bauernaufruhr getan habe. Den Fürsten gewährte er, was er den Bauern versagt hatte; eine bittere Erinnerung, die ihn aber nicht irremachte. Nachdem er den selbstauferlegten Zwang abgeschüttelt hatte, brach er los wie ein dem Käfig entsprungenes Raubtier, das mit Lust nach allen Seiten springt, schlägt und beißt. In seiner Glosse auf das vermeintliche kaiserliche Edikt vergleicht er, aufgebracht darüber, daß in diesem Edikt seine Lehre vom verknechteten Willen viehisch genannt worden war, die Verfasser desselben mit Säuen, die auf ihrem Reichstage beschließen: »Wie Säue gebieten, daß niemand halten soll, daß Muskaten edle Würze sei, was sie aber sei, das wissen wir nicht«, und spricht weiterhin unbefangen von den hochgelehrten und durchläuchtigsten Säuen zu Augsburg.

Luther war kein systematischer Denker und nicht immer folgerichtig im Handeln. Er war sehr abhängig von augenblicklichen Eindrücken und vergaß zuweilen ganz und gar, was er früher gesagt und gewollt hatte. Er hat sich oft selbst widersprochen und hat sich wohl aus persönlicher Abneigung in irgendeiner Richtung verrannt. So verurteilte er anfänglich die Hinrichtung von Ketzern, mißbilligte auch die in protestantischen Ländern vorgenommene Hinrichtung der Wiedertäufer. »Es ist mir wahrlich leid«, sagte er, »daß man sie so jämmerlich ermorde, verbrenne und greulich umbringe.« Später ging er nicht ohne sophistische Begründung davon ab. Wenn es dankenswert ist, daß er der Wahrheit nicht durch ein System Ein-

trag tat, so war es doch nicht unbedenklich, daß er, in seiner maßgebenden Stellung, sich zuweilen durch Stimmungen und wechselnde Eindrücke leiten ließ. Beschämen aber nicht jeden Ankläger seine übermenschlichen Leistungen, sein großes, liebeströmendes Herz, die Fülle seines Geistes, sein hoher Mut und die Qualen, die er sich mit Selbstanklagen zufügte?
Wenn man das Jugendbildnis Luthers mit seinen Altersbildnissen vergleicht, so treten einem zwei verschiedene Menschen entgegen. Das junge Haupt umhüllt ein schicksalvolles Geheimnis, die Welt ist für ihn nicht da, er hält Zwiesprache mit seinem Genius. Er hat die tiefen Augen, aus denen Professor Pollich weissagte, dieser Mensch werde wunderbare Phantasien haben. Es ist das Bild eines Träumers, der auf der Schwelle großer Taten steht. Wie anders der Mann und der Greis, der die Taten getan hat. Das aufgeschwemmte Gesicht ist hart und grob geworden, hart und grob im Ausdruck. Seltsam müssen in dem fleischigen und zugleich harten Gesicht die immer noch dämonischen Augen gewirkt haben, deren flackernde Glut dem päpstlichen Nuntius Vergerio auffiel, der im Jahre 1535 nach Wittenberg kam, um zu erforschen, ob die Protestanten ein vom Papst berufenes Konzil besuchen würden. Daß der Antichrist den Häresiarchen zu einem Konzil einlud, regte Luthers Humor an; da er überzeugt war, das Konzil werde nicht zustande kommen, überließ er sich sorglos seiner guten Laune. »Herr Doktor, wie kommt es, daß Ihr Euch so früh wollt barbieren lassen?« fragte der Barbier. »Ich soll«, lautete die Antwort, »zu des Heiligen Vaters, des Papstes, Botschafter kommen, so muß ich mich lassen schmücken, daß ich jung scheine, so wird der Legat denken: ei der Teufel, ist der Luther noch so jung und hat so viel Unheil angerichtet, was wird er denn noch tun!« Als dann Luther seine besten Kleider anzog und ein goldenes Kleinod umhing, sagte der Barbier: »Herr Doktor, das wird ihn ärgern.« – »Darum tue ich es auch«, erwiderte Luther, »man muß mit den Schlangen und Füchsen also handeln und umgehen.« Wirklich gelang es Luther, den Legaten durch bestialische Frechheit, wie dieser sagte, *verbis verdrieslicissimis,* wie Luther es ausdrückte, gehörig zu ärgern. Kurze Zeit darauf trat ein Ereignis ein, das für Luther persönlich

sich tief verstimmend und auf seine Sache sehr schädlich auswirkte.

Landgraf Philipp war mit einer Tochter des Herzogs Georg von Sachsen verheiratet, von der er mehrere, ungewöhnlich tüchtige Kinder hatte, die er aber, ungeachtet aufrichtiger Hochachtung, nicht liebte. Er gewöhnte sich deshalb an außereheliche Beziehungen, rechnete sich das aber so sehr als Schuld an, daß er jahrelang nicht das Abendmahl zu nehmen wagte. Als es nun dazu kam, daß er sich ernstlich in ein Hoffräulein verliebte, das ohne Heirat nicht die Seine werden wollte, erinnerte er sich einer gelegentlichen Bemerkung Luthers, nach der Bibel sei Vielweiberei nicht verboten, und gründete darauf den Plan, sich die Geliebte als Nebenfrau antrauen zu lassen. Er betrieb die Angelegenheit mit dem Ungestüm und der liebenswürdigen Ehrlichkeit, die ihm eigen war, und brachte Luther dahin, ihm die Erlaubnis zur Doppelehe zu erteilen, in der Art, wie wohl die Päpste den Fürsten in ihren Eheschwierigkeiten behilflich waren. Es wurde Luther nicht leicht, sich zum Bürgen für eine Sache zu machen, gegen die zwar vom Buchstaben der Heiligen Schrift aus nichts einzuwenden war, die aber doch berechtigten Anstoß erregen mußte; was ihn bewog, sich dazu herzugeben, war seine Zuneigung für Philipp, hauptsächlich aber dessen Drohung, er werde sich an den Papst wenden, wenn der Reformator ihm Hilfe verweigere. So schnell schlug der Landgraf in den Wind, daß er noch kürzlich seine Habe und sein Leben an seinen Glauben hatte setzen wollen und entrüstet war, wenn andere sich etwas vorsichtiger zurückhielten. Luther glaubte dem Unheil dadurch die Spitze abbrechen zu können, daß er die Bedingung stellte, es dürfe von dem Vorgang nichts in die Öffentlichkeit dringen; als es trotzdem sofort bekannt wurde und Luther und mit ihm Melanchthon aufs schlimmste bloßgestellt wurden, verwickelte er sich immer tiefer in Unrecht, indem er von Philipp verlangte, er solle das Geschehene ableugnen, so daß der Landgraf, der sich entrüstet weigerte zu lügen, ehrenhafter dastand als der Reformator: Es war etwas geschehen, was nicht wiedergutzumachen war. Die Feinde triumphierten über den sittlichen Fall der Gegner, und der Zweck, um deswillen der falsche Schritt getan war, wurde nicht erreicht. Gerade damals hatte der Landgraf das neue kaiserliche Strafgesetzbuch, die *Carolina*, in Hessen eingeführt, das auf Bigamie die Todesstrafe setzte; es mag den freudigen Fürsten ein Schauder überlaufen haben, als ihm klar wurde, wohin seine Doppelehe ihn führen könnte. Dem Kaiser war es eher als den Theologen zu verzeihen, wenn er über dem Unrecht ein Auge zudrückte, um es staatsmännisch auszunutzen. Für ihn war es ein Glück, daß in den Schmalkaldischen Bund ein auflösendes Gift getropft war. Philipp, der vor einigen Jahren mit Zwingli einen Weltbund aller Evangelischen geplant hatte, versprach jetzt dem Kaiser, nicht zu dulden, daß außerdeutsche Mächte in den Schmalkaldischen Bund aufgenommen würden, so daß der Anschluß Englands, Schwedens, Dänemarks unterbleiben mußte, und der Herzog von Cleve, der im Begriff war, sein Land zu reformieren, wurde preisgegeben, wodurch ein großes und wichtiges Gebiet am Niederrhein den Protestanten verlorenging. Immerhin breitete sich die Reformation weiter und weiter aus. Durch den Tod Georgs von Sachsen, ihres erbittertsten und zugleich tüchtigsten Gegners unter den deutschen Fürsten, ging das Herzogtum Sachsen an seinen evangelischen Bruder über, auf dieselbe Art wurden Pfalz und Brandenburg evangelisch. Durch einen strammen Kriegszug führte Philipp von Hessen den vertriebenen Herzog Ulrich nach Württemberg zurück, der in der Verbannung Protestant geworden war und sein Land sofort reformierte. Als der Erzbischof von Köln, Hermann von Wied, die Reformation in seinem Lande einzuführen beschloß, wenn auch im Gegensatz zu Domkapitel und Universität, hatte es den Anschein, als sollte ganz Deutschland für den neuen Glauben gewonnen werden. Auch in Bayern, und namentlich in Österreich, hatten sich viele vom Adel ihm zugewendet.

Dieser Sieg des Evangeliums hätte den alten Reformator befriedigen können, blickten doch alle, Feinde wie Freunde, auf ihn als den Meister des Werks. Das Werk aber war, während es sich ausbreitete, im Innern nicht gereift. Die Klage über Unsittlichkeit und Roheit in den evangelischen Gebieten war allgemein. Augenscheinlich hatte die Auflösung der altgewohnten kirchlichen Aufsicht zu einem Ausbruch sinnlicher Aus-

gelassenheit geführt, der die früheren Ausschreitungen weit übertraf. Neben den groben Lastern erschreckte die unmäßige Geldgier, daß jeder alles an sich reißen und für sich allein haben wollte, und die Zunahme der Glaubenslosigkeit. Trotz des vielen Predigens wandte sich das Volk in allen Schichten vom Himmel ab und der Welt zu. Die Geistlichen waren verachtet und verhaßt; »könnte man sie Hungers sterben lassen«, sagte Luther, »so täte man's am allerwilligsten, könnte man sie zum Lande hinausjagen, so täte man's noch lieber«. Wenn die Leute von Gott hörten, achteten sie es so viel, als wäre es eines Gauklers Märlein, sie schlügen das Evangelium in den Wind, als habe es nicht die hohe Majestät vom Himmel, sondern irgendein Schuster gesagt. Es war von den Kanzeln so viel über die Betrügerei der Pfaffen gepredigt, daß man nun Kirche und Religion miteinander für einen Trug zur Unterdrückung des Volkes hielt. Luther, der geglaubt hatte, der Christenheit und insbesondere den Deutschen mit dem Evangelium ein überschwenglich kostbares Geschenk zu machen, erklärte sich die Undankbarkeit, der er begegnete, durch die rohe Gefühllosigkeit der Deutschen. Von den Bauern hatte er niemals viel gehalten, ebensowenig von den Fürsten, nun verwarf er die Deutschen alle miteinander: die barbarische, wahrhaft bestialische Nation, die schändlichen heillosen Säue, halb Teufel, halb Mensch. Dennoch war es sein Volk, und wenn er es nicht geliebt und sich für es verantwortlich gefühlt hätte, würde ihn der Anblick seiner Entartung nicht so tief geschmerzt haben. Die Bemerkung der Bibel, daß das Ende der Zeiten sich durch das Überhandnehmen aller Laster anzeige, bestärkte ihn, wie auch andere, in dem Vorgefühl eines nahen Unterganges. So war es, sagt er, vor der babylonischen Gefangenschaft, so vor der Zerstörung Jerusalems, so vor der Verwüstung Roms. Er, der den Untergang des mittelalterlichen Reiches hatte aufhalten wollen, hatte ihn wider seinen Willen gefördert und brach unter seinen Trümmern zusammen.
Besonders erbittert war Luther über die Fürsten, die er, wie er selbst sagte, zu Göttern gemacht hatte und die ihre durch ihn vermehrte Macht und ihr Ansehen nicht benutzten, um ihren Untertanen ein gutes Beispiel zu geben, um sie zu erziehen,

sondern um sie zu schatzen, so daß die meisten Fürstentümer nichts anderes wären als Rentereien und Zollhäuser. Als es sich einmal um ein Bündnis mit Heinrich VIII., dem König von England, handelte, schrieb Butzer an Philipp von Hessen: »Der König ist, wie er ist, und andere Fürsten sind auch, wie sie sind.« Das sollte heißen: sie taugen allesamt nichts, wollte man sie nach einem moralischen Maßstab beurteilen wie andere Menschen, könnte man sich überhaupt mit keinem einlassen. Fast ohne Ausnahme waren die protestantischen Fürsten dem Trunk ergeben, es kam vor, daß sich einer buchstäblich zu Tode soff. Luther mußte es erleben, daß sich sogar der kursächsische Hof übler Nachrede aussetzte. Auf Johann den Beständigen, den von allen Verehrten, folgte sein Sohn Johann Friedrich, mit dessen geistiger Plumpheit schon sein Lehrer Spalatin nicht hatte fertig werden können. Sein Vetter Moritz nannte ihn die dicke Hoffart. Luther machte kein Hehl daraus, daß er ihn für einen Esel hielt. Gottes Wunder erben nicht, so übersetzte Luther das lateinische Wort, daß die Söhne der Heroen entarten. Luthers Urteil, mit Friedrich sei die Weisheit, mit Johann die Frömmigkeit dahingegangen, ist um so auffallender, als Johann Friedrich, im Luthertum aufgewachsen und erzogen, dem neuen Glauben mit besonderem Nachdruck und unentwegter Treue anhing; aber es machte sich bemerkbar, daß seiner Gläubigkeit ein guter Teil Starrsinn und Beschränktheit beigemischt war. Er regierte zuweilen mit der Faust sowohl in die Religion wie in die damals so subtile Politik hinein. Im allgemeinen war das Luthertum, nachdem es zwanzig Jahre bestanden hatte, zu einer festen Einrichtung geworden, mit politischen und sozialen Dingen verknüpft, an der mit mehr Selbstverständlichkeit, aber mit weniger Glaubensinnigkeit festgehalten wurde als früher. Gab es auch viel Fromme, denen es ein Bedürfnis war, sich in die Bibel zu vertiefen, so war doch das Evangelium und das Wort Gottes, das beständig im Munde geführt wurde, ein Schlagwort geworden, bei dem die meisten nichts mehr als ihr Parteibewußtsein empfanden. Auch die sich mehrenden theologischen Streitigkeiten über die Lehrbegriffe gingen mehr aus Gelehrteneitelkeit und Rechthaberei hervor als aus Liebe zur Wahrheit.

Auf den alternden Luther drückte die ungeheure Arbeitslast mehr als früher. Schon im Jahre 1519 klagte er einmal gegen Spalatin, der eine Abhandlung über irgendeine theologische Frage von ihm verlangte, über Überbürdung: er habe Vorlesungen an der Universität und Predigten in der Kirche zu halten, seine Bibelübersetzung zu fördern und eine Menge Briefe an fremde Leute zu schreiben, die sich an ihn wendeten. »Ich bin doch wirklich bloß ein Mensch, ein einzelner Mensch«, schrieb er damals. Wie hatten sich inzwischen die Ansprüche vervielfacht! Wer ist schwach und ich werde nicht schwach, wer wird geärgert und ich brenne nicht, konnte er mit dem Apostel sagen. Nicht nur einzelne wollten Ratschläge und Tröstungen von ihm, Fürsten, Magistrate, Theologen, fast ganz Deutschland bestürmte ihn mit Fragen und Bitten. Dazu kamen Verwaltungsgeschäfte, immer noch Übersetzungen, Gutachten und eine umfassende schriftstellerische Tätigkeit, darunter Streitschriften, die zum Teil seine eigene Leidenschaftlichkeit veranlaßte. Wegen einer verschiedenen Meinung über eine Frage im kanonischen Recht verlor er einen seiner ältesten Freunde, Hieronymus Schurf. Agricola, mit dem er sich im sogenannten Antinomistenstreit entzweite – er wollte, daß weniger das Gesetz als das Evangelium gepredigt werde –, war ein neuerer Freund, aber ein guter Gesellschafter und zusammen mit seiner Frau ein ihm angenehmer, erheiternder Umgang. Luther hatte sicherlich recht, es der Eitelkeit, Eigenbrötelei zuzuschreiben, daß jeder Theologe seine besondere Lehre vorbringen wollte; aber eine gewisse Bewegungsfreiheit hätte gerade er doch auch der Eigenart eines jeden zugestehen sollen. Den durch die Wittenberger Konkordie beruhigten Abendmahlsstreit fachte er von neuem an und verdammte Zwingli in die Hölle, den er damals einen trefflichen Mann genannt hatte.
Weit bitterer als der Verlust von Schurf und Agricola war das seltsam gespannte Verhältnis zu Melanchthon, der sich innerlich fast ganz von ihm gelöst hatte und für die Welt doch sein unzertrennlicher Gefährte bleiben mußte. Er war zum berühmten und zum einflußreichen Manne geworden auf einer Bahn, die ihm eigentlich unheimisch war, die er nun aber nicht verlassen konnte, ohne zahllose Fäden zu zerreißen, auch die,

welche ihn selbst ans Leben knüpften. Durch seine Beziehung zu Luther und als Verfasser der *loci communes* und der *Augustana* war er so verkettet mit der Reformation, daß er sich nicht hätte zurückziehen können, ohne ihr und sich selbst unberechenbaren Schaden zuzufügen. Das konnte er um so weniger wollen, als er, wenn er auch gern den Zusammenhang mit der Kirche festgehalten hätte, doch von der evangelischen Wahrheit überzeugt war. Er war ein frommer Mann im Sinne des Erasmus, der christlichen Lehre von Herzen zugetan, hauptsächlich ihrer friedlichen Seite; aber Luthers Ringen um die letzten Geheimnisse war ihm fremd, und seine Zwiesprache mit Gott verstand er nicht. Insgeheim neigte er zu Zwinglis Auffassung vom Abendmahl, was er vor Luther verheimlichte. Die gehässigen theologischen Streitigkeiten, oft Tüfteleien und Absurditäten, gewürzt durch das grobe, unflätige Schimpfen, das Luther in die Polemik eingeführt hatte, waren ihm widerwärtig. Wie sehr er aber unter der Sklaverei litt, in der er sich verfangen hatte, hörte er doch nicht auf, Luthers schöpferische Kraft und seine mächtige Persönlichkeit zu bewundern, und konnte nicht verkennen, wie Luther an ihm hing. Bedenkt man, wie rücksichtslos, ja wie grausam Luther oft gegen die verfuhr, die ihm widersprachen oder ihn sonst reizten, so staunt man über die Zartheit, mit der er Melanchthon behandelte. Es tat ihm wohl leid, daß jenem die Sicherheit des Glaubens fehlte; aber er machte ihm keinen Vorwurf daraus und litt auch nicht, daß andere es taten, selbst nicht, als auf dem Reichstage zu Augsburg Melanchthons Unsicherheit sehr ärgerliche Folgen bewirkte. Als bei Gelegenheit des Abendmahlsstreites das Gerede ging, Luther bereite einen groben schriftlichen Angriff auf Melanchthon vor, und dieser, das Ärgste fürchtend, einen Brief von ihm kaum zu öffnen wagte, enthielt er eine Einladung zur Geburtstagsfeier. Luthers Anhänglichkeit war um so auffallender, als sein treuer Freund und Gefolgsmann Amsdorff eine Abneigung gegen Melanchthon hatte und ihn beständig verdächtigte, insofern nicht mit Unrecht, als Melanchthon in der Tat sich von Luthers Ansichten entfernt hatte. Melanchthon machte sich Luft in Briefen an seinen Freund Camerarius, der seine eigentlichen, die humanistischen Interessen teilte; in seinen Äußerungen über Luther klingt es zuweilen wie ohnmächtiger Haß. Ihm gegenüber erscheint Luther großmütiger; vielleicht empfand er das Tragische ihrer Freundschaft, vielleicht hatte er ihn zu sehr geliebt, um eine ausgesprochene Trennung ertragen zu können. Er lebte in den letzten Jahren, besonders seit ihm 1542 sein Töchterchen Magdalena gestorben war, in schrecklicher Einsamkeit. Der Tod hatte viele seiner Feinde gefällt: Zwingli, Herzog Georg von Sachsen, Papst Clemens VII., Erasmus; nun langte er nach seinem Liebling, als wollte er sagen: du bist nicht mehr wert als jene. Ich bin alt, kalt und ungestalt, pflegte er zu klagen. Seine ungeheure Arbeitskraft fing an zu erlahmen, die Krankheitsanfälle, an denen er zeitlebens gelitten hatte, suchten ihn immer häufiger heim; aber wie eine Ruine oft stärkere Eindrücke von Schönheit und Größe vermittelt als das vollendete Bauwerk, so bewegt uns auch der verdüsterte und ermüdete Heros mehr fast als der jugendlich stürmende. Der wachsende und handelnde war auf Ziele gerichtet, zusammengefaßt, durch die Umwelt, die ihn umgab und die er bekämpfte oder für die er einstand, beschränkt; als das mächtige Gefäß langsam und mühsam zerbrach und die Seele sich verströmte, spürte man, welches Übermaß von Kräften darin gebannt gewesen war. Oft waren seine Worte, ein schwermütiges, träumerisch schweifendes Phantasieren, von süßer Zärtlichkeit durchtränkt. Häufiger noch äußerte sich seine Verdrießlichkeit und seine nie erlöschende Kampflust.

Als brauchte er einen neuen Gegenstand des Zornes, nachdem der Papst endgültig aus dem Felde geschlagen schien, fing er einen Feldzug gegen die Juden an. In seiner Frühzeit hatte er sich in der Schrift »Daß Jesus Christus ein geborener Jude sei« mit Wärme der Juden angenommen, ihre Verteidigung in die Bekämpfung des Papsttums einreihend. Die Päpste und Bischöfe, die groben Eselsköpfe, sagte er, hätten bisher so gegen die Juden verfahren, daß ein guter Christ darüber wohl hätte zum Juden werden mögen. »Und wenn ich ein Jude gewesen wäre und hätte solche Tölpel und Knebel gesehen die Christenheit regieren, so wäre ich wohl eher eine Sau worden denn ein Christ.« Sie hätten die Juden behandelt, als wären sie

Hunde, nicht Menschen, hätten sie gescholten und ihnen ihr Gut genommen, und den Getauften hätte man kein christliches Leben gewiesen, sondern sie der Papisterei und Möncherei unterworfen. Hätten die Apostel, die auch Juden waren, mit uns Heiden gehandelt wie wir mit den Juden, so wären nie Christen aus den Heiden geworden. »Haben sie denn mit uns Heiden brüderlich gehandelt, so sollen wir wiederum brüderlich mit den Juden handeln, ob wir etliche bekehren möchten: denn wir sind auch selbst noch nicht alle hinan, schweig denn hinüber.« Er ging so weit, das Volk der Juden über alle anderen Völker zu stellen, weil Gott in ihm Fleisch geworden sei. »Und wenn wir gleich hoch uns rühmen, so sind wir dennoch Heiden und die Juden von dem Geblüt Christi: wir sind Schwäger und Fremdlinge, sie sind Blutfreund, Vettern und Brüder unseres Herrn.« In späteren Jahren wurde er anderen Sinnes, wozu vielleicht beitrug, daß König Ferdinand in seinen Ländern die Juden beschützte, während er die Protestanten verfolgte. Damals hoffte er, daß einige sich bekehren möchten, jetzt war er zornig, weil sich noch nicht alle bekehrt hatten. Im Jahre 1536 wies Johann Friedrich alle Juden aus dem Kurstaat aus, ohne daß Luther es zu hindern suchte. Als einer seiner Tischgenossen sagte, die Juden seien gute Ärzte und zu allem zu brauchen, entgegnete er, das hätten sie vom Teufel. Der Graf von Mansfeld hatte, um sich eine Einnahme zu verschaffen, Juden in seinem Gebiet, Luthers Heimat, aufgenommen, wünschte sie aber nach einiger Zeit wieder loszuwerden, weil die Untertanen sich über Wucher beklagten. Nun schrieb Luther ein Buch »Von den Juden und ihren Lügen«, in dem er geradezu zu einer Judenverfolgung aufforderte. Man sollte, riet er, ihre Synagogen und Häuser zerstören, ihnen ihre Bücher nehmen und ihren Rabbinern verbieten zu lehren. Er hatte vergessen, daß er sich einst gerühmt hatte, zu den Reuchlinisten zu gehören. Auf seiner letzten Reise nach Mansfeld, wo er einen Streit der beiden Mansfelder Grafen schlichten wollte, begleitete ihn diese neue Verfolgungswut. Er erzählte seiner Käte, daß eine Gräfin von Mansfeld die Juden beschützte, daß er aber seine Meinung gröblich sagen wolle. Daneben bemühte er sich, die streitenden Brüder zu versöhnen, was so schwierig war, daß er meinte, die ganze Welt müsse frei von Teufeln sein, da sie alle seinetwegen in Eisleben zusammengekommen wären. So leidenschaftlich geschäftig, fühlte er sich doch im Innern alt, kalt und müde. »Ich habe mich satt gelebt«, schreibt er. Seine Angehörigen und Freunde umgibt der Zornige, an sich und aller Welt Verzweifelnde mit der besonderen Mischung von liebkosender Wärme und herzlichem Humor, die den Luther verrät. Als er erkrankte und starb, waren sich alle der Größe des Augenblicks bewußt. Dieser Tod erschütterte die protestantische, ja die christliche Welt. Nie zuvor hatte ein Deutscher so mächtig auf die geistige Entwicklung des Abendlandes gewirkt.

NACHWORT

Für die junge Ricarda Huch, die 1893 ihren ersten Roman veröffentlichte, war Luther weder Thema noch gar Problem. Der Protestantismus war ihrer Braunschweiger Patrizierfamilie eher Selbstverständlichkeit als Bekenntnis gewesen, und das galt auch für sie. In ihren frühen Werken ist daher auch – von gelegentlichen antikatholischen Ressentiments abgesehen – kein Interesse an Fragen der Konfessionen, der Glaubensspaltung oder gar ihrem Urheber zu finden.

Die Sinn- und Bewußtseinskrise, die der Erste Weltkrieg und die deutsche Niederlage bei vielen deutschen Autoren auslöste, erfaßte auch Ricarda Huch, für die religiöse Themen für einige Zeit in das Zentrum ihres Denkens und Schreibens rückte. *Luthers Glaube* (1916) und *Der Sinn der Heiligen Schrift* (1919) sind Ergebnisse dieser Überlegungen. Ricarda Huch war keine Theologin, und die in diesen beiden Büchern unternommenen Versuche einer theologischen Systematik sind heute wohl nur noch von literaturwissenschaftlichem Interesse: über den Glauben Luthers gibt es unterdes fundiertere und leichter lesbare Darstellungen, und die theologische Literatur hat aus ihrer Sicht wohl jeden denkbaren Aspekt ausgeleuchtet. Dennoch hat Ricarda Huch einen wesentlichen, immer noch gültigen Beitrag zur Lutherforschung geleistet, indem sie Luther zum Exempel, ja zum Mittelpunkt des bedeutendsten Zeugnisses ihres besonderen Geschichtsbewußtseins machte: Schluß und Höhepunkt ihres Schaffens ist das monumentale Werk über die *Deutsche Geschichte*. Die letzten 13 Jahre ihres Lebens hat sie daran gearbeitet – der letzte Band erschien postum 1949 unter dem Titel *Untergang des römischen Reiches Deutscher Nation*. Den ersten Band, den sie 1934 herausbrachte, nannte sie *Römisches Reich Deutscher Nation*. Der zweite Band ist ausschließlich dem *Zeitalter der Glaubensspaltung* gewidmet; sein Herzstück ist das breit angelegte Luther-Kapitel, das hier abgedruckt wurde.

Die *Deutsche Geschichte* erwuchs zum einen durchaus auch aus dem vom Weltkrieg geweckten Krisenbewußtsein, das während des aufkommenden Faschismus sich für Ricarda Huch noch steigerte. Sie erkannte in der Entwicklung und »Verfassung der abendländischen Völker der Neuzeit« eine »gewisse Geist-Abwesenheit, eine Geisteserkrankung«, die zum »Bürokratenstaate«, zum verwalteten Men-

schen, schließlich auch zur Diktatur führen mußte. Im Entwurf des mittelalterlichen Reiches suchte sie das Modell einer Alternative – wohl wissend, wie weit die Realität des »Heiligen Römischen Reiches« hinter diesem Entwurf zurückblieb. Den verwirklichten Elementen dieses Modells ist sie schon 1927 in ihren Städtebildern (*Im Alten Reich*) nachgegangen. Für die *Deutsche Geschichte* hat sie sich nach vertieftem Quellenstudium die Entwicklung des Reiches zum Thema gemacht, um die Ursachen des schließlichen Verfalls zu erfahren und um in der Reichsidee der Gegenwart zugleich das erneut zu erringende Ideal entgegenzuhalten: »Über Jahrhunderte hinweg sucht Hutten den Erben, der mit seiner Feder die leeren Seiten ausfülle, über die er die Anschrift setzte: In tyrannos« – das war deutlich, und die Nazis quittierten solchen Trotz mit wütenden Rezensionen.
Kurz nach dem Zweiten Weltkrieg zog Ricarda Huch aus ihrem Geschichtsstudium die Konsequenz in gleicher Richtung: »Die deutsche Freiheitsidee, die im Mittelalter einen staatlichen Körper ausbildete, bestand darin, daß aus dem Volke eine Fülle sich selbst verwaltender Glieder hervorging, die sich nach innewohnendem Gesetz und jeweiligen Bedürfnissen entfalteten und nebeneinander verbreiteten, nicht ohne sich gegenseitig zu stören und zu bekämpfen, aber doch ein bedeutendes, wirkungsfähiges Ganzes bildend.«
Das mittelalterliche Reich wurde durch die Glaubensspaltung, die Reformation, d. h. durch Luther letztlich zu Fall gebracht. Dies ist der Leitgedanke der *Deutschen Geschichte*; schon die Gliederung der drei Bände reflektiert ihn, und sehr kritische Bemerkungen über Luthers Person und Rolle bestätigten das: Gegenüber den »dem mittelalterlichen Reich ... eigentümlichen Charakter schöner Lebendigkeit und bildsamer Fülle« habe Luther versagt, stellt sie fest. »Wieviel größer wäre Luther gewesen, wenn er ... sich vermittelnd zwischen Fürsten und Volk gestellt und einen Ausgleich zuwege gebracht hätte!« zugleich ist Luther hier aber auch der »Prophet«, der »Berufene«, der »vulkanische Riese«, der »Adler«. Dies zeigt nicht Schwanken in der Beurteilung an, sondern entspricht der Widersprüchlichkeit in Wesen, Charakter und Rolle Luthers. Er war »zugleich Saul und David, das wunderbare Kind, das dem düsteren Gebieter die tröstende Harfe spielt und der schwermütige Tyrann, der den Speer nach dem Knaben schleudert.«
Die Beschreibung solcher Widersprüchlichkeiten im Wesen Luthers

nimmt nächst den wichtigsten historischen Stationen der Reformation den breitesten Raum ein, läßt den Text eher biografisch als geschichtlich erscheinen. Und doch ist das nicht Privatisierung von Geschichte. Vielmehr zeigt sich hieran das zweite Ausgangselement für die spezifische Huchsche Geschichtsphilosophie, ein Element, das sich schon längst vor der Bewußtseinskrise der Weltkriegsjahre in ihrem Frühwerk herauszubilden begann: schon dort stand im Mittelpunkt ihrer literarischen Werke die Frage nach der Rolle des einzelnen dem Schicksal und dem Prozeß der Geschichte gegenüber. In den frühen Romanen waren es noch Gestalten ihrer Phantasie, die den Kampf auszufechten hatten zwischen dem Anspruch an den Menschen, Subjekt der Geschichte zu sein, und dem Schicksal, das sie zu deren Objekt machte. Mit ihren Garibaldi-Romanen wandte sie sich dann ab 1906 wirklichen Gestalten der Geschichte zu, an denen sich ihre geschichtsphilosophische Intuition zu bewähren hatte. Das italienische *Risorgimento* folgte, *Federigo Confalonieri*, Michail Bakunin – Heroen der Befreiungsbewegungen im 19. Jahrhundert, die »Neuen Götter«, wie sie der Untertitel ihrer berühmten Darstellung der Revolution von 1848 nennt. Auch in diesen Arbeiten steht immer die Biografie im Vordergrund, wird zuerst der Mensch dargestellt und danach – und nur durch ihn – die »Sache« oder »Idee«, für die er steht oder gestanden hat. Und es sind dies ja auch herausragende Persönlichkeiten der Geschichte, deren Biografie das bloß Private transzendiert. Aber das abgegriffene Etikett »Persönlichkeit« hat für Ricarda Huchs Geschichtsverständnis ein ganz eigenes Gewicht, ihr »Biografismus« ist nicht positivistische Marotte. Es geht ihr vielmehr darum, in der historischen Person den Ort zu fixieren und zu analysieren, an dem das Gesetz geschichtlicher Entwicklung wirksam war und daher sichtbar gemacht werden kann. Geschichte ist für Ricarda Huch »die Entwicklung der Idee des Menschen« – eine Idee, die sich nicht auf Verstand und Empirie beschränkt und deshalb auch nicht allein intellektuell erfaßbar ist. Sie spricht daher in Unterscheidung zum Verstand von »Geist«. Dieser Geist ist es, den sie der Moderne des Abendlandes in dem zitierten Ausspruch abspricht. »Geist« tritt für sie zutage im Bewußtwerdungsprozeß wirklicher Persönlichkeiten der Geschichte, deren Rang sich aus ihrer Sicht nicht aus den wohlfeilen Kategorien Erfolg, Wirkung oder auch moralischer Bewertung herleitet, sondern aus dem Grad ihrer Bewußtheit.

Die Liste der Helden historisch-biografischer Darstellungen Ricarda Huchs enthält von Confalonieri bis Bakunin nur Gescheiterte, und auch Garibaldis »Erfolg« hatte wenig mit seinen ursprünglichen Absichten zu tun. In all diesen Fällen wurde der »Geist« der großen Persönlichkeit zuschanden am Zeitgeist der Gesellschaft.

Konsequent verfolgt Ricarda Huch deshalb die europäische Geschichte zurück, um den historischen Ort des Auseinandertretens von geistiger Bewußtwerdung und sozialer Entwicklung zu ermitteln: *Der Dreißigjährige Krieg, Wallenstein*, sind die schriftstellerischen Stationen dieses Aufarbeitungsprozesses. Die *Deutsche Geschichte* ist Summe und Konsequenz ihrer Arbeit, und Luther mußte bei solchen Voraussetzungen zum Dreh- und Angelpunkt dieser Geschichtsdarstellung werden – als »Persönlichkeit« und durch den historischen Augenblick seines Wirkens: »In Menschen von religiöser Genialität pflegt eine besonders große Spannung zu sein« – diese Spannung zeigt sich bei Luther als Widersprüchlichkeit in Charakter, Handlungen und Wirkung. Was aber als mangelnde rationale Konsequenz erscheinen mag, ist für Ricarda Huch Ausdruck des Ringens der Person mit dem inneren geistigen Gesetz, eine Auseinandersetzung, die überhaupt erst eine Person zur »Persönlichkeit« macht. Wilhelm Emrich, der Herausgeber der *Gesammelten Werke* Ricarda Huchs, hat zur Beschreibung dieses Vorganges den Goetheschen Begriff des »Daimonions« fruchtbar gemacht, nach Goethes Vorstellung eine »der moralischen Weltordnung wo nicht entgegengesetzte, doch sie durchkreuzende Macht«, das »Gesetz, wonach du angetreten. So mußt du sein, dir kannst du nicht entfliehn.« Durch den Kontrast zu dem nüchternen Intellekt des Erasmus von Rotterdam, der »den Menschen wollte ohne die Spannung empörter Gegensätze«, wird der dämonische Charakter Luthers verdeutlicht. Im Zusammenhang von Luthers Auseinandersetzung mit den Zwickauer »Schwärmern« bestimmt Ricarda Huch das Daimonion näher: »Damals, als er von der Wartburg nach Wittenberg kam, gebannt und geächtet, vogelfrei, aber ganz sicher in seinem Gott, ... stand sein gläubiges Herz wie die Sonne in seiner Brust, getragen von den Dämonen, die sich ihm beugten. Seine Wildheit, seine Maßlosigkeit, seine Herrschsucht, alle Unbändigkeiten seines Wesens dienten dieser Sonne«. Die Bindung von Daimonion und Geist an das Göttliche ist bei Ricarda Huch enger als bei Goethe. Anders als Faust sieht sie Luther von Beginn an getragen und gesichert von göttlicher Absicht. Nicht »ewig strebendes Bemühn« des Menschen sieht sie in ihm erlöst, sondern »Luther (konnte) sich des göttlichen Willens getrösten, der ihn ergriffen hatte wie ein Sturm, unter den der Mensch sich zu beugen hat, falle die Welt auch in Trümmer.«

Dies ist freilich ein Trost, dessen auch Ricarda Huch selbst als Historiografin dieser Epoche bedürftig war; denn geradezu mit Bitterkeit muß sie registrieren, daß Luther alle Gelegenheiten versäumte, ja ausschlug, die einer Restitution des alten Reiches hätten förderlich sein können: weder die Zwickauer noch den Kaiser, auch nicht Hutten und Sickingen wählte er zu Bundesgenossen, sondern die Fürsten, und er traf gerade diese Wahl gegen den letzten Versuch zur Rettung des »alten Rechts« und der alten Vielfalt – gegen die Bauern. »Der arme Mann in Stadt und Land erhob sich, schwerfällige Massen, doch nicht ohne Ordnung und Recht.« Die Bauern, so erkennt die Chronistin, »wollten zu der Freiheit zurückkehren, die der deutsche Bauer in der Frühzeit des Mittelalters besessen« hatte. Deutlich spürbar ist das Entsetzen, das Ricarda Huch noch über den Abstand von 400 Jahren erfaßt, das Entsetzen darüber, daß Luther »das Volk solchen Wüterichen (den Fürsten) auslieferte«. Auch über den Antisemitismus des alternden Luther entsetzt sie sich, wie überhaupt über die Folgen seines Wirkens: »Das Zeitalter des Großen Krieges, der Zerstörung und Barbarei, der Wissenschaft und des Absolutismus wird mit der Reformation eröffnet und Hexenbrände leiteten es ein.« Solchem Entsetzen gegenüber bleibt Ricarda Huch nur der Ausweg einer Berufung auf göttlichen Ratschluß, was für sie aber nicht resignierte Ausflucht ist. Im ersten Band der *Deutschen Geschichte* hatte sie gezeigt, daß, wie und wodurch die von ihr so bewunderte Ordnung an ihr Ende gekommen war. Luthers vernichtender Schlag gegen diese Ordnung ist nur die letzte und logische Konsequenz einer langen Entwicklung, und er ist zugleich mehr: er bewahrt in der Reinigung und Rettung der Religion wenigstens eine Hoffnung auf die schließliche Wiederherstellung einer menschenwürdigen Lebensordnung. Der historischen Vernunft, die der Zerstörungstat innewohnt und ihre Darstellung und Begründung plausibel macht, entzieht sich die Rettungstat. In ihr zeigt sich vielmehr der »Geist«, der für Ricarda Huch göttlich ist, den Menschen aber zur Persönlichkeit erhöht: »Wie Gott durch Menschen wirkt, so erlebt der Mensch Gott durch Menschen«.

Geschichte sei für Luther gewesen »die Kunde von den großen Taten Gottes unter den Menschen«, das ist auch ihre eigene Auffassung. Insofern ist auch die historische Darstellung – diese zumal – von theologischer Relevanz. Sie ist es um so mehr, als Ricarda Huch gegenüber theologischer wie historischer Rationalität im Medium der Dichtung eine adäquatere Erfassunsgsweise zur Verfügung steht. Auch hier, wie schon in ihren großen historischen Romanen, überschreitet sie die Grenze zwischen Geschichtsschreibung und Dichtung, ja, sie hebt sie auf zum Nutzen beider und zum Nutzen auch der Theologie.

Wenn sie über Luthers Streit mit Zwingli in der Abendmahlsfrage urteilt, stellt sie in Luthers Leistung ihr eigenes schriftstellerisches Ideal dar: Luthers Schriften »gehören zu den herrlichsten Phantasien über das Wesen des Göttlichen, die er in Worte gefaßt hat ... In seinen Worten spiegelt sich das Geheimnis der Trinität, des einzelnen in seiner Beziehung zum Ganzen, das zugleich Person und All und die Einheit von beiden ist. Was Zwingli dem entgegenzusetzen hatte, war trocken und eng, aber es war verständig und kam der Fassenskraft des Menschen entgegen.«

Es ist der Versuch, diesem Ideal entgegenzuschreiben, der dieser Lutherdarstellung ihren Rang und ihre Aktualität gibt, auch nach einigen Jahrhunderten gelehrter Beschäftigung mit dem Werk und der Person Luthers.

Bernd Balzer

5

Katherine Mansfield
In einer deutschen Pension

Die Meisterschaft scharfer Beobachtung und natürlicher Komik, die Katherine Mansfield in diesen Erzählungen bewies, begründete ihren frühen Ruhm. Diese Kabinettstücke, die mit dem souveränen Witz des fremden Blicks die vielfältigen Erscheinungsformen des „deutschen Wesens" treffen, liegen zum ersten Mal in einer Einzelausgabe vor.
128 Seiten. DM 9,80

6

Joseph Roth
Hiob

„Dieses Leben eines alltäglichen Menschen ergreift uns, als schriebe einer von unserem Leben, unseren Sehnsüchten, unseren Kämpfen. Ein großes und erschütterndes Buch, dem sich niemand entziehen kann." Ernst Troller
224 Seiten. DM 9,80

7

Isaac Asimov
Die schwarzen Löcher

Asimov, als Sachbuch- und Science-Fiction-Autor ein hervorragender Kenner der astronomischen Forschung, schreibt die Geschichte der Schwarzen Löcher, die gleichzeitig die Geschichte der Sterne ist. 224 Seiten. DM 14,80

8/9

Kate Millett
Fliegen – Flying

FLYING neben SITA Kate Milletts persönlichstes Buch, ist eine sehr genaue Beschreibung der ersten Jahre der Frauenbewegung und zugleich ein Stück Autobiographie einer ihrer aktivsten führenden Figuren.
780 Seiten. 2 Bände a DM 14,80

KiWi

10
Heinrich Böll
Haus ohne Hüter

Heinrich Bölls Roman HAUS OHNE HÜTER ist ein lebendiges Stück Nachkriegsgeschichte, zugleich eines der gelungensten und wichtigsten Bücher der deutschen Literatur nach dem Krieg. Zwei Kinder, beide vaterlos, erzählen ihre Geschichte aus wechselnden Perspektiven.
336 Seiten. DM 9,80

11
Charles Bukowski
Der Mann mit der Ledertasche

Den „besten Dichter Amerikas" haben Sartre und Genet den in Deutschland geborenen Charles Bukowski genannt. Mit Witz und ironischer Schlagkraft erzählt er hier die Geschichte seiner Erfahrungen als Briefträger.
176 Seiten. DM 9,80

12
Ronald D. Laing
Liebst du mich?

Etwas von diesem Manöver aus Taktik und Emotion steckt in jeder menschlichen Beziehung. Wer sich Laings „Liebesgedichten" stellt, erfährt eine Menge über sich selbst und die anderen.
144 Seiten. DM 9,80

13
Gabriel García Márquez
Bericht eines Schiffbrüchigen

Auf der Fahrt von den USA nach Kolumbien gehen bei einem Sturm mehrere Matrosen über Bord eines Kriegsschiffes. Nur einem gelingt es, ein Rettungsfloß zu erreichen. Voller Spannung und Schaudern durchlebt der Leser mit dem Schiffbrüchigen zehn Tage auf diesem Floß.
176 Seiten. DM 10,80

KiWi

14

Manfred Coppik/Jürgen Roth
Am Tor der Hölle
Strategien der Verführung zum Atomkrieg

Dieses Buch zur Kriegsdiskussion überrascht und schockiert durch Mitteilungen, die der Bevölkerung und nichteingeweihten Politikern bisher vorenthalten wurden. Zum erstenmal wird der Atomkrieg hier in seiner ganzen Grausamkeit anschaulich durch sogenannte „Szenarien", die über die Auswirkungen eines Atomkriegs in Europa und den USA ins Bild setzen. Das Material dazu stammt aus amerikanischen Archiven; es ist der deutschen Öffentlichkeit noch völlig unbekannt. 272 Seiten. DM 12,80

15

Boris und Lena Nikitin
Vom ersten Lebensjahr bis zur Schule

Das Buch des russischen Elternpaares Boris und Lena Nikitin DIE NIKITIN-KINDER. EIN MODELL FRÜHKINDLICHER ERZIEHUNG hat bei Eltern und Erziehern ein ungewöhnliches Interesse gefunden. VOM ERSTEN LEBENSJAHR BIS ZUR SCHULE ist ein Teil des Buches DIE NIKITIN-KINDER, der jetzt von den Autoren um wesentliche Informationen (die Behandlung von Krankheiten ohne Medikamente, Ernährungsfragen, die Einrichtung des Nikitinschen Sportzimmers u.a.) erweitert wurde.
144 Seiten. DM 9,80

16

J.D. Salinger
Der Fänger im Roggen

„Worauf aber begründet sich der Ruhm J.D. Salingers? Seit Hemingway und Fitzgerald gibt es in der amerikanischen Prosa keinen Erzähler, der jede Distanz zwischen Leser und Autor aufgehoben zu haben scheint – außer Salinger".
Helmut M. Braem in „Stuttgarter Zeitung"
272 Seiten. DM 8,80